中等职业学校“十三五”系列规划教材

Z HONGZHI SHUXUE
ZHISHI SHULI JI LIANXITI

中职数学知识梳理及练习题（上）

主　编　夏　飞　颜张磊

副主编　宣小康　程　雪

汪铖铖　陶　睿

编　委　（按姓氏拼音排序）

曹　翘　陈小[illegible]　程小萍

冯一鸣　金宁新　李学义

李阳阳　沈雪萍　杨　艳

岳　锐　张　芳　张泽润

赵　阳

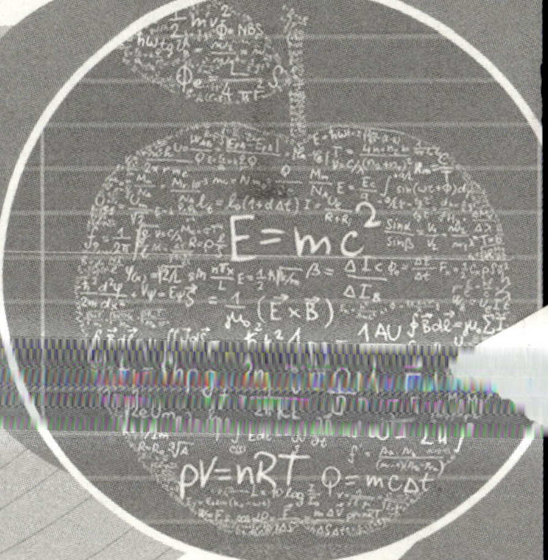

合肥工业大学出版社

编写委员会

前　言

本书是与中等职业学校教材《数学》(基础模块)相配套的习题集。主要是对教材中的重点知识进行梳理总结,进而通过典型例题讲解和习题训练,让学生巩固所学的知识。

本书在分析教学内容、提出教学建议的过程中,体现了教学大纲要求的同时,也体现了学校地域特点的教学课程观,体现了“以服务为宗旨,以就业为导向”的职业教育办学方针;是培养高素质劳动者的基本教材,具有较强的针对性和实用性。

本书按照教材的顺序,以章节为单位进行编写。每章包括“重难点知识总结”“范例分析及解题分析”“变式训练”“综合训练 A”“综合训练 B”及“习题答案”等内容。

合肥工业大学出版社对本书的编写和出版给予了很大的支持,张择瑞等同志为本书的出版付出了大量的劳动,在此表示非常感谢。

由于编者水平有限,难免有不妥之处,敬请使用本书的广大读者批评指正,提出宝贵意见和建议。

编者

2018 年元月

于安徽亳州新能源学校

前言

目　录

上　册

第一章　集　合

1.1　集合的概念

重难点知识总结

1. 集合：由某些确定的对象组成的整体叫做集合，简称集. 组成集合的对象叫做这个集合的元素.

2. 集合的表示：一般采用大写英文字母 $A, B, C, \cdots$ 表示集合，小写英文字母 $a, b, c, \cdots$ 表示集合的元素.

3. 集合元素的性质：互异性、无序性、确定性.

4. 集合与元素的关系：元素 a 是集合 A 的元素，记作 $a \in A$（读作"a 属于 A"），a 不是集合 A 的元素，记作 $a \notin A$（读作"a 不属于 A"）.

5. 常见的数集：自然数集（$\mathbf{N}$）、正整数集（$\mathbf{N}^*$ 或 $\mathbf{Z}^+$）、整数集（$\mathbf{Z}$）、有理数集（$\mathbf{Q}$）、实数集（$\mathbf{R}$）.

6. 集合的表示方法：

(1) 列举法. 把集合的元素一一列举出来，写在花括号内，元素之间用逗号隔开.

(2) 描述法. 在花括号内画一条竖线，竖线的左侧写出集合的代表元素，竖线的右侧写出元素所具有的特征性质.

范例分类与解题分析

【例 1】　下列各组的对象不能构成集合的是（　　）.

A. 所有的四边形　　B. 所有大于 1 的自然数

C. 校园里很高的树　　D. 高一所有的女生

【解题指南】由于集合中元素的性质"很高的"标准不确定，不能构成集合，故选 C.

【点评】牢记集合的概念和集合元素的性质,对解决此类问题非常重要.

【变式训练】下列各组的对象不能构成集合的是(　　).

A.所有的文具　　B.计算机(1)班较胖的男生

C.所有的负数　　D.所有的矩形

【例2】 用适当的方法表示出下列各个集合:

(1)方程 $x^2+x-2=0$ 的解集;(2)大于3的所有实数组成的集合;(3)所有偶数组成的集合.

【解题指南】(1)列举法,因为这个方程的解就两个,很容易列举出来,即 $\{-2,1\}$.(2)描述法,因为实数是不容易一一列举出来的,用描述法更容易表示该集合,即 $\{x \mid x>3, x \in \mathbf{R}\}$.(3)列举法:$\{\cdots,4,2,0,2,4,\cdots\}$,描述法:$\{x \mid x=2k, k \in \mathbf{Z}\}$.

【点评】集合的表示方法不是唯一的,所以在做选择时,哪种方法简单就可以选择那种方法,具体问题具体对待.

【变式训练】用适当的方法表示出下列各个集合:

(1)不等式 $3x-2 \leqslant 0$ 的解集;(2)大于3小于10的所有整数组成的集合;(3)所有负奇 数组成的集合.

综合训练 A

一、选择题

1.下面四个命题:(1)集合 $\mathbf{Z}$ 中的最小元素是0;(2)若 $-a \in \mathbf{Q}$,则 $a \in \mathbf{Q}$;(3)$x^2+6x+9=0$ 的解集为 $\{3,3\}$;(4)$3.14 \in \mathbf{Q}$,其中正确命题的个数为(　　).

A.0　　B.1　　C.2　　D.3

2.集合 $A=\{x \mid x+2=0\}$,$B=\{x \mid x^2+2=0\}$,$C=\{(x,y) \mid x=y\}$,$D=\{x \mid -5 \leqslant x \leqslant 1, x \in \mathbf{Z}\}$,其中是空集的有(　　).

A.0　　B.1　　C.2　　D.3

3.下列表述正确的是(　　).

A.$\{0\}=\varnothing$　　B.$\{1,0\}=\{0,1\}$　　C.$\varnothing \in \{\varnothing\}$　　D.$0 \notin \mathbf{N}$

4.下列关系中表述正确的是(　　).

A.$0 \in \{0\}$　　B.$0 \in \{(0,0)\}$　　C.$0 \in \varnothing$　　D.$0 \in \mathbf{N}^*$

5.下列各组集合中,表示同一集合的是(　　).

A.$M=\{(1,2)\}$,$N=\{(2,1)\}$

B.$M=\{1,2\}$,$N=\{2,1\}$

C.$M=\{(x,y) \mid x+y=2\}$,$N=\{x \mid x+y=2\}$

D. $M=\{1,2\}$，$N=\{(1,2)\}$

二、填空题

6. 用列举法表示不等式组$\begin{cases}2x-3>0\\1+x\geqslant 2x-5\end{cases}$的整数解集合为________.

7. 已知集合$A=\left\{x\,\middle|\,x\in\mathbf{N},\dfrac{10}{5-x}\in\mathbf{N}\right\}$，用列举法表示集合 A 为________.

8. 已知集合$A=\left\{x\,\middle|\,x\leqslant\sqrt{7}\right\}$，$a=3$，则 a 与 A 的关系是________.

三、解答题

9. 用适当的方法表示下列各集合：

(1) 绝对值小于 4 的整数；

(2) 满足不等式 $2x+5\leqslant 16$ 的自然数；

(3) 在直角坐标系中，由 x 轴正半轴所有点组成的集合.

10. 已知集合 $A=\{x\mid x^2+x+a=0\}$，a 为实数，

(1) 若 A 是空集，求 a 的取值范围；

(2) 若 A 为非空集合，求 a 的值.

综合训练 B

一、选择题

1. 如果 $A=\left\{x\,\middle|\,x\leqslant 2\sqrt{2}\right\}$，则下列说法正确的是(　　).

A. $\sqrt{3}\in A$　　B. $\pi\in A$　　C. $3.14\in A$　　D. $3\in A$

2. 下列方程的解集是空集的是(　　).

A. $x^2+6x+9=0$　　B. $2x^2+x-2=0$

C. $x^2+2x+2=0$　　D. $6x=0$

3. 下列有限集的是(　　).

A. {正偶数}　　B. $\{x \mid 1 \leqslant x \leqslant 5\}$

C. $\{x \mid 2x-5 \leqslant 0, x \in \mathbf{N}\}$　　D. $\{x \mid x^2-5 \neq 0\}$

4. 下列关系中表述正确的是(　　).

A. $3.14 \in \mathbf{N}$　　B. $3.14 \in \mathbf{Q}$　　C. $3.14 \in \mathbf{Z}$　　D. $3.14 \in \mathbf{N}^*$

5. 方程 $x^2+2x+1=0$ 的解集可表示为(　　).

A. $\{-1,-1\}$　　B. $\{(-1,-1)\}$　　C. $\{1\}$　　D. $\{-1\}$

二、填空题

6. 方程 $x^2+4x-12=0$ 解集为________.

7. 方程组 $\begin{cases} x-2y=0 \\ 3x+y=0 \end{cases}$ 的解集为________.

8. 已知集合 $A=\{x \mid -1 \leqslant x \leqslant \sqrt{7}, x \in \mathbf{Z}\}$，用列举法表示集合 $A=$________.

三、解答题

9. 用适当的方法表示下列各集合：

(1) 被 3 除余 1 的所有自然数组成的集合；

(2) 第二象限的点组成的集合；

(3) 方程 $x^2-5x+6=0$ 的解集.

10. 已知集合 $A=\{x \mid ax^2-2x+2=0\}$ 中只有一个元素，求 a 的取值范围.

1.2　集合之间的关系

重难点知识总结

1. 子集：一般地，如果集合 B 的元素都是集合 A 的元素，那么把集合 B 叫做集

合 A 的子集，记作 $B \subseteq A$（或 $A \supseteq B$），读作"B 包含于 A"（或"A 包含 B"）.

2. 真子集：如果集合 B 是集合 A 的子集，并且 A 中至少有一个元素不属于 B，那么把 B 叫做 A 的真子集.

3. 集合相等：一般地，如果两个集合的元素完全相同，那么就说这两个集合相等.

范例分类与解题分析

【例 1】 设 $M=\{1,2,3\}$，写出 M 的所有子集，并指出其中的非空真子集.

【解题指南】 集合 M 中有三个元素，其子集可以是空集、含一个元素的集合、含 2 个元素的集合和含 3 个元素的集合. 所以子集为：$\varnothing$、$\{1\}$、$\{2\}$、$\{3\}$、$\{1,2\}$、$\{1,3\}$、$\{2,3\}$、$\{1,2,3\}$，除集合 $\varnothing$、$\{1,2,3\}$ 外都是 M 的非空真子集.

【点评】 牢记集合子集的个数为 2^n，其中 n 是集合 M 的元素的个数.

【变式训练】 设 $A=\{0,1,2,3\}$，则集合 A 的非空真子集的个数为（　　）.

A. 4　　　　B. 16　　　　C. 14　　　　D. 15

【例 2】 用符号"$\in$、$\notin$、$\subseteq$、$\supseteq$"填空.

(1) $\mathbf{N}$ ________ $\mathbf{Z}$；　　(2) 1 ________ $\varnothing$；

(3) $\{2,3,4\}$ ________ $\{3,4\}$；　　(4) $\varnothing$ ________ $\{0\}$；

(5) π ________ $\{x \mid x>3\}$；　　(6) $\{a,b,c,d\}$ ________ $\{a,b\}$.

【解题指南】 "$\subseteq$、$\supseteq$"是用来表示集合与集合之间关系的符号，本题中的(1)、(3)、(4)、(6) 研究的是集合与集合之间的关系；而"$\in$、$\notin$"是用来表示元素与集合之间关系的符号，本题中(2)、(5) 研究的是元素与集合之间的关系. 所以本题答案是"$\subseteq$、$\notin$、$\supseteq$、$\subseteq$、$\in$、$\supseteq$".

【点评】 做此类题时，一定要注意区别是集合之间的关系，还是元素与集合之间的关系.

【变式训练】 指出下列集合与集合之间的关系：

(1) 集合 $\{x^2-2x+4=0\}$ 与集合 $\{0,1,2\}$；

(2) 集合 $\{x \mid x<6\}$ 与集合 $\{x \mid x<7\}$；

(3) 集合 $\{x \mid 2<x<8\}$ 与集合 $\{5,6,7\}$.

综合训练 A

一、选择题

1. 下面四个命题：(1) 空集就一个子集；(2) 任何一个集合必有真子集；(3) 空集是任何一个集合的真子集；(4) 两个集合若相等，则它们的元素个数一定相等，其中正确命题的个数为(　　).

A. 1　　B. 2　　C. 3　　D. 4

2. 集合 $A=\{a,b\}$ 的非空子集个数为(　　).

A. 1　　B. 2　　C. 3　　D. 4

3. 下列表述正确的是(　　).

A. $\{0\}=\varnothing$　　B. $\{1,0\}=\{0,1\}$　　C. $\varnothing\in\{0\}$　　D. $\{0\}\in\{0,1\}$

4. 满足 $\{0\}\subseteq A\subseteq\{0,1,2\}$ 的集合 A 的个数是(　　).

A. 1　　B. 2　　C. 3　　D. 4

二、填空题

5. 用符号"$\in$、$\notin$、$\subseteq$、$\supseteq$"或"$=$"填空.

(1)$\mathbf{Q}$ ________ $\mathbf{Z}$;　　(2)0 ________ $\varnothing$;

(3)1 ________ $\{3,4\}$;　　(4)$\varnothing$ ________ $\mathbf{Q}$;

(5)π ________ $\mathbf{R}$;　　(6)$\{1,2,3,4\}$ ________ $\{4,3,2,1\}$.

6. 已知集合 $A=\{x\mid x^2-1=0\}$,$B=\{1\}$,则集合 A 与集合 B 的关系为____________.

7. 已知集合 $A=\{x\mid x$ 是正方形$\}$,$B=\{x\mid x$ 是平行四边形$\}$,则 A 与 B 的关系是____________.

三、解答题

8. 已知集合 $A=\{1,2,4\}$,$B=\{1,x^2\}$,若 $A\supseteq B$,求 x 的值.

9. 已知集合 $A=\{x\mid -1<x\leqslant 3\}$,$B=\{x\mid x<a\}$,若 $A\subseteq B$,求 a 的范围.

综合训练 B

一、选择题

1. 下列各式中,正确的是(　　).

A. $\sqrt{3} \subseteq \{x \mid x \leqslant 2\}$　　B. $\sqrt{3} \in \{x \mid x \leqslant 2\}$

C. $\{\sqrt{3}\} \subsetneqq \{x \mid x \leqslant 1\}$　　D. $\{\sqrt{3}\} \in \{x \mid x \leqslant 2\}$

2. 已知集合 $M=\{(x,y) \mid x+y>0, xy>0\}$，$N=\{(x,y) \mid x>0, y>0\}$，那么(　　).

A. $M \subseteq N$　　B. $M \in N$　　C. $M=N$　　D. $M \subsetneqq N$

3. 设 $A=\{x \mid 1<x<2\}$，$B=\{x \mid x<m\}$，若 $A \subsetneqq B$，则实数 m 的取值范围是(　　).

A. $\{m \mid m \geqslant 2\}$　　B. $\{m \mid m>2\}$　　C. $\{m \mid m \geqslant 1\}$　　D. $\{m \mid m \leqslant 1\}$

4. 下列四个集合中，表示空集的是(　　).

A. $\{(x,y) \mid x^2=-y^2\}$　　B. $\{x \mid |x|=4\}$

C. $\{0\}$　　D. $\{x \mid 2x^2+3x-1=0, x \in \mathbf{Z}\}$

二、填空题

5. 已知集合 $A=\{x \mid x^2-1=0\}$，$B=\{-1,1\}$，则 A, B 之间的关系为__________.

6. 若 $\{x \mid 2x-a=0\} \subsetneqq \{x \mid -1<x<3\}$，则 a 的取值范围是__________.

7. 用符号"$\subseteq$""$\supseteq$""$\in$"或"$\notin$"填空：

(1) $\{a,b,c,d\}$ ________ $\{a,b\}$；　　(2) $\varnothing$ ________ $\{1,2,3\}$；

(3) $\mathbf{N}$ ________ $\mathbf{Q}$；　　(4) 0 ________ $\mathbf{R}$；

(5) d ________ $\{a,b,c\}$；

(6) $\{x \mid 3<x<5\}$ ________ $\{x \mid 0 \leqslant x<6\}$.

三、解答题

8. 已知三元集合 $A=\{x, xy, x-y\}$，$B=\{0, |x|, y\}$，且 $A=B$，求 x 与 y 的值.

9. 设集合 $A=\{x \mid x^2+2(a+1)x+a^2-1=0\}$，$B=\{x \mid x^2+4x=0\}$，若 $A \subseteq B$，求实数 a 的取值范围.

1.3 集合的运算

重难点知识总结

集合包含三种运算:交运算、并运算、补运算.

1. 交运算:掌握概念、性质,交的集合表示、图形表示;

2. 并运算:掌握概念、性质,并的集合表示、图形表示;

3. 补运算:掌握全集,概念、性质,补的集合表示、图形表示.

范例分类与解题分析

集合的运算几乎是每年必考的内容。复习时,不仅要让学生牢固掌握上述知识点,同时还要加强集合运算与不等式、函数等的综合训练.

【例 1】 已知集合 $A=\{1,2,3,4,5,6\}$,$B=\{2,3,5,7\}$,则 $A\cup B=($　　$)$.

A. $\{2,3\}$　　B. $\{2,3,5\}$

C. $\{1,2,3,4,5,6,7\}$　　D. $\{1,2,3,4,5,6,2,3,5,7\}$

【解题指南】并集运算是求两个集合所有元素构成的新集合的运算,且要求相同元素不能重复出现,故选 C.

【点评】理解并集的概念.

【变式训练】设全集$U=\{0,1,2,3,4\}$,$\complement_U A=\{2,4\}$,$B=\{0,1,3,4\}$,则$A\cap B=($　　$)$.

【例 2】 设 $A=\{(x,y)\mid x+y=0\}$,$B=\{(x,y)\mid x-y=4\}$,求 $A\cap B$.

【解题指南】解方程组$\begin{cases}x+y=0\\x-y=4\end{cases}$,得$\begin{cases}x=2\\y=-2\end{cases}$. 所以 $A\cap B=\{(2-,2)\}$.

【点评】集合 A 表示方程$x+y=0$的解集,B 表示方程$x-y=4$的解集,两个解集的交集就是二元一次方程组$\begin{cases}x+y=0\\x-y=4\end{cases}$的解集.

【例 3】 集合 $M=\{x\mid 0\leqslant x\leqslant 4\}$,$N=\{x\mid x>2$ 或 $x<1\}$,求 $M\cap N$.

【解题指南】把 M,N 在数轴上表示出来,易知 $M\cap N=\{x\mid 0\leqslant x<1$ 或 $2<x\leqslant 4\}$.

【点评】当集合用描述法表示时,会利用数轴求集合的交、并、补.

【变式训练】设全集 $U=\mathbf{R}$,$A=\{x\mid x-2\geqslant 0\}$,则 $\complement_U A=($　　$)$.

【例 4】 设全集 $U=M\cup N=\{1,2,3,4,5\}$，$M\cap\complement_U N=\{2,4\}$，则 $N=(\quad)$.

【解题指南】∵$M\cap\complement_U N=\{2,4\}$，又 $M\cup N=U$，∴$\complement_U N=\{2,4\}$，则 $N=\{1,3,5\}$.

【点评】理解全集、补集的意义，本题也可借助文氏图理解.

【例 5】 已知 $A=\{x\mid 2x^2+x+m=0\}$，$B=\{x\mid 2x^2+nx+2=0\}$，且 $A\cap B=\left\{\frac{1}{2}\right\}$，求实数 m,n.

【解题指南】∵$A\cap B=\left\{\frac{1}{2}\right\}$，∴$A,B$ 有公共元素 $\frac{1}{2}$，则 $2\times\frac{1}{4}+\frac{1}{2}+m=0$，∴$m=-1$，$2\times\frac{1}{4}+\frac{1}{2}n+2=0$，∴$n=-5$.

【点评】集合与方程的关系.

【变式训练】

已知 $A=\{x\mid x^2-2x+m=0\}$，$B=\{x\mid x^2+nx-10=0\}$，且 $A\cap B=\{-2\}$，求 $A\cup B$.

综合训练 A

一、选择题

1. 设全集 $U=\{0,1,2,3,4,5,6,7\}$，$A=\{2,3,4,5,6\}$，则 $\complement_U A=(\quad)$.

A. $\{0,2,3,4,5,6\}$　　B. $\{2,3,4,5,6\}$

C. $\{0,1,7\}$　　D. $\varnothing$

2. 已知 $U=\{$三角形$\}$，$A=\{$锐角三角形$\}$，$B=\{$钝角三角形$\}$，则 $\complement_U A\cap B=(\quad)$.

A. {锐角三角形}　　B. {钝角三角形}

C. {直角三角形}　　D. {三角形}

3. 已知集合 $P=\{x\mid x<2\}$，$Q=\{x\mid -1\leqslant x\leqslant 3\}$，$P\cup Q=(\quad)$.

A. $\{x\mid x\leqslant 3\}$　　B. $\{x\mid -1\leqslant x\leqslant 3\}$

C. $\{x\mid -1\leqslant x<2\}$　　D. $\{x\mid x\geqslant 1\}$

4. 设全集为 $\mathbf{Z}$，$A=\{$偶数$\}$，$B=\{$奇数$\}$，则 $A\cup B=(\quad)$.

A. A　　B. $\mathbf{Z}$　　C. B　　D. $\varnothing$

5. 若 $M=\{x \mid x^2-x=0\}$，$N=\{x \mid x^2+x=0\}$，那么 $M\cap N=$(　　).

A. 0　　B. $\{0\}$　　C. $\varnothing$　　D. $\{-1,0,1\}$

6. 设全集为 $\mathbf{R}$，$A=\{x \mid -1<x\leqslant 5\}$，则 $\complement_{\mathbf{R}}A=$(　　).

A. $\{x \mid x\leqslant -1\}$　　B. $\{x \mid x>5\}$

C. $\{x \mid x<-1$ 或 $x>5\}$　　D. $\{x\leqslant -1$ 或 $x>5\}$

7. 已知全集 $U=\{1,2,3,4,5\}$，$A=\{1,2\}$，$B=\{1,2,3\}$，则 $\complement_U(A\cup B)=$(　　).

A. $\{4,5\}$　　B. $\{1,2,3\}$　　C. $\{1,2,3,4,5\}$　　D. $\{3,4,5\}$

8. $A=\{1,2,3\}$，则满足 $A\cup B=A$ 的集合 B 的个数为(　　).

A. 1　　B. 3　　C. 7　　D. 8

9. 设 $A=\{1,2\}$，$B=\{1,2,3\}$，$C=\{2,3,4\}$，则 $(A\cap B)\cup C=$(　　).

A. $\{1,2,3\}$　　B. $\{1,2,4\}$　　C. $\{2,3,4\}$　　D. $\{1,2,3,4\}$

10. 已知 $M=\{x \mid x<2\}$，$N=\{x \mid x\geqslant a\}$，若 $M\cap N=\varnothing$，则 a 满足(　　).

A. $a>2$　　B. $a\geqslant 2$　　C. $a<2$　　D. $a\leqslant 2$

二、填空题

11. 设全集 $U=\{1,2,3,4,5\}$，$A=\{1,2,3\}$，则 $\complement_U A=$__________.

12. $M=\{0\}$，$N=\{0,1\}$，$P=\{0,1,2\}$，则 $(M\cup N)\cap P=$__________.

13. $\{x \mid x>-1\}\cap\{x \mid x\leqslant 2\}=$__________.

14. 方程 $3x^2-x-2=0$ 的解集为__________.

15. $A\cap\complement_U A=$__________.

三、解答题

16. 已知 $A=\{x \mid -1\leqslant x<2, x\in\mathbf{Z}\}$，$B=\{m,-1,0\}$，且 $A=B$，求 m.

17. 已知 $A=\{1,2,3,5,6\}$，$A\cap B=\{3,5,6\}$，$A\cup B=\{1,2,3,4,5,6\}$，求集合 B.

综合训练 B

一、选择题

1. 已知集合 $A=\{x \mid |x|=2\}$，$B=\{1,3\}$，则 $A \cup B=$（　　）.

A. $\{1,2,3\}$　　B. $\varnothing$　　C. $\{1,2,3-2\}$　　D. $\{1-2,3,4\}$

2. 设集合 $M=\{(x,y) \mid xy>0\}$，$N=\{(x,y) \mid x>0$ 且 $y>0\}$，则 $M \cap N=$（　　）.

A. M　　B. N

C. $\{(x,y) \mid x>0$ 或 $y>0\}$　　D. 以上均不对

3. 已知 U 是全集，M，N 为 U 的子集，且 M 为 N 的真子集，则下列集合为空集的是（　　）.

A. $M \cap \complement_U N$　　B. $\complement_U M \cap N$　　C. $\complement_U M \cap \complement_U N$　　D. $M \cap N$

4. 已知 $A=\{2,3,4\}$，$B=\{1,2,3,4,5\}$，则 $A \cap B$ 的所有子集有（　　）个.

A. 3　　B. 7　　C. 8　　D. 6

5. 若 $A=\{x \mid |x|>5\}$，$B=\{x \mid x<6\}$，则下列结论正确的是（　　）.

A. $A \cup B=A$　　B. $A \cap B=\{x \mid 5<x<6\}$

C. $A \cup B=\mathbf{R}$　　D. $A \cap B=\{x \mid x<-5\}$

二、填空题

6. 设 $M=\{x \mid x+1>3\}$，$N=\{1,2,3,4\}$，则 $M \cap N=$________.

7. 设 $A=\{1,2\}$，$B=\{1,2,3\}$，$C=\{2,3,4\}$，则 $(A \cup B) \cap C=$________.

8. 设全集 $U=\{2,-3,a^2-a-3\}$，$A=\{a-1,2\}$，$\complement_U A=\{3\}$，则 $a=$________.

三、解答题

9. 已知 $A=\{x \mid ax^2-3x+2=0\}$ 只有一个元素，求 a 的可能的取值.

10. 已知集合 $A=\{x \mid |2x+1|>3\}$，$B=\{x \mid x^2+3x \leqslant 0\}$，全集 $U=\mathbf{R}$，求 $A \cap B$，$(\complement_U A) \cup B$.

1.4 充要条件

重难点知识总结

本小结主要包括充分条件、必要条件、充要条件等内容,理解上述内容关键在于区分命题的条件与结论.

范例分类与解题分析

充分必要条件几乎是每年必考的内容,复习时不仅要让学生牢固掌握概念,更要让学生理解其意义,明确条件与结论,同时还要加强充分必要条件与不等式、函数的综合性练习.

【例 1】 命题 $p:a<b$ 是命题 $q:a-b<0$ 成立的( )条件.

A. 充分 B. 必要

C. 充要 D. 既不充分也不必要

【解题指南】由 $a<b$ 可得 $a-b<0$;由 $a-b<0$ 也可得 $a<b$,故 p 是 q 的充要条件.

【点评】掌握相关基础概念是解决此问题的前提条件.

【变式训练】$p:a-b=0$ 是 $q:a=b$ 的( )条件.

A. 充分 B. 必要

C. 充要 D. 既不充分也不必要

【例 2】 若 $p:x=y$,$q:|x|=|y|$,判断 p 是 q 的什么条件.

【解题指南】这里条件为 $p:x=y$,结论为 $q:|x|=|y|$. 由 $x=y\Rightarrow|x|=|y|$,反之不成立,所以 p 是 q 的充分条件.

【点评】区别条件与结论.

【例 3】 若 $p:x-3=0$,$q:(x-3)(x+5)=0$,判断 p 是 q 的什么条件.

【解题指南】这里条件为 p,结论为 q. 由 $x-3=0\Rightarrow(x-3)(x+5)=0$,但由 $(x-3)(x+5)=0$ 不一定推出 $x-3=0$. 所以 p 是 q 的充分条件.

【变式训练】p:整数 a 的末位数字为 5,q:整数 a 能被 5 整除,则 p 是 q 的( )

条件.

【例 4】　设 $M=\{x \mid 0<x \leqslant 3\}$，$N=\{x \mid 0<x \leqslant 1\}$，那么“$a \in M$”是“$a \in N$”成立的什么条件.

【解题指南】这里“$a \in M$”是条件，“$a \in N$”是结论. 当 $a \in M$ 时，a 不一定属于 N，比如 $a=2$. 但 $a \in N$ 时，a 一定属于 M，所以“$a \in M$”是“$a \in N$”的必要条件.

【点评】本题是充要条件与集合知识的综合题，应熟练掌握相关概念.

综合训练 A

一、选择题

1. 下列选项中正确的是________.

A. $ab>bc \Rightarrow a>c$　　B. $a>b \Rightarrow ac^2>bc^2$

C. $a>b \Leftarrow ac^2>bc^2$　　D. $a>b, c>d \Leftrightarrow ac>bd$

2. $A \subseteq B$ 是 $A \cap B=A$ 的________条件.

A. 充分　　B. 必要

C. 充要　　D. 以上均不对

3. $x^2=25$ 的充要条件是________.

A. $x=5$ 或 $x=-5$　　B. $x=5$

C. $x=-5$　　D. $x=5$ 且 $x=-5$

4. $a>b$ 是 $|a|>|b|$ 的________条件.

A. 充分　　B. 必要

C. 充要　　D. 既不充分也不必要

5. 下列成充要条件的一对命题是________.

A. $p: a=5, q: \sqrt{a^2}=5$

B. $p: a^2-b^2=0, q: a=b$

C. $p: (a+2)^2+(b-2)^2=0, q: a=-2$ 且 $b=2$

D. $p: x^2 \neq 49, q: x \neq 7$

6. 若 $p \Leftrightarrow q, q \Leftarrow s$，则 p 是 s 的________条件.

A. 充分　　B. 必要

C. 充要　　D. 无法判断

7. “$x>4$”是“$x>5$”成立的________条件.

A. 充分　　B. 必要

C. 充要　　D. 既不充分也不必要

8. 下列命题正确的是________.

A. $M=\{1,2,3\}, N=\{0,1,2,3\}, N>M$　　B. $0\in\varnothing$

C. $M=\{a,b,c,d\}\Rightarrow a\neq b$　　D. $\{a,b,c\}$ 有 8 个真子集

9. 下列命题中错误的是________.

A. 若 $x>2$,则 $x^2>4$　　B. 若 $x<2$,则 $x^2<4$

C. 若 $|x|=4$,则 $x=4$ 或 $x=-4$　　D. 若 $|x|\neq 4$,则 $x\neq 4$ 且 $x\neq -4$

10. 若 $p\Rightarrow q$,则 p 是 q 的________条件.

A. 必要　　B. 充要

C. 充分　　D. B、C 均正确

二、填空题

11. p:$|a|=0$,q:$a=0$,则 p 是 q 的________条件.

12. p:$a>b>0$,q:$|a|>|b|$,则 p 是 q 的________条件.

13. p:$\triangle ABC$ 的每个内角都是 $60°$,q:$\triangle ABC$ 是等边三角形,则 p 是 q 的________条件.

14. $(x-7)^2+(y+3)^2=0$ 的充要条件是________.

15. p:平行四边形的对角线互相垂直,q:平行四边形是矩形,则 p 是 q 的________条件.

综合训练 B

一、选择题

1. p:等腰三角形 ABC 有一个角是 $60°$,q:三角形 ABC 是等边三角形。则 p 是 q 的________条件.

A. 充分　　B. 必要

C. 充要　　D. 既不充分也不必要

2. p:$a\in A\cap B$ 是 q:$a\in A\cup B$ 的________条件.

A. 充分　　B. 必要

C. 充要　　D. 无法判断

3. p:$x(y-1)=0$ 是 q:$x^2+(y-1)^2=0$ 的________条件.

A. 充分　　B. 必要

C. 充要　　D. 既不充分也不必要

4. p:$a=-1$ 且 $b=3$ 是 q:$a-b=-4$ 的________条件.

A. 充分　　B. 必要

C. 充要　　D. 既不充分也不必要

5. p:整数 a 能被 5 整除,q:整数 a 的末位数字是 0,则 p 是 q 的________条件.

A. 充分　　B. 必要

C. 充要　　D. 既不充分也不必要

二、填空题

6. 若 $p \Rightarrow q$ 且 $p \Leftarrow q$,则 p 是 q 的________条件.

7. $|a|+|b|=0$ 的充要条件是________.

8. p:集合 $A \subseteq B$ 且 $B \subseteq A$ 是 q:$A=B$ 的________条件.

三、解答题

9. 设集合 $M=\{x \mid 2<x \leqslant 5\}$,$N=\{x \mid 3<x<4\}$,则 $a \in M$ 是 $a \in N$ 成立的什么条件?

第二章　不等式

2.1　不等式的基本性质

重难点知识总结

1. 比较两个实数大小的方法.

2. 不等式的基本性质.

范例分类与解题分析

一、比较两个实数的大小

比较两个实数的大小，除了观察数轴对应点的位置进行直观比较外，通常采用"观察两个实数差的符号"的方法.

概念：对于两个任意的实数 a 和 b，有：

$$a-b>0 \Leftrightarrow a>b;$$

$$a-b=0 \Leftrightarrow a=b;$$

$$a-b<0 \Leftrightarrow a<b.$$

因此，比较两个实数的大小，只需要考察它们的差即可.

二、不等式的基本性质

性质 1　如果 $a>b$，且 $b>c$，那么 $a>c$.（不等式的传递性）

证明　$a>b \Rightarrow a-b>0$，$b>c \Rightarrow b-c>0$，于是 $a-c=(a-b)+(b-c)>0$，因此 $a>c$.

性质 2　如果 $a>b$，那么 $a+c>b+c$.

性质 3　如果 $a>b$，$c>0$，那么 $ac>bc$；如果 $a>b$，$c<0$，那么 $ac<bc$.

【例 1】　比较 $\frac{2}{3}$ 与 $\frac{5}{8}$ 的大小.

解　$\frac{2}{3}-\frac{5}{8}=\frac{16-15}{24}=\frac{1}{24}>0$，因此，$\frac{2}{3}>\frac{5}{8}$.

【例 2】　当 $a>b>0$ 时，比较 $a+2$ 和 $b-1$ 的大小.

解　因为 $a>b>0$，所以，$a-b>0$. 故

$$(a+2)-(b-1)=a-b+3>0,$$

所以 $a+2>b-1$.

【点评】比较两个用代数式表示的实数的大小时，需要判断它们差的符号. 通常需要利用"正数之和为正数""负数之和为负数""同号相乘为正""异号相乘为负""$(a\pm b)^2\geqslant 0$"等结论.

【例 3】　用符号">"或"<"填空，并说出应用了不等式的哪条性质.

(1) 设 $a>b$，$a-3$ ________ $b-3$；

(2) 设 $a>b$，$6a$ ________ $6b$；

(3) 设 $a<b$，$-4a$ ________ $-4b$；

(4) 设 $a<b$，$5-2a$ ________ $5-2b$.

解　(1)$a-3>b-3$，应用不等式性质 2；

(2)$6a>6b$，应用不等式性质 3；

(3)$-4a>-4b$，应用不等式性质 3；

(4)$5-2a>5-2b$，应用不等式性质 2 与性质 3.

【例 4】　已知 $a>b>0$，$c>d>0$，求证 $ac>bd$.

证明　因为 $a>b$，$c>0$，由不等式的性质 3 知，$ac>bc$，

同理，由于 $c>d$，$b>0$，故 $bc>bd$.

因此，由不等式的性质 1 知 $ac>bd$.

综合训练 A

一、选择题

1. 若 $x>y$，则 $ax>ay$，那么 a 一定为(　　).

A. $a>0$　　B. $a<0$　　C. $a\geqslant 0$　　D. $a\leqslant 0$

2. 若 $m<n$，则下列各式中正确的是(　　).

A. $m-3>n-3$　　B. $3m>3n$

C. $-3m>-3n$　　D. $m/3-1>n/3-1$

3. 若 $a<0$，则下列不等关系错误的是(　　).

A. $a+5<a+7$　　B. $5a>7a$

C. $5-a<7-a$　　D. $a/5>a/7$

4. 下列各题中,结论正确的是(　　).

A. 若 $a>0,b<0$,则 $b/a>0$　　B. 若 $a>b$,则 $a-b>0$

C. 若 $a<0,b<0$,则 $ab<0$　　D. 若 $a>b,a<0$,则 $b/a<0$

5. 下列变形不正确的是(　　).

A. 若 $a>b$,则 $b<a$　　B. $-a>-b$,得 $b>a$

C. 由 $-2x>a$,得 $x>-a/2$　　D. 由 $x/2>-y$,得 $x>-2y$

二、填空题

6. 不等式的基本性质 1:如果 $a>b$,那么 $a+c$ ________ $b+c$,$a-c$ ________ $b-c$.

不等式的基本性质 3:如果 $a>b$,并且 $c>0$,那么 ac ________ bc.

不等式的基本性质 3:如果 $a>b$,并且 $c<0$,那么 ac ________ bc.

7. 设 $a<b$,用"<"或">"填空.

(1) $a-1$ ________ $b-1$;　　(2) $a+1$ ________ $b+1$;

(3) $2a$ ________ $2b$;　　(4) $-2a$ ________ $-2b$.

8. 根据不等式的基本性质,用"<"或">"填空.

(1) 若 $a-1>b-1$,则 a ________ b;　(2) 若 $a+3>b+3$,则 a ________ b;

(3) 若 $2a>2b$,则 a ________ b;　　(4) 若 $-2a>-2b$,则 a ________ b.

9. 若 $a>b,m<0,n>0$,用">"或"<"填空.

(1) $a+m$ ________ $b+m$;　　(2) $a+n$ ________ $b+n$;

(3) $m-a$ ________ $m-b$;　　(4) an ________ bn.

三、解答题

10. 根据不等式的基本性质,把下列不等式化为 $x>a$ 或 $x<a$ 的形式:

(1) $x-3>1$;　　(2) $2-3x>-1$;

(3) $3x<1+2x$;　　(4) $2x>4$.

11. 某品牌计算机键盘的单价在 60 元至 70 元之间(包括 60 元、70 元)，买 3 个这样的键盘需要多少钱?(用适当的不等式表示)

综合训练 B

一、选择题

1. 有理数 b 满足 $|b|<3$，并且有理数 a 使得 $a<b$ 恒成立，则 a 的取值范围是(　　).

A. 小于或等于 3 的有理数　　B. 小于 3 的有理数

C. 小于或等于 -3 的有理数　　D. 小于 -3 的有理数

2. 若 $a-b<0$，则下列各式中一定成立的是(　　).

A. $a>b$　　B. $ab>0$

C. $a/b<0$　　D. $-a>-b$

3. 绝对值不大于 2 的整数的个数有(　　).

A. 3 个　　B. 4 个　　C. 5 个　　D. 6 个

二、填空题

4. 利用不等式的性质填"$>$"或"$<$".

(1) 若 $a>b$，则 $2a+1$ ________ $2b+1$；

(2) 若 $-1.25y<-10$，则 y ________ 8；

(3) 若 $a<b$，且 $c<0$，则 $ac+c$ ________ $bc+c$；

(4) 若 $a>0, b<0, c<0$，则 $(a-b)c$ ________ 0.

5. 用不等号填空：

(1) 若 $a-b<0$，则 a ________ b；

(2) 若 $b<0$，则 $a+b$ ________ a；

(3) $b<a<2$，则 $(a-2)(b-2)$ ________ 0；$(2-a)(2-b)$ ________ 0；$(2-a)(a-b)$ ________ 0.

三、解答题

6. 老王和小张同在一家公司工作，老王每月的工资原来比小张高，但不到他的两倍。新年开始时，公司给他们同时加薪 10%。问加薪后老王的工资仍比小张工资高，但低于两倍吗？请说明理由。如果每人各加薪 200 元呢？

2.2 区 间

重难点知识总结

1. 区间的概念.

2. 区间端点的取舍.

3. 逻辑用语

不含端点的区间叫做开区间；

含有两个端点的区间叫做闭区间；

只含左端点的区间叫做右半开区间；

只含右端点的区间叫做左半开区间.

范例分类与解题分析

一般地，由数轴上两点间的一切实数所组成的集合叫做区间. 其中，这两个点叫做区间端点.

不含端点的区间叫做开区间，如集合 $\{x \mid 2 < x < 4\}$ 表示的区间是开区间，用记号 $(2,4)$ 表示. 其中 2 叫做区间的左端点，4 叫做区间的右端点.

含有两个端点的区间叫做闭区间，如集合 $\{x \mid 2 \leqslant x \leqslant 4\}$ 表示的区间是闭区间，用记号 $[2,4]$ 表示.

只含左端点的区间叫做右半开区间，如集合 $\{x \mid 2 \leqslant x < 4\}$ 表示的区间是右半开区间，用记号 $[2,4)$ 表示.

只含右端点的区间叫做左半开区间，如集合 $\{x \mid 2 < x \leqslant 4\}$ 表示的区间是左半开区间，用记号 $(2,4]$ 表示.

【例 1】 已知集合 $A=(-1,4)$，集合 $B=[0,5]$，求：$A \cup B$，$A \cap B$.

解 两个集合的数轴表示如下图所示，

$A \cup B=(-1,5]$， $A \cap B=[0,4)$.

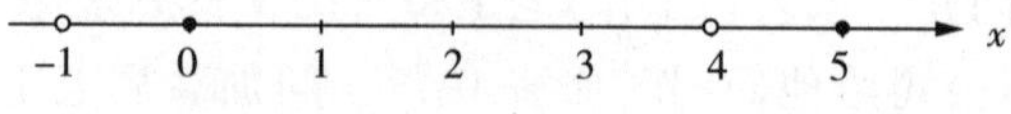

集合 $\{x \mid x > 2\}$ 表示的区间的左端点为 2，不存在右端点，为开区间，用记号 $(2,+\infty)$ 表示. 其中符号“$+\infty$”读作“正无穷大”，表示右端点可以任意大，但是写不出具体的数.

类似地，集合 $\{x \mid x < 2\}$ 表示的区间为开区间，用符号 $(-\infty,2)$ 表示.（“$-$

∞”读作“负无穷大”）

集合$\{x \mid x \geqslant 2\}$表示的区间为右半开区间，用记号$[2,+\infty)$表示；集合$\{x \mid x \leqslant 2\}$表示的区间为左半开区间，用记号$(-\infty,2]$表示；实数集 **R** 可以表示为开区间，用记号$(-\infty,+\infty)$表示.

“$-\infty$”与“$+\infty$”都是符号，而不是一个确切的数.

【例 2】 已知集合$A=(-\infty,2)$，集合$B=(-\infty,4]$，求$A\cup B$，$A\cap B$.

解　观察如下图所示的集合A，B的数轴表示，得

(1)$A\cup B=(-\infty,4]=B$；　　(2)$A\cap B=(-\infty,2)=A$.

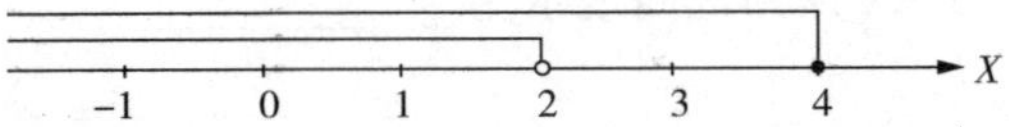

【例 3】 设全集为 **R**，集合$A=(0,3]$，集合$B=(2,+\infty)$，

(1) 求$\complement_{\mathbf{R}}A$，$\complement_{\mathbf{R}}B$；(2) 求$A\cap\complement_{\mathbf{R}}B$.

解　观察如下图所示的集合A、B的数轴表示，得

(1) $\complement_{\mathbf{R}}A=(-\infty,0]\cup(3,+\infty)$，$\complement_{\mathbf{R}}B=(-\infty,2]$；

(2)$A\cap\complement_{\mathbf{R}}B=(0,2]$.

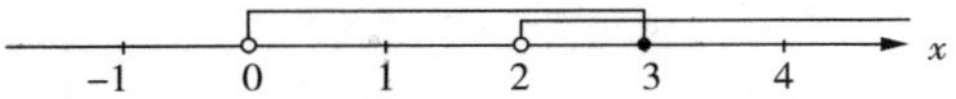

【例 4】 解不等式组$\begin{cases}3x-2>1,\\5-x\geqslant 2.\end{cases}$

解　不等式$3x-2>1$的解集为$(1,+\infty)$；

不等式$5-x\geqslant 2$的解集为$(-\infty,3]$.

故不等式组的解集为$(-\infty,3]\cap(1,+\infty)=(1,3]$.

综合训练 A

一、选择题

1. 设$A=(2,5)$，$B=[3,6)$，则$A\cap B=$(　　).

A(2,5)　　B. [3,6)　　C. (3,5)　　D. [3,5)

2. 设$A=(1,4)$，$B=[2,6)$，则$A\cup B=$(　　).

A. (1,4)　　B. [2,6)　　C. (1,6)　　D. [2,4)

3. $(-3,2)\cup[-2,5)=$(　　).

A. (2,5)　　B. [3,6)　　C. (−3,5)　　D. [3,5)

4. $(-4,1)\cap[-2,6)=$(　　).

A. $[-2,1)$　　B. $[-4,6)$　　C. $(-4,-2)$　　D. $[1,6)$

5. 设集合 $A=(-1,3)$, $B=[1,5]$, 则 $A\cup B=$(　　).

A. $(-1,5)$　　B. $[3,5)$　　C. $(-1,1)$　　D. $[1,3)$

二、填空题

6. 集合 $\{x\mid -2\leqslant x<2\}$ 用区间表示为__________.

7. 集合 $\{x\mid -5<x<-1\}$ 用区间表示为__________.

8. 集合 $\{x\mid 2\leqslant x\leqslant 6\}$ 用区间表示为__________.

9. 集合 $\{x\mid 0<x<3\}$ 用区间表示为__________.

三、解答题

10. 设集合 $A=[-2,3)$, $B=[1,5)$, 求 $A\cup B$, $A\cap B$.

11. 设集合 $A=[0,6)$, $B=[-1,5)$, 求 $A\cup B$, $A\cap B$.

12. 设集合 $A=[-3,4)$, $B=(1,5)$, 求 $A\cup B$, $A\cap B$.

综合训练 B

一、选择题

1. 设 $A=(2,+\infty)$, $B=[3,6)$, 则 $A\cap B=$(　　).

A. $(2,+\infty)$　　B. $[3,+\infty)$　　C. $[3,6)$　　D. $[3,5)$

2. 设 $A=(-\infty,4)$, $B=[2,6)$, 则 $A\cup B=$(　　).

A. $(2,4)$　　B. $[2,6)$　　C. $(-\infty,6)$　　D. $[2,4)$

3. $(-3,2)\cup[-2,+\infty)=($　　$)$.

A. $(-2,+\infty)$　　B. $(-3,2)$　　C. $(-3,-2)$　　D. $(-3,+\infty)$

二、填空题

4. 集合 $A=\{x \mid 2x-3\leqslant 5\}$ 用区间表示为________.

5. 集合 $\{x \mid x>-5\}$ 用区间表示为________.

三、解答题

6. 设全集为 $\mathbf{R}$, $A=(-1,3]$, $B=[-2,1)$, 求 $\complement_{\mathbf{R}}A$, $\complement_{\mathbf{R}}B$, $\complement_{\mathbf{R}}(A\cap B)$.

2.3　一元二次不等式

【重难点知识总结】

解一元二次不等式的步骤：

① 将二次项系数化为"+"：$y=ax^2+bx+c>0$(或 <0)$(a>0)$

② 计算判别式 Δ，分析不等式的解的情况：

a. $\Delta>0$ 时，求得方程的根 $x_1<x_2$，$\begin{cases} a<0, \text{则 } x_1<x<x_2; \\ a>0, \text{则 } x<x_1 \text{ 或 } x>x_2. \end{cases}$

b. $\Delta=0$ 时，求得方程的根 $x_1=x_2=x_0$，$\begin{cases} a<0, \text{则是空集}; \\ a>0, \text{则 } x\neq x_0; \\ a\leqslant 0, \text{则 } x=x_0. \end{cases}$

c. $\Delta<0$ 时，方程无解，$\begin{cases} a\leqslant 0, \text{则是空集}; \\ a>0, \text{则 } x\in\mathbf{R}. \end{cases}$

③ 写出解集.

【典型例题】

【例 1】　解不等式：

(1) $3x^2-6x+2>0$；　(2) $4x^2-4x+1>0$；　(3) $-x^2+2x-3>0$.

解 (1) 因为 $\Delta>0, x_1=1-\frac{\sqrt{3}}{3}, x_2=1+\frac{\sqrt{3}}{3}$.

所以,原不等式的解集是$\left\{x \mid x<1-\frac{\sqrt{3}}{3} \text{ 或 } x>1+\frac{\sqrt{3}}{3}\right\}$.

(2) 因为 $\Delta>0, x_1=x_2=\frac{1}{2}$. 所以,原不等式的解集是$\left\{x \mid x \neq \frac{1}{2}\right\}$.

(3) 整理,得 $x^2-2x+3<0$. 因为 $\Delta>0$,方程无实数解.

所以不等式 $x^2-2x+3<0$ 的解集是 $\varnothing$.

从而,原不等式的解集是 $\varnothing$.

【变式训练】解下列不等式:

(1)$x^2-2x-3<0$;　　(2)$2x^2-x-3\geqslant 0$;

(3)$-x^2+x-4<0$.

【例 2】 x 是什么实数时,$\sqrt{x^2-x-6}$ 有意义.

解 根据题意需要解不等式 $x^2-x-6\geqslant 0$. 解方程 $x^2-x-6=0$ 得 $x_1=3, x_2=-2$.

由于二次方程系数 $1>0$,所以不等式的解集为$(-\infty,-2]\cup[3,+\infty)$.

即当 $x\in(-\infty,-2]\cup[3,+\infty)$ 时,$\sqrt{x^2-x-6}$ 有意义.

【变式训练】x 是什么实数时,$\sqrt{2x^2-3x-2}$ 有意义.

综合训练 A

一、选择题

1. 不等式 $x^2-3x+2<0$ 的解集是(　　).

A. $(-\infty,1)$　　B. $(1,2)$

C. $(2,+\infty)$　　D. $(-\infty,1)\cup(2,+\infty)$

2. 不等式 $x^2-9\leqslant 0$ 的解集为(　　).

A. $(-\infty,-3)\cup(3,+\infty)$　　B. $(-\infty,-3]\cup[3,+\infty)$

C. $(-3,3)$　　D. $[-3,3]$

3. 不等式 $x(x-1)\geqslant 0$ 的解集为(　　).

A. $(-\infty,0)\cup(1,+\infty)$　　B. $(-\infty,0]\cup[1,+\infty)$

C. $(0,1)$　　D. $[0,1]$

4. 不等式 $2x-x^2>0$ 的解集为(　　).

A. $(-\infty,0)\cup(2,+\infty)$　　B. $(0,2)$

C. $[0,2]$　　D. $\mathbf{R}$

5. 不等式 $x^2-2x+1>0$ 的解集为(　　).

A. $\{1\}$　　B. $(-\infty,1)\cup(1,+\infty)$

C. $\mathbf{R}$　　D. $\varnothing$

二、填空题

6. 不等式 $9-x^2\geqslant 0$ 的解集是________.

7. 不等式 $x^2-5x+6>0$ 的解集是________.

8. 不等式 $-x^2+2x+8>0$ 的解集是________.

三、解答题

9. 解下列不等式：

(1) $x^2-4x+3\geqslant 0$；　(2) $4-x^2\leqslant 0$；　(3) $(2x+1)(x-3)>0$.

综合训练 B

1. 求函数 $y=\sqrt{4x-x^2-4}$ 的定义域.

2. 当 x 为何值时，代数式 $\frac{x-5}{3}$ 的值与代数式 $\frac{2x-7}{2}$ 的值之差不小于 2？

3. 已知不等式 $ax^2+abx+b>0$ 的解集是(2,3),试求 a,b 的值.

2.4　含绝对值的不等式

重要知识点:

1. $|x|$ 的代数意义和几何意义

代数意义:$|x|=\begin{cases} x, x>0; \\ 0, x=0; \\ -x, x<0. \end{cases}$

几何意义:数轴上表示实数 x 的点到原点的距离.

2. 绝对值不等式的类型

$|x|<a(a>0)$ 的解集为 $(-a,a)$;(口诀:小于取中间)

$|x|>a(a>0)$ 的解集为 $(-\infty,-a)\cup(a,+\infty)$.(口诀:大于取两边)

3. 形如 $|ax+b|<c(c>0)$,$|ax+b|>c(c>0)$ 的绝对值不等式用"变量替换"的方法求解.

$|ax+b|<c(c>0)\Leftrightarrow -c<ax+b<c$;

$|ax+b|>c(c>0)\Leftrightarrow ax+b<-c$ 或 $ax+b>c$.

【典型例题】

【例 1】 解下列各不等式:

(1)$|x|<4$　　(2)$|x|\geqslant 2$　　(3)$3|x|\leqslant 9$

解 (1) 由不等式 $|x|<4$,得 $-4<x<4$,所以原不等式的解集为 $(-4,4)$.

(2) 由不等式 $|x|\geqslant 2$,得 $x\leqslant -2$ 或 $x\geqslant 2$,所以原不等式的解集为 $(-\infty,-2]\cup[2,+\infty)$.

(3) 由不等式 $3|x|\leqslant 9$,得 $|x|\leqslant 3$,所以原不等式解集为 $[-3,3]$.

【变式训练】解下列不等式:

(1)$3|x|\leqslant 9$;　　(2)$2|x|-2<6$.

【例 2】 解不等式 $|2x-1|\leqslant 3$.

解 由不等式可得 $-3\leqslant 2x-1\leqslant 3$,

于是 $-2 \leqslant 2x \leqslant 4$，

即 $-1 \leqslant x \leqslant 2$，

所以原不等式的解集为 $[-1,2]$.

【变式训练】解不等式 $|3x-5|>4$.

综合训练 A

一、选择题

1. 不等式 $|x|<3$ 的解集是(　　).

A. $(-3,3)$　　B. $(-\infty,3)$

C. $(-3,+\infty)$　　D. $(-\infty,-3)\cup(3,+\infty)$

2. 不等式 $2|x|<3$ 的解集是(　　).

A. $(-\frac{2}{3},\frac{3}{2})$　　B. $\left(-\frac{3}{2},\frac{3}{2}\right)$　　C. $\left(-\frac{2}{3},\frac{2}{3}\right)$　　D. $\left(-\frac{3}{2},\frac{2}{3}\right)$

3. 不等式 $|x-1|<3$ 的解集为(　　).

A. $[-2,4]$　　B. $(-2,4)$

C. $(-\infty,-2)\cup(4,+\infty)$　　D. $\mathbf{R}$

4. 不等式 $|x+2|>2$ 的解集为(　　).

A. $\varnothing$　　B. $(0,+\infty)$

C. $(-\infty,-4)\cup(0,+\infty)$　　D. $\mathbf{R}$

5. 不等式 $|x-5|-1>4$ 的解集为(　　).

A. $[0,10]$　　B. $(10,+\infty)$

C. $(-\infty,0)$　　D. $(-\infty,0)\cup(10,+\infty)$

二、填空题

6. 不等式 $|x|<6$ 的解集为________；

7. 不等式 $|x+2|\geqslant 0$ 的解集为________；

8. 不等式 $2|x-1|+3\leqslant 5$ 的解集为________.

三、解答题

9. 解下列各不等式：

(1) $|x|-1\geqslant 4$；　　(2) $2|x|+1\leqslant 7$；

(3)$3|2x-3|>7$；　　(4)$2|3x+5|-1\leqslant 9$.

综合训练 B

一、选择题

1. 不等式 $|x+1|>0$ 的解集为(　　).

A. $\varnothing$　　B. $(-1,+\infty)$

C. $(-\infty,-1)\cup(-1,+\infty)$　　D. $\mathbf{R}$

2. 不等式 $|x+3|\leqslant 0$ 的解集为(　　).

A. $\varnothing$　　B. $\{-3\}$

C. $(-\infty,-3)\cup(-3,+\infty)$　　D. $\mathbf{R}$

3. 不等式 $|2-x|<3$ 的解集为(　　).

A. $(-\infty,-1)\cup(-5,+\infty)$　　B. $[-1,5]$

C. $(-1,5)$　　D. $(-5,1)$

二、填空题

4. 不等式 $2|x|+1\geqslant 7$ 的解集为________.

5. 不等式 $2|x-1|+3\leqslant 5$ 的解集为________.

6. $|7-3x|<11$ 的解集为________.

三、解答题

7. 设 $A=\{x \mid |2x-3|<5\}$，$B=\{x \mid |x-1|\geqslant 1\}$. 求(1)$A\cap B$；(2)$A\cup B$.

8. 解不等式：$2|1-2x|-2<3$.

第三章　函　数

3.1　函数的概念及其表示方法

重难点知识总结

1. 定义域：自变量的取值范围的集合.

2. 函数值：当 $x=x_0$ 时，函数 $y=f(x)$ 对应的值 y_0 叫做函数在点 x_0 处的函数值.

3. 利用"描点法"描绘函数图像.

范例分类与解题分析

函数是每年高考必考内容. 近几年考查的重点主要有：函数的定义域、函数值、图像.

【例 1】 求下列函数的定义域：

(1) $f(x)=\dfrac{1}{x+1}$；　　　　(2) $f(x)=\sqrt{1-2x}$.

【解题指南】(1) 由 $x+1\neq 0$，得 $x\neq -1$.

因此函数的定义域为 $\{x \mid x\neq -1\}$，用区间表示为 $(-\infty,-1)\cup(-1,+\infty)$.

(2) 由 $1-2x\geqslant 0$，得 $x\geqslant \dfrac{1}{2}$.

因此函数的定义域为 $\left(-\infty,\dfrac{1}{2}\right)$.

【点评】如果函数的对应法则是用代数式表示的，那么函数的定义域就是使得这个代数式有意义的自变量的取值集合.

【变式训练】求下列函数的定义域：

(1) $f(x)=\dfrac{1}{x^2-1}$;　　　(2) $f(x)=\sqrt{x^2-x-6}$.

【例 2】 设 $f(x)=\dfrac{2x-1}{3}$,求 $f(0)$,$f(2)$,$f(-5)$.

【解题指南】$f(0)=\dfrac{2\times 0-1}{3}=-\dfrac{1}{3}$,$f(2)=\dfrac{2\times 2-1}{3}=1$,$f(-5)=\dfrac{2\times(-5)-1}{3}=-\dfrac{11}{3}$.

【点评】本题是求自变量 $x=x_0$ 时对应的函数值,方法是将 x_0 代入函数表达式求值.

【变式训练】设 $f(x)=\dfrac{x-1}{x+1}$,求 $f(0)$,$f(2)$,$f(-5)$.

综合训练 A

一、选择题

1. 下列各组中,表示同一个函数的是(　　).

A. $y=\dfrac{x}{x^2}$ 与 $y=\dfrac{1}{x}$　　B. $y=\dfrac{x^2}{x}$ 与 $y=x$

C. $y=\sqrt{x^2}$ 与 $y=x$　　D. $y=(\sqrt{x})^2$ 与 $y=x$

2. 函数 $f(x)=\sqrt{x^2-6x+5}$ 的定义域是(　　).

A. $[1,5]$　　B. $(-\infty,1)\cup(5,+\infty)$

C. $(-\infty,1]\cup[5,+\infty)$　　D. $(1,5)$

3. 已知函数 $f(x)=\dfrac{x+1}{x-1}$,则 $f(-2)=$(　　).

A. $-\dfrac{1}{3}$　　B. $\dfrac{1}{3}$　　C. 1　　D. 3

4. 设函数 $f(x)=kx+b$,若 $f(1)=-2$,$f(-1)=0$,则(　　).

A. $k=1,b=-1$　　B. $k=-1,b=-1$

C. $k=-1,b=1$　　D. $k=1,b=1$

5. 某函数图像经过点(1,1)和点(−1,−1),则它的解析式不可能为(　　).

A. $y=x$　　B. $y=\dfrac{1}{x}$

C. $y=\sqrt{x}$　　D. $y=x^3$

二、填空题

6. 已知 $f(x)=2x+1$，则 $f(x+2)=$________.

7. 已知 $f(x)=ax-2$，且 $f(2)=4$，则 $a=$________.

8. 函数 $f(x)=\sqrt{\dfrac{2x+1}{2-3x}}+\dfrac{1}{x}$ 的定义域是________.

9. 函数 $f(x)=\dfrac{1-x}{1+x}$，则 $f(1-x)=$________.

三、解答题

10. 已知一次函数经过 $A(-1,2)$，$B(3,4)$，求一次函数的解析式.

11. 求函数 $f(x)=\dfrac{\sqrt{x^2-9}}{x+3}$ 的定义域.

12. 某出版社出版图书要支付固定的手续费 5 万元。若出版的图书规定页数的费用不超过 200 元，每页的价格为 0.3 元。请写出出版这本图书的价格 y(元) 与页数 x 的函数解析式。

综合训练 B

一、选择题

1. 函数 $y=\sqrt{1-x^2}$ 的定义域是(　　).

A. $[-1,1]$

B. $(-\infty,-1]\cup[1,+\infty)$

C. $\{1,1\}$

D. $(-\infty,-1)\cup(1,+\infty)$

2. 函数 $y=2x(x\in\mathbf{Z})$ 的图像是(　　).

A. 直线　　B. 线段　　C. 点图像　　D. 射线

3. 设 $f(x)=3x-5$,则 $f(2x-1)=$(　　).

A. $6x-3$　　B. $6x-5$　　C. $5x-6$　　D. $6x-8$

4. 已知 $g(x-1)=3x-1$,则 $g(x)=$(　　).

A. $3x+2$　　B. $3x-1$　　C. $3x-1$　　D. $3x$

5. 已设 $f(x)=x^2-ax+a$,且 $f(2)=7$,则常数 $a=$(　　).

A. -3　　B. 3　　C. 7　　D. 9

二、填空题

6. 函数 $f(x)=\dfrac{\sqrt{x-2}}{2x-6}$ 的定义域是________.

7. $f(x)=\begin{cases}5x-3 & x\geqslant 0\\ 2x+1 & x<0\end{cases}$,则 $f(-1)=$________,$f(1)=$________.

8. 函数 $y=-3x^2+2x+1$ 的定义域是________,值域是________.

三、解答题

9. 求函数 $f(x)=\dfrac{1}{\sqrt{1-x}}+\dfrac{1}{|x-3|}$ 的定义域.

10. 已知二次函数满足 $f(0)=3$,$f(2)=-1$,$f(1)=4$,求它的解析式.

3.2　函数的性质

重难点知识总结

1. 一般地,设点 $P(a,b)$ 为平面上的任意一点,则

(1) 点 $P(a,b)$ 关于 x 轴的对称点的坐标为 $(a,-b)$;

(2) 点 $P(a,b)$ 关于 y 轴的对称点的坐标为 $(-a,b)$；

(3) 点 $P(a,b)$ 关于原点 O 的对称点的坐标为 $(-a,-b)$.

2. 函数的单调性：如果函数 $y=f(x)$ 在区间 I 是单调增函数或单调减函数，那么就说函数 $y=f(x)$ 在区间 I 上具有单调性.

3. 增函数：一般地，设函数 $y=f(x)$ 的定义域为 A，区间 $I\subseteq A$. 如果对于区间 I 内的任意两个值 x_1,x_2，当 $x_1<x_2$ 时，都有 $f(x_1)<f(x_2)$，那么就说 $y=f(x)$ 在区间 I 上是单调增函数.

4. 减函数：一般地，设函数 $y=f(x)$ 的定义域为 A，区间 $I\subseteq A$. 如果对于区间 I 内的任意两个值 x_1,x_2，当 $x_1<x_2$ 时，都有 $f(x_1)>f(x_2)$，那么就说 $y=f(x)$ 在区间 I 上是单调减函数.

5. 单调性区间：单调增区间和单调减区间统称为单调区间.

6. 奇偶函数：设函数的定义域为数集 D，如果对于任意一个 $x\in D$，都有 $-x\in D$，且 $f(-x)=f(x)$ [或 $f(-x)=-f(x)$]，那么函数 $f(x)$ 就叫偶函数（或奇函数）.

范例分类与解题分析

函数是每年高考必考内容. 近几年考查的重点主要有：点的对称规律、用定义说明函数的单调性、函数奇偶性的证明以及奇函数偶函数图像的性质.

【例 1】 (1) 已知点 $P(-2,3)$，则点 P 关于 x 轴的对称点的坐标为________；则点 P 关于 y 轴的对称点的坐标为________；则点 P 关于原点的对称点的坐标为________.

【解题指南】点 $P(-2,3)$ 关于 x 轴的对称点的坐标为 $(-2,-3)$；则点 P 关于 y 轴的对称点的坐标为 $(2,3)$；则点 P 关于原点的对称点的坐标为 $(2,-3)$.

【点评】本题需要利用三种对称点的坐标特征来进行研究.

【变式训练】点 $P(x,y)$ 关于 x 轴的对称点的坐标为________；点 $P(x,y)$ 关于 y 轴的对称点的坐标为________；点 $P(x,y)$ 关于原点 O 的对称点的坐标为________.

【例 2】 判断下列函数的奇偶性：

(1) $f(x)=x^3$；　　(2) $f(x)=\sqrt{x}$.

【解题指南】(1) 函数的定义域为 $(-\infty,+\infty)$，对任意的 $x\in(-\infty,+\infty)$ 都有 $-x\in(-\infty,+\infty)$，$f(x)=x^3$，$f(-x)=(-x)^3=-x^3$.

故 $f(x)=-f(-x)$.

所以 $f(x)=x^3$ 是奇函数.

(2) 函数的定义域是$[0,+\infty)$.由于$2\in[0,+\infty)$,但是$-2\notin[0,+\infty)$,所以函数$f(x)=\sqrt{x}$是非奇非偶函数.

【点评】需要依照判断函数奇偶性的基本步骤进行.

【变式训练】判断下列函数的奇偶性:(1)$f(x)=2x^2+1$;(2)$f(x)=x-1$.

【例 3】 求证:函数$f(x)=-\frac{1}{x}-1$在区间$(0,+\infty)$上是单调增函数.

【解题指南】证明:设x_1,x_2是$(0,+\infty)$上的任意两个实数,且$x_1<x_2$.

则$f(x_1)-f(x_2)=(-\frac{1}{x_1}-1)-(-\frac{1}{x_2}-1)=\frac{1}{x_2}-\frac{1}{x_1}=\frac{x_1-x_2}{x_1x_2}$,

$$\because x_1-x_2<0, x_1x_2>0, \therefore f(x_1)<f(x_2),$$

故$f(x)=-\frac{1}{x}-1$在区间$(0,+\infty)$上是单调增函数.

【点评】本题是函数单调性定义的应用,也是高考的重点考察对象,应该重点掌握.

【变式训练】求证:函数$f(x)=-\frac{1}{x}-1$在区间$(0,1)$上是单调增函数.

综合训练 A

一、选择题

1. 下列各函数中,在$(0,+\infty)$内为增函数的是(　　).

A. $y=-2x+1$　　B. $y=\frac{1}{x}$

C. $y=-x^2$　　D. $y=2x^2$

2. 下列各函数中,为偶函数的是(　　).

A. $y=3x-2$　　B. $y=x^2-1$

C. $y=x^2-2x+1$　　D. $y=\frac{3}{x}$

3. 若函数$f(x)$在$(1,+\infty)$上是减函数,则有(　　).

A. $f(2)<f(3)$　　B. $f(2)>f(3)$

C. $f(2)=f(3)$　　D. 无法判断

4. 函数$f(x)=0$在$\mathbf{R}$上是(　　).

A. 偶函数　　B. 奇函数　　C. 非奇非偶　　D. 既奇又偶

5. 函数 $f(x)=x^2-4x+3$（　　）.

A. 在 $(-\infty,2)$ 内是减函数　　B. 在 $(-\infty,4)$ 内是减函数

C. 在 $(-\infty,0)$ 内是减函数　　D. 在 $(-\infty,+\infty)$ 内是减函数

二、填空题

6. 已知点 $P(-3,4)$，则点 P 关于 y 轴对称点的坐标为________.

7. 若函数 $f(x)$ 在 $(-\infty,0)$ 上是增函数，则 $f(-a^2-1)$ ________ $f(-a^2-2)$（填"$<$""$>$"）.

8. 函数 $f(x)=x^2-2$ 的增区间为________.

9. 函数 $f(x)=mx^2+(m-2)x+3$ 是偶函数，则 $m=$________.

三、解答题

10. 判断函数 $f(x)=\sqrt{x}$ 的奇偶性.

11. 用定义证明函数 $f(x)=x^2+1$ 在 $(0,+\infty)$ 上是增函数.

12. 已知奇函数 $f(x)=a-\dfrac{2}{2^x+1}$，求 a 的值.

综合训练 B

一、选择题

1. 已知 $f(x)=(2a-1)x$ 是定义域上的增函数，则实数 a 的取值范围是（　　）.

A. $(1,+\infty)$　　B. $(-\infty,1)$　　C. $\left(-\infty,\frac{1}{2}\right)$　　D. $\left(\frac{1}{2},+\infty\right)$

2. 函数 $f(x)=x|x|$ 是(　　).

A. 奇函数　　B. 偶函数　　C. 非奇非偶函数　　D. 无法确定

3. 下列说法中正确的有(　　).

(1) 若 $x_1,x_2\in I$,当 $x_1<x_2$ 时,$f(x_1)<f(x_2)$,则 $f(x)$ 在 I 上是增函数;

(2) 函数 $y=x^2$ 在 $\mathbf{R}$ 上是增函数;

(3) 函数 $y=-\frac{1}{x}$ 在定义域上是增函数;

(4) 函数 $y=\frac{1}{x}$ 的单调区间是 $(-\infty,0)\cup(0,+\infty)$.

A. 0 个　　B. 1 个　　C. 2 个　　D. 3 个

4. 下列函数中既是奇函数又是增函数的是(　　).

A. $y=3x$　　B. $y=\frac{1}{x}$　　C. $y=2x^2$　　D. $y=-\frac{1}{3}x$

5. 若 $f(x)=x^2+bx$ 是定义在 $[a-1,a]$ 上的偶函数,则 $a+b$ 的值是(　　).

A. $\frac{1}{3}$　　B. $-\frac{1}{3}$　　C. $\frac{1}{2}$　　D. $-\frac{1}{2}$

二、填空题

6. 已知函数 $y=-x+1,x\in\left[\frac{1}{2},2\right]$,则 y 的最小值是________.

7. 函数 $f(x)=x^3$ 的图像关于________对称.

8. 设函数 $f(x)=kx+b$,若 $f(1)=-2,f(-1)=0$,则 $k=$________,$b=$________.

9. 已知函数 $y=f(x)$ 为偶函数,且 $f(-3)=20$,则 $f(3)=$________.

三、解答题

10. 利用定义判断函数 $f(x)=x+\frac{1}{x}$ 在 $(1,+\infty)$ 上的单调性.

11. 已知函数 $f(x)=x^2-4x+3$,求:

(1) 函数的定义域和值域;

(2) 函数的单调性;

(3) 函数在区间[1,6]的最大值和最小值.

3.3　函数的实际应用举例

重难点知识总结

1.分段函数:在自变量的不同取值范围内,有不同的对应法则,需要用不同的解析式来表示的函数叫做分段表示的函数,简称分段函数.

2.分段函数的定义域:分段函数的定义域是自变量的各个不同取值范围的并集.

3.分段函数的函数值:求分段函数的函数值 $f(x_0)$ 时,应该首先判断 x_0 所属的取值范围,然后再把 x_0 代入到相应的解析式中进行计算.

范例分类与解题分析

函数的实际应用举例是每年高考必考内容.近几年考查的重点主要有:分段函数的定义域、用"描点法"画分段函数的图像、函数的简单应用.

【例 1】　设函数 $y=f(x)=\begin{cases}2x-1, & x\leqslant 0,\\ x^2, & x>0.\end{cases}$

(1) 求函数的定义域;

(2) 求 $f(2)$,$f(0)$,$f(-1)$的值.

【解题指南】(1) 函数的定义域为$(-\infty,0]\cup(0,+\infty)=(-\infty,+\infty)$.

(2) 因为 $2\in(0,+\infty)$,故 $f(2)=2^2=4$;

因为 $0\in(-\infty,0]$,故 $f(0)=2\times 0-1=-1$;

因为 $-1\in(-\infty,0]$,故 $f(-1)=2\times(-1)-1=-3$.

【点评】分段函数的定义域是自变量的各不同取值范围的并集.求分段函数的函数值 $f(x_0)$ 时,应该首先判断 x_0 所属的取值范围,再把 x_0 代入到相应的解析式中进行计算.

【变式训练】设函数 $y=f(x)=\begin{cases}2x+1, & -2<x\leqslant 0,\\ 1-x^2, & 0<x<3.\end{cases}$

(1) 求函数的定义域；

(2) 求 $f(2)$，$f(0)$，$f(-1)$ 的值.

综合训练 A

一、选择题

1. 函数 $f(x)=x^3$ 的图像(　　).

A. 关于原点对称　　B. 关于 x 轴对称

C. 关于 y 轴对称　　D. 不具有对称性

2. 已知函数 $f(x)=\begin{cases}\sqrt{x-1}, x\geqslant 1,\\ 1, x<1,\end{cases}$ 则 $f(5)=$(　　).

A. 0　　B. 1　　C. 2　　D. 不存在

3. 函数 $f(x)=\begin{cases}\dfrac{1}{x}, x\in(-2,0)\\ x^2, x\in[0,2]\end{cases}$ 的定义域是(　　).

A. $(-2,2]$　　B. $[-2,2]$　　C. $[-2,2)$　　D. $(-2,2)$

4. 已知一个长方形的面积为 20，设长为 y，宽为 x，则 y 与 x 的函数关系为(　　).

A. $y=20x$　　B. $y=\dfrac{20}{x}$　　C. $y=\dfrac{x}{20}$　　D. $y=-20x$

5. 绝对温度 T(K) 和摄氏温度 t(℃) 之间的换算关系是 $T=t+273.15$，那么当 $t=30$ 时，T 的值是(　　).

A. 303.15　　B. 243.15　　C. −243.15　　D. 313.15

二、填空题

6. 已知函数 $f(x)=x^2+2x$，则 $f(2)f(\frac{1}{2})=$__________.

7. 已知 $f(x)=\begin{cases}x-3, x\leqslant 0\\ x^3-3, x>0\end{cases}$，则 $f(-2)=$________，$f(2)=$________.

8. 函数 $f(x)=x^2-2$ 的增区间为________.

9. 已知函数 $f(x)=\begin{cases}x+1, x<0\\ -x-1, x\geqslant 0\end{cases}$，则 $f[f(-1)]=$________.

三、解答题

10. 设函数 $f(x)=\begin{cases}3x+1,\ x<0\\ x^2,\ x\geqslant 0\end{cases}$，求

(1) 函数的定义域；
(2) 求 $f(0)$，$f(-3)$，$f(3)$ 的值.

11. 已知函数 $f(x)=\begin{cases}x+1, x\geqslant 1,\\ x-1, x<1,\end{cases}$
(1) 求 $f(x)$ 的定义域；
(2) 作出函数 $f(x)$ 的图像；
(3) 根据图像判断函数 $f(x)$ 的奇偶性.

12. 二次函数 $f(x)=2x^2+bx+c$ 满足 $f(1-t)=f(1+t)$，且最小值是 2.
(1) 求出函数的解析表达式；
(2) 说出函数的单调性.

综合训练 B

一、选择题

1. $f(x)=\begin{cases}x^2, x\leqslant 0\\ x+2, x>0\end{cases}$，则 $f[f(-1)]=$（　　）.

A. 3　　B. 1　　C. -1　　D. 2

2. 函数 $f(x)=\begin{cases}x^2, x\leqslant 0\\ x+2, x>0\end{cases}$ 的定义域是（　　）.

A. $(-\infty,0]$　　B. $\mathbf{R}$

C. $(0,+\infty)$　　D. $\varnothing$

3. 关于函数 $y=2x^2+1$,下列说法错误的是(　　).

A. 开口向上　　B. 对称轴为 y 轴

C. 有最小值 1　　D. 顶点坐标为(1,0)

4. $f(x)=\pi$,则 $f(x^2)=$(　　).

A. π^2　　B. π　　C. x　　D. x^2

5. $f(x)$ 是一次函数,且 $f(1)+f(2)=3$,$f(-1)-f(0)=1$,则 $f(x)=$(　　).

A. $-x+3$　　B. $x-9$　　C. $x+3$　　D. $x-36$

二、填空题

6. 已知函数 $f(x)=\begin{cases}x+1, x\leqslant 1\\ -x+3\ x>1\end{cases}$,则 $f[f(\frac{5}{2})]=$________.

7. 已知奇函数 $f(x)=ax^3+2x+b$,且 $f(1)=5$,则 $f(-1)=$________.

8. 设函数 $f(x)$ 为奇函数,且 $f(0)$ 存在,则 $f(0)=$________.

9. 函数 $f(x)=\sqrt{\dfrac{x-1}{2x-3}}$ 的定义域是________.

三、解答题

10. 已知 A、B 两地相距 150km,某人开汽车以 60km/h 的速度从 A 地到达 B 地,在 B 地停留 1h 后再以 50km/h 的速度返回 A 地,求把汽车离开 A 地的距离 x(km) 表示为时间 t(h) 的函数表达式。

11. 已知函数 $f(x)=x^2-4x+3$,求:

(1) 函数的定义域和值域;

(2) 函数的单调性;

(3) 函数在区间[1,6] 内的最大值和最小值.

12. 已知函数 $f(x)=\begin{cases}x+1, & x>0, \\ x-1, & x<0,\end{cases}$

(1) 求该函数的定义域；

(2) 作出该函数的图像；

(3) 根据图像判断该函数的奇偶性.

第四章　指数函数与对数函数

4.1　实数指数幂

重难点知识总结

一、分数指数幂

1. $a^{\frac{m}{n}}=\sqrt[n]{a^m}$，其中 $m,n\in\mathbf{N}^*$ 且 $n>1$. 当 n 为奇数时，$a\in\mathbf{R}$；当 n 为偶数时，$a\geqslant 0$.

2. 当 $a^{\frac{m}{n}}$ 有意义时，且 $a\neq 0$，规定 $a^{-\frac{m}{n}}=\frac{1}{\sqrt[m]{a^n}}$.

二、实数指数幂及其运算法则

当 $a>0$，p,q 为实数时，

1. $a^p\cdot a^q=a^{p+q}$；

2. $(a^p)^q=a^{pq}$；

3. $(ab)^p=a^pb^p$.

三、幂函数举例

随着指数 α 取不同的值，幂函数 $y=x^\alpha$ 的定义域、单调性和奇偶性会发生变化.

范例分类与解题分析

1. 分数指数幂与根式形式之间的转换

【例 1】　将下列各分数指数幂写成根式的形式：

(1)$a^{\frac{2}{3}}$；　　　　(2)$a^{-\frac{5}{7}}$.

【解题指南】(1) 这里 $m=2,n=3$，故 $a^{\frac{2}{3}}=\sqrt[3]{a^2}$；

(2) 这里 $m=5,n=7$，故 $a^{-\frac{5}{7}}=\frac{1}{\sqrt[7]{a^5}}$.

【例 2】　将下列各根式写成分数指数幂的形式：

(1) $\sqrt[3]{3}$；　　(2) $\frac{1}{\sqrt[5]{a^4}}$.

【解题指南】(1) 这里 $m=1,n=3$，故$\sqrt[3]{3}=3^{\frac{1}{3}}$；

(2) 这里 $m=4,n=5$，故$\frac{1}{\sqrt[5]{a^4}}=a^{-\frac{4}{5}}$.

【点评】进行分数指数幂与根式形式之间的转换时，依据教材中的公式，需要注意不要搞错位置关系.

【变式训练】将下列各根式写成分数指数幂的形式：

(1) $\frac{2}{\sqrt[4]{a^3}}$；　　(2) $\sqrt[3]{\frac{3}{x^2}}$.

【例 3】　计算与化简下列各式：

(1) $\sqrt{3}\cdot\sqrt[3]{9}\cdot\sqrt[4]{27}$；　　(2) $(x^{\frac{9}{5}}y^{-\frac{6}{5}})^{-\frac{1}{3}}\cdot(xy)^{\frac{3}{5}}$.

【解题指南】(1) 原式 $=\sqrt{3}\cdot\sqrt[3]{3^2}\cdot\sqrt[4]{3^3}=3^{\frac{1}{2}}\cdot3^{\frac{2}{3}}\cdot3^{\frac{3}{4}}=3^{\frac{1}{2}+\frac{2}{3}+\frac{3}{4}}=3^{\frac{23}{12}}$；

(2) 原式 $=x^{\frac{9}{5}\times(-\frac{1}{3})}\cdot y^{-\frac{6}{5}\times(-\frac{1}{3})}\cdot x^{\frac{3}{5}}\cdot y^{\frac{3}{5}}=x^{-\frac{3}{5}}\cdot y^{\frac{2}{5}}\cdot x^{\frac{3}{5}}\cdot y^{\frac{3}{5}}=y$.

【点评】在进行计算与化简时，首先将根式化成分数指数幂的形式，然后再根据幂的运算法则进行计算.

【变式训练】填空：(1) $16^{-1}\times64^{\frac{3}{4}}\times32^{\frac{1}{2}}=($　　$)$；

(2) $(a^{\frac{2}{3}}b^{\frac{1}{2}})^3\cdot(2a^{-\frac{1}{2}}b^{\frac{5}{8}})^4=($　　$)$.

【例 4】　下列各函数中，不是幂函数的是(　　).

A. $y=x^2-x+1$　B. $y=\frac{1}{x}$　C. $y=x$　D. $y=x^{-3}$

【解题指南】一般的，形如 $y=x^{\alpha}(\alpha\in\mathbf{R})$ 的函数叫幂函数. $y=\frac{1}{x}=x^{-1}$，故选 A.

【变式训练】函数 $y=x^{-2}$ 的图像经过点(　　).

A. $(-1,-1)$　B. $(0,0)$　C. $(1,-2)$　D. $(2,\frac{1}{4})$

综合训练 A

一、选择题

1. $27^{\frac{2}{3}}$ 的化简结果为(　　).

A. 9　B. $\frac{1}{3}$　C. 1　D. 3

2. 下列运算中正确的是(　　).

A. $3^{\frac{2}{5}} \cdot 3^{\frac{5}{2}} = 3$　　B. $3^{\frac{2}{5}} \div 3^{\frac{5}{2}} = 3$

C. $(3^{\frac{2}{5}})^{\frac{5}{2}} = 3$　　D. $3^{-\frac{2}{5}} \cdot 3^{\frac{5}{2}} = 0$

3. 16 的四次方根是(　　).

A. 2　　B. -2　　C. ± 2　　D. 无意义

4. 以下等式中不成立的是(　　).

A. $(\sqrt{a})^2 = a$　　B. $(\sqrt[3]{a^3}) = a$

C. $\sqrt{(\pi - 3)^2} = \pi - 3$　　D. $\sqrt{a^2} = a$

5. 函数 $y = x^3$ 的图像(　　).

A. 关于 x 轴对称　　B. 关于 y 轴对称

C. 关于原点对称　　D. 不具有对称性

二、填空题

6. $2\sqrt{3} \times \sqrt[3]{1.5} \times \sqrt[6]{12} =$ ________.

7. 设 $a > 0$，$a^{\frac{1}{3}} \cdot a^{\frac{5}{6}} \div a^{\frac{1}{2}} =$ ________.

8. 函数 $y = x^{\frac{1}{2}}$ 的定义域是________，且在定义域内为________函数(填单调性).

三、解答题

9. 化简下列各式：

(1) $(a^3 b)^{-1} \cdot (ab^2)^{\frac{3}{2}} \div (ab)^{-\frac{1}{2}}$；

(2) $\dfrac{xyx^{\frac{1}{2}}y^{\frac{1}{3}}}{x^{\frac{1}{3}}y^{\frac{1}{2}}}$.

10. 计算：$(0.027)^{-\frac{1}{3}} - (-\frac{1}{7})^{-2} + (2\frac{7}{9})^{\frac{1}{2}} - (1-\sqrt{2})^0$

综合训练 B

一、选择题

1. 函数 $y=x^{\frac{3}{2}}$ 的图像经过(　　).

A. 第一象限和第三象限　　B. 第一象限和第二象限

C. 第一象限和第四象限　　D. 第一象限

二、解答题

2. 已知幂函数的图像经过点$(8,\frac{1}{4})$,求 $f(27)$ 的值.

4.2　指数函数

重难点知识总结

一、指数函数的图像和性质

一般地,指数函数 $y=a^x(a>0$ 且 $a\neq 1)$ 具有下列性质:

(1) 函数的定义域为 **R**,值域为$(0,+\infty)$.

(2) 当 $x=0$ 时,函数值 $y=1$.

(3) 当 $a>1$ 时,函数在$(-\infty,+\infty)$ 内是增函数;当 $0<a<1$ 时,函数在$(-\infty,+\infty)$ 内是减函数.

二、指数函数应用举例

指数函数在自然科学和经济生活中有着广泛的应用.

范例分类与解题分析

1. 判断指数函数的单调性

【例 1】　判断下列函数在$(-\infty,+\infty)$ 内的单调性:

(1) $y=\left(\frac{\pi}{2}\right)^x$;　　　　(2) $y=4^{-x}$.

【解题指南】(1)因为底数 $a=\frac{\pi}{2}>1$,所以 $y=\left(\frac{\pi}{2}\right)^x$ 在 $(-\infty,+\infty)$ 内是增函数.

(2) $y=4^{-x}=(4^{-1})^x=(\frac{1}{4})^x$,底数 $a=\frac{1}{4}<1$,所以 $y=4^{-x}$ 在 $(-\infty,+\infty)$ 内是减函数.

【例 2】　指数函数 $f(x)=a^x$, $f(4)=16$,判断该函数的单调性.

【解题指南】由 $f(4)=16$ 得 $a^4=16$,则 $a=2$,所以函数的解析式为 $f(x)=2^x$.由于 $a=2>1$,所以 $f(x)=2^x$ 在 $(-\infty,+\infty)$ 内是增函数.

【点评】首先要确定底数 a 的值,然后再判断出函数的单调性.

【变式训练】若指数函数的图像经过点 $(\frac{3}{2},27)$,求该函数的解析式以及单调性.

【例 3】　求函数 $y=\frac{1}{5^x-1}$ 的定义域.

【解题指南】要使分式有意义,则分母不能为 0,故

$$5^x-1\neq 0,\text{即 } 5^x\neq 1,\text{即 } x\neq 0$$

所以函数的定义域为 $(-\infty,0)\cup(0,+\infty)$.

【变式训练】求函数 $y=\sqrt{16-2^x}$ 的定义域.

综合训练 A

一、选择题

1. 指出下列哪个函数是指数函数(　　).

A. $y=(-5)^x$　　B. $y=(\frac{1}{3})^x$　　C. $y=x^x$　　D. $y=3^{x^2}$

2. 函数 $y=(\frac{1}{2})^x$ 满足(　　).

A. 在区间 $(-\infty,0]$ 上是增函数　　B. 在区间 $[0,+\infty)$ 上是增函数

C. 在区间 $(-\infty,+\infty)$ 上是增函数　　D. 在区间 $(-\infty,+\infty)$ 上是减函数

3. 下列关系式中,正确的是(　　).

A. $(\frac{1}{2})^{\pi}<(\frac{1}{2})^{3.15}$　　B. $3.15^{\frac{1}{3}}>3.15^{\frac{1}{2}}$

C. $1.2^{-\frac{1}{2}}>1.2^{-\frac{1}{3}}$　　D. $(\frac{2}{3})^{-3}>(\frac{2}{3})^{-2}$

4. 函数 $y=4^{\frac{1}{3-x}}$ 的定义域是(　　).

A. $(-\infty,+\infty)$　　B. $(-\infty,3)\cup(3,+\infty)$

C. $(3,+\infty)$　　D. $(-\infty,3)$

5. 世界现有 56 亿人口,若按千分之一的年增长率计算,两年增长的人口数约为(　　).

A. 270 万　　B. 560 万　　C. 700 万　　D. 1120 万

二、填空题

6. 已知函数 $y=\left(\frac{3}{2}\right)^{x}$,当 $x\in(0,+\infty)$ 时,y 的取值范围是________.

7. 0.7^{3} ________ 0.7^{5};1.9^{-1} ________ 1.9^{-2}.(用"$>$"或"$<$"填空)

8. 若$\left(\frac{3}{5}\right)^{x}>\left(\frac{3}{5}\right)^{0}$,则 x 的取值范围是________.

三、解答题

9. 求下列函数的定义域:

(1) $y=2^{1-x}$;　　(2) $y=\frac{1}{\sqrt{2^{x}-1}}$;

(3) $y=\sqrt{9-3^{x}}$.

10. 已知指数函数 $f(x)=a^{x}$ 的图像经过点$(-2,9)$,判断该函数的单调性.

综合训练 B

一、选择题

1. 某城镇现有居民危旧住房 10000 平方米,镇政府为了改善人民群众居住条件,决定加快住房改造,每年将上一年居民危旧住房的30%拆除建新房.那么5年后,该镇的居民危旧住房面积数为(　　).

A. $24.3\mathrm{m}^2$　　B. $81\mathrm{m}^2$　　C. $1680.7\mathrm{m}^2$　　D. $2410\mathrm{m}^2$

二、解答题

2. 某放射性物质,每经过一年残留量是原来的89.64%,每年的衰变速度不变.问100g这样的物质,经过8年衰变还剩多少克?(精确到0.01g)

4.3 对　数

重难点知识总结

1. 定义

如果 $a^b=N(a>0,a\neq 1)$,那么 b 叫做以 a 为底 N 的对数,记作 $b=\log_a N$.其中 a 叫做对数的底,N 叫做真数.

形如 $a^b=N$ 的式子叫做指数式,形如 $\log_a N=b$ 的式子叫做对数式.当 $a>0$ 且 $a\neq 1,N>0$ 时,有 $a^b=N\Leftrightarrow \log_a N=b$.

2. 性质

(1) $\log_a 1=0$;

(2) $\log_a a=1$;

(3) $N>0$,即零和负数没有对数.

3. 以10为底的对数叫做常用对数,$\log_{10}N$ 简记为 $\lg N$;

以无理数 e(e=2.71828…) 为底的对数叫做自然对数,$\log_e N$ 简记 $\ln N$.

4. 积、商、幂的对数($M>0,N>0$)

$\log_a(MN)=\log_a M+\log_a N$;

$\log_a \dfrac{M}{N}=\log_a M-\log_a N$;

$\log_a M^n=n\log_a M$.

范例分类与解题分析

函数是中学数学中最重要的概念之一,也是高考重要考点之一.

【例 1】 将下列指数式写成对数式：

(1)$5^3=125$；　(2) $27^{\frac{1}{3}}=3$；　(3)$4^{-3}=\frac{1}{64}$；　(4) $10^x=y$.

【解题指南】(1) $\log_5 125=3$；(2) $\log_{27} 3=\frac{1}{3}$；(3) $\log_4 \frac{1}{64}=-3$；(4) $\log_{10} y=x$.

【点评】本题需要利用指数式与对数式转化的对应关系来进行研究.

【变式训练】将下列指数式写成对数式：

(1) $0.9^2=0.81$；　(2) $343^{-\frac{1}{3}}=\frac{1}{7}$；　(3) $0.2^x=0.008$.

【例 2】 将下列对数式写成指数式：

(1) $\log_2 32=5$；　(2) $\log_3 \frac{1}{81}=-4$；　(3) $\log_{10} 1000=3$.

【解题指南】(1)$2^5=32$；(2)$3^{-4}=\frac{1}{81}$；(3) $10^3=1000$.

【点评】本题需要利用指数式与对数式的对应关系来进行研究.

【变式训练】把对数式写成指数式，$\log_2 64=6$ 可表示为________，$\lg \frac{1}{1000}=-3$ 可表示为________.

【例 3】 用 $\lg x$，$\lg y$，$\lg z$ 表示下列各式：

(1)$\log(xyz)$；　(2)$\lg \frac{x}{yz}$；　(3)$\lg \frac{x^2\sqrt{y}}{z^3}$.

【解题指南】(1)$\lg(xyz)=\lg x+\lg y+\lg z$；

$\lg \frac{x}{yz}=\lg x-\lg(yz)=\lg x-(\lg y+\lg z)=\lg x-\lg y-\lg z$；

$\lg \frac{x^2\sqrt{y}}{z^3}=\lg x^2+\lg\sqrt{y}-\lg z^3=2\lg x+\frac{1}{2}\lg y-3\lg z$.

【点评】本题需要利用积、商、幂的对数公式来进行研究.

【变式训练】用 $\lg x$，$\lg y$，$\lg z$ 表示下列各式：

(1)$\lg\sqrt{x}$；　(2)$\lg \frac{xy}{z}$；　(3)$\lg \left(\frac{y}{x}\right)^2$.

综合训练 A

一、选择题

1.“y 是以 a 为底的 x 的对数”记作(　　).

A. $y=\log_a x$　　B. $x=\log_a y$　　C. $x=\log_y a$　　D. $y=\log_x a$

2. 设$\log_x \frac{1}{8}=3$,则底数 x 的值为(　　).

A. $\frac{1}{2}$　　B. 2　　C. 4　　D. $\frac{1}{4}$

3. 下列书写形式中错误的是(　　).

A. $\log_{10}9$　　B. $\log_{10}8$　　C. $\log\frac{2}{3}$　　D. $\ln\sqrt{2}$

4. 设 $a>0,b>0$,下列各式中正确的是(　　).

A. $\lg(a+b)=\lg a+\lg b$　　B. $\lg(ab)=\lg a+\lg b$

C. $\lg(ab)=\lg a\cdot\lg b$　　D. $\lg\frac{a}{b}=\frac{\lg a}{\lg b}$

5. 若 $\lg a=2.4130,\lg b=1.4130$,则$\frac{a}{b}=$(　　).

A. $\frac{1}{100}$　　B. $\frac{1}{10}$　　C. 10　　D. 100

二、填空题

6. 指数式$27^{-\frac{1}{3}}=\frac{1}{3}$写成对数式为________.

7. $\lg800-\lg8=$________.

8. 若 $\ln x=0.02$,则 $x=$________.

9. $2\lg2+\lg25=$________.

三、解答题

10. 用 $\lg x,\lg y,\lg z$ 表示下列各式:

(1)$\lg(xy^{\frac{1}{2}}z^{-\frac{3}{4}})$;　　(2)$\lg\left(\frac{x^2}{y^3}\right)^{\frac{1}{4}}$;　　(3)$\lg\left(x^5\sqrt{\frac{y}{z}}\right)$.

11. 计算:

(1) $\log_2 50-2\log_2 5$;

(2) $\lg 0.01 + \lg 1 + 100\lg 100$；

(3) $2\lg 3 + \lg 7 + \lg \frac{25}{7} - \lg \frac{9}{4} + \lg 1$.

综合训练 B

一、选择题

1. 将 $3^x = 7$ 化成对数式可表示为(　　).

A. $\log_3 x = 7$　　B. $\log_7 3 = x$　　C. $\log_7 x = 3$　　D. $\log_3 7 = x$

2. 已知 $\lg x = -2$，则 $x =$(　　).

A. -2　　B. $(-2)^{10}$　　C. 100　　D. $\frac{1}{100}$

3. $\log_2 32 - \log_2 4 =$(　　).

A. $\log_2 28$　　B. 2　　C. 3　　D. 4

4. $\ln x = 2 - \ln 3$，则 $x =$(　　).

A. 6　　B. $\frac{2}{3}$　　C. $3e^2$　　D. $\frac{e^2}{3}$

二、填空题

5. 若 $\log_3 x = -4$，则 $x =$ ________.

6. $\log_2(\log_2 16)$ ________.

7. 已知 $\lg 2 = a$，$\lg 3 = b$，则 $\lg 36 =$ ________.

三、解答题：

8. 已知 $\log_6 2 = 0.3869$，求 $\log_6 3$ 的值.

9. 计算：$(\lg5)^2+\lg2\cdot\lg25+(\lg2)^2$.

4.4　对数函数

重难点知识总结

1. 对数函数：一般地，形如 $y=\log_a x$ 的函数叫做对数函数，其中 a 为常数($a>0$ 且 $a\neq1$)，x 为自变量.

2. 对数函数的性质：

一般地，对数函数 $y=\log_a x$ ($a>0$ 且 $a\neq1$) 具有下列性质：

(1) 函数的定义域是$(0,+\infty)$，值域是$(-\infty,+\infty)$.

(2) 当 $x=1$ 时，函数值 $y=0$.

(3) 当$a>1$时，函数在$(0,+\infty)$内是增函数；当$0<a<1$时，函数在$(0,+\infty)$内是减函数.

范例分类与解题分析

函数是中学数学中最重要的概念之一，也是高考重要考点之一.

【例 1】 求下列函数的定义域：

(1) $y=\log_2(x+4)$；　　　　(2) $y=\dfrac{1}{\ln x}$.

【解题指南】(1) 由 $x+4>0$ 得 $x>-4$，所以函数 $y=\log_2(x+4)$ 的定义域为$(-4,+\infty)$.

(2) 由 $\begin{cases}\ln x\neq0,\\x>0,\end{cases}$ 得 $\begin{cases}x\neq1,\\x>0,\end{cases}$ 所以函数 $y=\dfrac{1}{\ln x}$ 的定义域为$(0,1)\cup(1,+\infty)$.

【点评】本题需要利用对数函数的性质(1) 和分式有意义的条件来进行研究.

【变式训练】求函数 $y=\lg(10-x)$ 的定义域.

综合训练 A

一、选择题

1. 下列函数中，不是对数函数的是(　　).

A. $y=\log_2 x$　　B. $y=\log_{0.3} x$

C. $y=\log_{-0.2} x$　　D. $y=\log_5 x$

2. 若函数 $y=\log_a x$ 的图像经过点 $(2,-1)$，则底数 $a=$(　　).

A. 2　　B. -2　　C. $\frac{1}{2}$　　D. $-\frac{1}{2}$

3. 下列对数函数在区间 $(0,+\infty)$ 内为减函数的是(　　).

A. $y=\lg x$　　B. $y=\log_{\frac{1}{2}} x$

C. $y=\ln x$　　D. $y=\log_2 x$

4. 函数 $y=\ln x$ 满足(　　).

A. 在区间 $(0,+\infty)$ 内是增函数

B. 在区间 $(-\infty,+\infty)$ 内是增函数

C. 在区间 $(0,+\infty)$ 内是减函数

D. 在区间 $(-\infty,+\infty)$ 内是减函数

5. 函数 $y=\log_{\frac{1}{2}}(1-2x)$ 的定义域是(　　).

A. $(-\infty,+\infty)$　　B. $\left(-\infty,\frac{1}{2}\right)\cap\left(\frac{1}{2},+\infty\right)$

C. $\left(\frac{1}{2},+\infty\right)$　　D. $\left(-\infty,\frac{1}{2}\right)$

二、填空题

6. 设函数 $f(x)=\lg x+1$，则 $f(10)$ 的值为________.

7. 若函数 $f(x)=\log_a x$ 在 $(0,+\infty)$ 上是减函数，则 a 的取值范围是________.

8. 若 $\lg m>\lg n$，则 m ________ n.

9. 函数 $y=\lg(x-1)$ 的定义域为________.

三、解答题

10. 求下列函数的定义域：

(1) $y=\log_3(2x+4)$；　　(2) $y=\log_3(5-3x)$；

(3) $y=\log_5 x$；　　(4) $y=\log_{0.3}|x|$.

11. 作出函数 $y=\log_3 x$ 的图像.

12. 某市计划在今后每年国民生产总值平均增长8%，试问：照此速度经过多少年，该市的国民生产总值能够翻一番？（结果精确到整数）

综合训练 B

一、选择题

1. $\log_2 3$，$\log_{\frac{1}{2}} 3$ 和 1 的大小关系是(　　).

A. $\log_2 3>1>\log_{\frac{1}{2}} 3$　　B. $1>\log_2 3>\log_{\frac{1}{2}} 3$

C. $\log_2 3>\log_{\frac{1}{2}} 3>1$　　D. $\log_{\frac{1}{2}} 3>\log_2 3>1$

2. 函数 $y=\log_{0.2}(x^2-2x)$ 的单调递减区间是(　　).

A. $(-\infty,1)$　　B. $(-\infty,0)$

C. $(1,+\infty)$　　D. $(2,+\infty)$

3. 若函数 $f(x)=\log_a x\,(0<a<1)$，在区间 $[a,2a]$ 上的最大值是最小值的 3 倍，则 $a=$(　　).

A. $\frac{1}{4}$　　B. $\frac{\sqrt{2}}{2}$　　C. $\frac{\sqrt{2}}{4}$　　D. $\frac{1}{2}$

二、填空题

4. 已知 $\log_m \frac{1}{2}<1$，则 m 的取值范围是________.

5. 函数 $y=\dfrac{\log_2(x-1)}{\sqrt{2-x}}$ 的定义域是________.

三、解答题

6. 求下列函数的定义域：

(1) $y=\ln(x^2-x)$；　　(2) $y=\sqrt{\ln x}$；

(3) $y=\dfrac{1}{1-\log_2 x}$.

7. 已知 $f(x)=\log_a(2-ax)$ 在 $[0,1]$ 上是减函数，求 a 的取值范围.

8. 某机器设备原价值为50万元，每年的折旧率为5%，问5年后，它的价值是多少万元？

第五章 三角函数

5.1 角的概念推广

重难点知识总结

1. 角的概念：一条射线由原来的位置 OA，绕着它的端点 O，按逆时针（或顺时针）方向旋转到另一位置 OB 就形成角 α. 旋转开始位置的射线 OA 叫角 α 的始边，终止位置的射线 OB 叫做角 α 的终边，端点 O 叫做角 α 的顶点.

2. 正角：按逆时针方向旋转所形成的角叫做正角.

3. 负角：按顺时针方向旋转所形成的角叫做负角.

4. 零角：当射线没有作任何旋转时，所形成的角叫做零角.

5. 角的表示：用角的顶点与边的字母表示角，如 $\angle AOB$ 或 $\angle O$；用小写希腊字母 $\alpha,\beta,\gamma,\cdots$ 表示角.

6. 象限角：将角的顶点与坐标原点重合，角的始边在 x 轴的正半轴，此时，角的终边在第几象限，就把这个角叫做第几象限的角.

7. 终边在坐标轴上的角叫做界限角.

8. 一般的，与角 α 终边相同的角（包括角 α 在内），都可以表示为 $\alpha+k\cdot 360^\circ(k\in\mathbf{Z})$ 的形式.

注：与角 α 终边相同的角有无限多个，它们所组成的集合为：

$$S=\{\beta \mid \beta=\alpha+k\cdot 360^\circ, k\in\mathbf{Z}\}$$

范例分类与解题分析

【例 1】 下列四个命题中，正确的是（　　）.

A. 第一象限的角必是锐角　　　　B. 锐角必是第一象限的角

C. 终边相同的角必相等　　　　D. 第二象限的角必大于第一象限的角

【解题指南】一定要把锐角、象限角、终边相同的角的概念理解清楚，故选 B.

【点评】牢记角的相关概念，知道各种角的取值范围.

【变式训练】下列说法中，正确的是________.（填序号）

① 终边落在第一象限的角为锐角；

② 锐角是第一象限的角；

③ 第二象限的角为钝角；

④ 小于 90° 的角一定为锐角；

⑤ 角 α 与 $-\alpha$ 的终边关于 x 轴对称.

【例 2】 写出与 60° 角终边相同的角的集合，并把其中在 $-360^\circ \sim 720^\circ$ 内的角写出来.

【解题指南】与 60° 角终边相同的角的集合是：

$$\{\beta \mid \beta = 60^\circ + k \cdot 360^\circ, k \in \mathbf{Z}\}$$

当 $k=-1$ 时，$60^\circ+(-1)\times360^\circ=-300^\circ$；当 $k=0$ 时，$60^\circ+0\times360^\circ=60^\circ$；当 $k=1$ 时，$60^\circ+1\times360^\circ=420^\circ$. 所以在 $-360^\circ \sim 720^\circ$ 之间与 60° 角终边相同的角为 -300°，60° 和 420°.

【点评】首先要写出与已知角终边相同的角的集合 S，然后选取整数 k 的值，使得 $\alpha + k \cdot 360^\circ$ 在指定的范围内.

【变式训练】写出与 $-114^\circ26'$ 角终边相同的角的集合，并把其中在 $-360^\circ \sim 720^\circ$ 内的角写出来.

【例 3】 与 405° 角终边相同的角是（　　）.

A. $k \cdot 360^\circ - 45^\circ, k \in \mathbf{Z}$

B. $k \cdot 180^\circ - 45^\circ, k \in \mathbf{Z}$

C. $k \cdot 360^\circ + 45^\circ, k \in \mathbf{Z}$

D. $k \cdot 180^\circ + 45^\circ, k \in \mathbf{Z}$

【解题指南】由于 $405^\circ = 360^\circ + 45^\circ$. 所以 405° 与 45° 终边相同，所以与 45° 角终边相同角为 $k \cdot 360^\circ + 45^\circ, k \in \mathbf{Z}$，故选 C.

【点评】首先要写出与已知角在 $[-360^\circ, 360^\circ]$ 内终边相同的角，然后写出其终边相同的角即可.

【变式训练】下列各组角中，终边相同的是（　　）.

A. $390^\circ, 690^\circ$　　　　B. $-330^\circ, 750^\circ$

C. $480^\circ, -420^\circ$　　　　D. $3000^\circ, -840^\circ$

综合训练 A

一、选择题

1. 设 $A=\{\theta \mid \theta$ 为锐角$\}$,$B=\{\theta \mid \theta$ 为小于 90° 的角$\}$,$C=\{\theta \mid \theta$ 为第一象限的角$\}$,$D=\{\theta \mid \theta$ 为小于 90° 的正角$\}$,则下列等式中成立的是(　　).

A. $A=B$　　B. $B=C$

C. $A=C$　　D. $A=D$

2. 若 $\alpha=45^\circ+k\cdot 180^\circ(k\in \mathbf{Z})$,则 α 的终边在(　　).

A. 第一或第三象限　　B. 第二或第三象限

C. 第二或第四象限　　D. 第三或第四象限

3. 若 α 是第四象限角,则 $180^\circ-\alpha$ 是(　　).

A. 第一象限角　　B. 第二象限角

C. 第三象限角　　D. 第四象限角

4. 在 -390°,-885°,1351°,2012° 这四个角中,其中第四象限角的个数为(　　).

A. 0　　B. 1　　C. 2　　D. 3

二、填空题

5. 在 $-180^\circ\sim 360^\circ$ 内,与 2000° 角终边相同的角为________.

6. 角 α,β 的终边关于 y 轴对称,若 $\alpha=30^\circ$,则 $\beta=$________.

三、解答题

7. 已知角 x 的终边落在图示阴影部分区域,写出角 x 组成的集合.

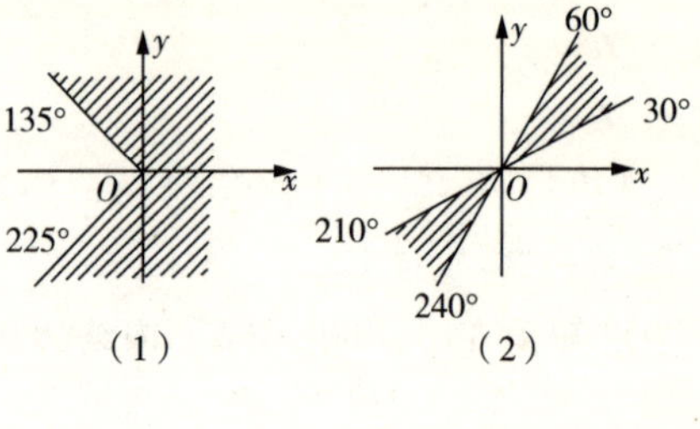

(1)　　(2)

8. 在与角 -2013° 终边相同的角中，求满足下列条件的角：

(1) 最小的正角；

(2) 最大的负角；

(3) $-720^\circ \sim 720^\circ$ 内的角.

9. 在 $0^\circ \sim 360^\circ$ 内，找出与下列各角终边相同的角，并判定它们是第几象限角.

(1) -150°；　　(2) 650°；　　(3) $-950^\circ 15'$.

综合训练 B

一、选择题

1. 集合 $M=\left\{x \mid x=\dfrac{k\cdot 180^\circ}{2}\pm 45^\circ, k\in \mathbf{Z}\right\}$，$P=\left\{x \mid x=\dfrac{k\cdot 180^\circ}{4}\pm 90^\circ, k\in \mathbf{Z}\right\}$，则 M,P 之间的关系为（　　）.

A. $M=P$　　B. $M\leqslant P$　　C. $M\geqslant P$　　D. $M\cap P=\varnothing$

2. 已知 α 为第三象限角，则 $\dfrac{\alpha}{2}$ 所在的象限是（　　）.

A. 第一或第二象限　　B. 第二或第三象限

C. 第一或第三象限　　D. 第二或第四象限

二、填空题

3. 若角 α 与 β 的终边相同，则 $\alpha-\beta$ 的终边落在________.

4. 如图所示，终边落在阴影部分（含边界）的角的集合是________.

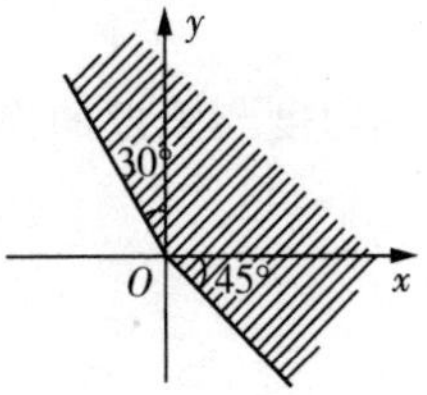

5. 若 $\alpha=1690^\circ$，角 θ 与 α 终边相同，且 $-360^\circ<\theta<360^\circ$，则 $\theta=$________.

三、解答题

6. 如图所示,写出终边落在阴影部分的角的集合.

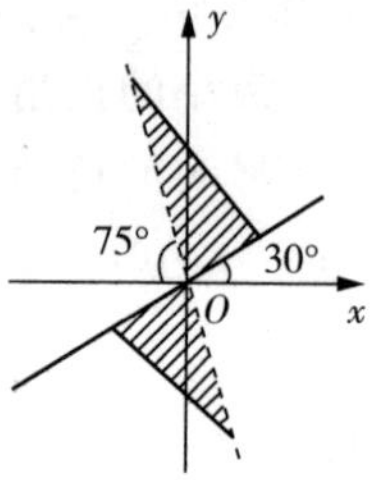

7. 如图所示,写出终边落在直线 $y=x$ 上的角的集合(用 0° 到 360° 间的角表示).

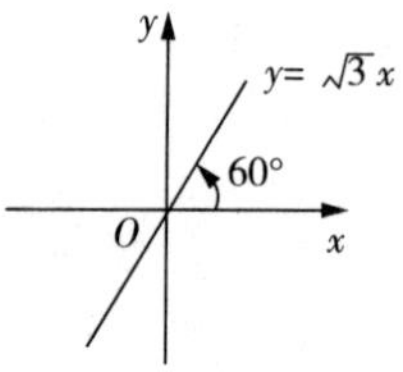

8. 设 α 是第二象限角,问 $\frac{\alpha}{3}$ 是第几象限角?

5.2 弧度制

重难点知识总结

1. 弧度的角:把等于半径长的圆弧所对的圆心角,记作 1 弧度或 1rad.

以弧度为单位来度量角的单位制叫弧度制.

规定:正角的弧度为正数,负角的弧度为负数,零角的弧度为零.

由定义知,当角 α 用弧度制表示时,其绝对值等于圆弧长 l 与半径 r 的比,即

$$|\alpha|=\frac{l}{r}$$

角度与弧度的换算:

$$360^\circ=2\pi$$

$$180^\circ=\pi$$

$$1^\circ = \frac{\pi}{180}(\text{rad})$$

$$1(\text{rad}) = \left(\frac{180}{\pi}\right)^\circ$$

范例分类与解题分析

例题 1　把下列各角由角度转化成弧度，弧度转化成角度：

(1) 15°；　　(2) $\frac{3\pi}{5}$rad.

【解题指南】

$$15^\circ = 15 \times \frac{\pi}{180} = \frac{\pi}{2}$$

$$\frac{3\pi}{5}\text{rad} = \left(\frac{180}{\pi}\right)^\circ \times \frac{3\pi}{5} = 108^\circ$$

【变式训练】把下列各角由角度转化为弧度，弧度转为角度：

(1) -100°；　　(2)2.1rad.

综合训练 A

一、选择题

1. 设 $\alpha = 1.57$rad，那么 α 是(　　).

A. 第一象限　　B. 第二象限

C. 第三象限　　D. 第四象限

2. 弦长等于圆的半径 $\sqrt{3}$ 倍，弦所对应的圆心角是(　　).

A. $\frac{5\pi}{6}$　　B. $\frac{2\pi}{3}$　　C. $\frac{\pi}{4}$　　D. $\frac{\pi}{3}$

3. 与 $-\frac{17\pi}{4}$ 终边相同的角是(　　).

A. $\frac{\pi}{4}$　　B. $\frac{3\pi}{4}$　　C. $\frac{5\pi}{4}$　　D. $\frac{7\pi}{4}$

4. $r = 10$cm，$\alpha = 30^\circ$，$l =$(　　).

A. 10cm　　B. $\frac{10\pi}{3}$cm　　C. $\frac{5\pi}{3}$cm　　D. 60cm

二、填空题

5. $780°=$________.

6. $-\frac{5\pi}{3}=$________.

7. 弧长 $l=6.4$,半径 $r=2$,圆心角 $\alpha=$________.

8. 分针每分钟转过________弧度.

三、解答题

9. 在半径为 10cm 的圆中,求120° 圆心角所对的弧的长度为多少?

10. 若时钟所显示的时间是 1 点 15 分,则此时时针与分针所夹锐角是多少弧度?

综合训练 B

一、选择题

1. 终边落在 y 轴上的所有角是(用弧度制表示)(　　).

A. $\frac{\pi}{2}$　　B. $\frac{3\pi}{2}$

C. $k\pi+\frac{\pi}{2},k\in\mathbf{Z}$　　D. $2k\pi+\frac{\pi}{2},k\in\mathbf{Z}$

2. 3rad 所在的象限是(　　).

A. 第一象限　　B. 第二象限

C. 第三象限　　D. 第四象限

3. 已知 $\alpha=3,\beta=45°,\gamma=\frac{2\pi}{3},\theta=\frac{\pi}{6}$, 则 $\alpha,\beta,\gamma,\theta$ 中从小到大的排列顺序为(　　).

A. $\alpha<\beta<\theta<\gamma$　　B. $\beta<\alpha<\theta<\gamma$

C. $\beta<\theta<\gamma<\alpha$　　　　D. $\theta<\beta<\gamma<\alpha$

二、填空题

4. 设与 $-2130°$ 终边相同的最小正角为 α，则 α 的弧度数是________.

5. 一个扇形的圆心角为108°，直径为 30cm，则扇形的弧长是________.

6. 时针 24h 转过________弧度.

三、解答题

7. 蒸汽机飞轮直径为 1.2cm，以 300 周 / 分的速度作逆时针旋转，

(1) 求飞轮每秒转过的弧度数；

(2) 轮轴上一点每秒所转过的弧长.

5.3　任意角的正弦函数、余弦函数和正切函数

重难点知识总结

1. 任意角的三角函数：设 α 是任意大小的角，点 $P(x,y)$ 为角 α 的终边上的任意一点（不与原点重合），点 P 到原点的距离为 $r=\sqrt{x^2+y^2}$，那么角 α 的正弦、余弦、正切分别定义为

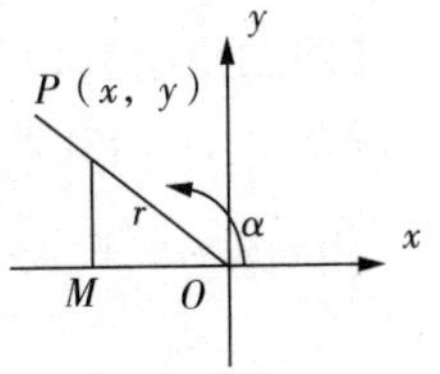

$$\sin\alpha=\frac{y}{r},\cos\alpha=\frac{x}{r},\tan\alpha=\frac{y}{x}$$

2. 各象限角的三角函数值的正负号：由于 $r>0$，所以任意角三角函数的正负号由终边上点 P 的坐标来确定.

α 所在的象限	点 P 的坐标		$\sin\alpha=\frac{y}{r}$	$\cos\alpha=\frac{x}{r}$	$\tan\alpha=\frac{y}{x}$
	x	y			
第一象限	+	+	+	+	+
第二象限	−	+	+	−	−
第三象限	−	−	−	−	+
第四象限	+	−	−	+	−

3. 界限角的三角函数值：

	0	$\frac{\pi}{2}$	π	$\frac{3\pi}{2}$
$\sin\alpha$	0	1	0	-1
$\cos\alpha$	1	0	-1	0
$\tan\alpha$	0	不存在	0	不存在

范例分类与解题分析

【例 1】 已知角 α 的终边经过点 $P(3,-4)$，求角 α 的正弦、余弦、正切值.

【解题指南】 因为 $x=3, y=-4$，所以 $r=\sqrt{3^2+(-4)^2}=5$，因此

$$\sin\alpha=\frac{y}{r}=-\frac{4}{5}, \cos\alpha=\frac{x}{y}=\frac{3}{5}, \tan\alpha=\frac{y}{x}=-\frac{4}{3}$$

【点评】 已知角 α 终边上一点 P 的坐标，求角 α 的三角函数值时，首先要根据关系式 $r=\sqrt{x^2+y^2}$，求出点 P 到坐标原点的距离 r，然后根据三角函数定义进行计算.

【例 2】 确定下列角的各三角函数值的正负号：

(1) $4327°$；　　(2) $\frac{27\pi}{5}$.

【解题指南】 (1) 因为 $4327°=12\times360°+7°$，所以，$4327°$ 角为第一象限角，故 $\sin 4327°>0, \cos 4327°>0, \tan 4327°>0$.

(2) 因为 $\frac{27\pi}{5}=2\times2\pi+\frac{7\pi}{5}$，所以，$\frac{27\pi}{5}$ 角为第三象限角，故 $\sin\frac{27\pi}{5}<0, \cos\frac{27\pi}{5}<0, \tan\frac{27\pi}{5}>0$.

【点评】 确定任意角三角函数值的正负号，首先要确定角所在的象限.

【变式训练】 确定下列三角函数值的符号：

(1) $\cos250°$　　(2) $\sin(-\frac{11}{3}\pi)$

(3) $\tan(-672°)$　　(4) $\tan\frac{6\pi}{5}$

【例 3】 根据条件 $\sin\theta>0$ 且 $\tan\theta<0$，确定 θ 是第几象限的角.

解由 $\sin\theta>0$ 可知，θ 是第一或第二象限的角(或 θ 的终边在轴的负半轴上的界

限角)；由 $\tan\theta<0$，可知 θ 是第二或第四象限的角.要同时满足两个条件，所以 θ 是第二象限的角.

【例 4】 求下列式子的值：

$$\cos\frac{\pi}{3}-\sin\frac{\pi}{6}+\tan\frac{\pi}{4}-\sqrt{3}\sin\frac{\pi}{3}-\sin\frac{\pi}{4}+\cos\frac{\pi}{4}$$

【解题指南】

$$\cos\frac{\pi}{3}-\sin\frac{\pi}{6}+\tan\frac{\pi}{4}-\sqrt{3}\sin\frac{\pi}{3}-\sin\frac{\pi}{4}+\cos\frac{\pi}{4}=$$

$$\frac{1}{2}-\frac{1}{2}+1-\sqrt{3}\times\frac{\sqrt{3}}{2}-\frac{\sqrt{2}}{2}+\frac{\sqrt{2}}{2}=-\frac{1}{2}$$

【点评】这类问题需要首先计算出界限角的三角函数值，然后再进行代数运算.

综合训练 A

一、选择题

1. 已知角 α 终边上一点 $P(3,-4)$，则角 α 的正弦值为(　　).

A. $\frac{3}{5}$　　B. $-\frac{4}{5}$　　C. $-\frac{3}{4}$　　D. $-\frac{4}{3}$

2. 下列各三角函数值为正数的是(　　).

A. $\sin200°$　　B. $\cos(-30°)$　　C. $\tan\pi$　　D. $\cos\frac{3\pi}{4}$

3. 若 α 是锐角，则 $\cos(-\alpha)$ 是(　　).

A. 正数　　B. 负数　　C. 非正数　　D. 不能确定

4. 若 α 角满足条件 $\cos\alpha>0$，$\tan\alpha<0$，则 α 所在象限应该是(　　).

A. 第一象限　　B. 第二象限

C. 第三象限　　D. 第四象限

5. 若 α 是第四象限角，则点 $A(\sin\alpha,\cos\alpha)$ 所在的象限是(　　).

A. 第一象限　　B. 第二象限

C. 第三象限　　D. 第四象限

6. 设 α 角的终边经过点 $P(-2,-3)$，则(　　).

A. $\tan\alpha\cdot\sin\alpha>0$　　B. $\cos\alpha\cdot\sin\alpha>0$

C. $\cos\alpha-\tan\alpha>0$　　D. $\sin\alpha+\cos\alpha>0$

7. 角 θ 的终边经过点 $P(\alpha,0)(\alpha<0)$，则三角函数值为零的是(　　).

A. $\sin\theta$ 与 $\tan\theta$　　B. $\sin\theta$ 与 $\cos\theta$

C. $\cos\theta$ 与 $\tan\theta$　　D. $\cos\theta$

8. $\sin0^\circ+\cos0^\circ-\tan0^\circ=$(　　).

A. 0　　B. -1　　C. 1　　D. 3

9. 点 $A(x,y)$ 是 180° 角终边上异于原点的一点，则 $\frac{y}{x}$ 值为(　　).

A. 1　　B. -1　　C. 0　　D. 不确定

二、填空题

10. 设角 β 为第二象限角，其终边过点 $(-3,m)$，且 $\tan\beta=-\frac{4}{3}$，则 m $=$________.

11. 设角 α 是第三象限角，则 $\sin\alpha\cdot\cos\alpha$ ________ 0.

12. 设 $\sin\alpha+\cos\alpha<0$，且 $\sin\alpha\cdot\cos\alpha>0$，则 α 是第________象限角.

13. $\sin\frac{\pi}{2}\cdot\cos\pi\cdot\tan0=$________.

14. 已知角 α 落在 x 轴负半轴上，则 $\sin\alpha+2\cos\alpha$ 的值为________.

三、解答题

15. 设 $\tan\alpha\sin\alpha>0$，试确定角 α 终边所在的位置.

16. 求 $\cos0^\circ+\frac{1}{2}\tan\pi-\frac{4}{5}\sin\frac{3}{2}\pi+\sin\frac{\pi}{2}-4\cos\frac{\pi}{2}$ 的值.

综合训练 B

一、选择题

1. 已知角 α 终边过点 $P(6t,-8t)(t\neq0)$，则 $\tan\alpha=$(　　).

A. $\frac{4}{3}$　　B. $-\frac{4}{3}$　　C. $\frac{3}{5}$　　D. $-\frac{3}{5}$

2. 使 $\lg(\cos\theta \cdot \tan\theta)$ 有意义的角 θ 是(　　).

A. 第一象限的角　　B. 第二象限的角

C. 第一、二象限的角　　D. 第一、二象限或 y 轴的非负半轴上的角

3. 设角 α 为第二象限角,则 $\frac{\cos\alpha}{|-\cos\alpha|}+\frac{\sin\alpha}{|-\sin\alpha|}=$(　　).

A. 2　　B. -2　　C. 1　　D. 0

4. 下列各角是界限角的是(　　).

A. $-1440°$　　B. $780°$　　C. $1000°$　　D. $-330°$

5. "$\sin A=1$"是"$A=90°$"的(　　).

A. 充分条件　　B. 充要条件

C. 必要条件　　D. 既不充分也不必

二、填空题

6. 若负角 α 的终边落在第四象限,则 $\cos\alpha$ ________ 0.

7. 若 $\sin\alpha \cdot \cos\alpha > 0$,则角 α 是第________象限角.

8. 若 A 是三角形的内角,且 $\sin A=1$,角 A 度数为________.

三、解答题

9. 求 $\cos\pi+\cos\frac{\pi}{2}-\tan 0+\frac{1}{2}\tan^2\pi+\sin\frac{3}{2}\pi$ 的值.

5.4　同角三角函数的基本关系

重难点知识总结

1. 同角三角函数的基本关系:

(1) 平方关系:$\sin^2\alpha+\cos^2\alpha=1$;(2) 商关系:$\tan\alpha=\frac{\sin\alpha}{\cos\alpha}$.

【注意】利用平方关系 $\sin^2\alpha+\cos^2\alpha=1$ 求三角函数值时,需要进行开方运算,所以必须要明确 α 所在的象限.

范例分类与解题分析

【例 1】 已知 $\sin\alpha=\frac{4}{5}$,且 α 是第二象限的角,求 $\cos\alpha$ 和 $\tan\alpha$.

【解题指南】由 $\sin^2\alpha+\cos^2\alpha=1$,可得 $\cos\alpha=\pm\sqrt{1-\sin^2\alpha}$.

又因为 α 是第二象限的角,故 $\cos\alpha<0$. 所以

$$\cos\alpha=-\sqrt{1-\sin^2\alpha}=-\sqrt{1-\left(\frac{4}{5}\right)^2}=-\frac{3}{5}$$

$$\tan\alpha=\frac{\sin\alpha}{\cos\alpha}=\frac{\frac{4}{5}}{-\frac{3}{5}}=-\frac{4}{3}$$

【点评】知道正弦函数值,可以利用平方关系,求出余弦函数值;然后利用商数关系,求出正切函数值.

【例 2】 已知 $\tan\alpha=2$,求 $\frac{3\sin\alpha+4\cos\alpha}{2\sin\alpha-\cos\alpha}$ 的值.

【解题指南】方法 1　由已知 $\tan\alpha=2$ 得 $\frac{\sin\alpha}{\cos\alpha}=2$, 即 $\sin\alpha=2\cos\alpha$, 所以 $\frac{3\sin\alpha+4\cos\alpha}{2\sin\alpha-\cos\alpha}=\frac{3(2\cos\alpha)+4\cos\alpha}{2(2\cos\alpha)-\cos\alpha}=\frac{10\cos\alpha}{3\cos\alpha}=\frac{10}{3}$.

方法 2　由 $\tan\alpha=2$ 知 $\cos\alpha\neq0$,所以

$$\frac{3\sin\alpha+4\cos\alpha}{2\sin\alpha-\cos\alpha}=\frac{3\tan\alpha+4}{2\tan\alpha-1}=\frac{6+4}{4-1}=\frac{10}{3}$$

【点评】利用已知条件求三角函数式的值问题的基本方法有两种:一种是将所求三角函数式用已知量 $\tan\alpha$ 来表示;另一种是由 $\tan\alpha=2$ 得到 $\sin\alpha=2\cos\alpha$,代入所求三角函数式进行化简求值.

【变式训练】已知 $\tan\alpha=-2$,求 $\frac{\sin^2\alpha-3\cos^2\alpha}{\cos^2\alpha-\sin^2\alpha}$ 的值.

例 3　已知 α 为第一象限角,化简 $\sqrt{\frac{1}{\cos^2\alpha}-1}$.

【解题指南】α 为第一象限角,故 $\tan\alpha>0$,所以

$$原式=\sqrt{\frac{1-\cos^2\alpha}{\cos^2\alpha}}=\sqrt{\frac{\sin^2\alpha}{\cos^2\alpha}}=\sqrt{\tan^2\alpha}=\tan\alpha$$

【点评】化简三角函数式一般是利用三角公式或化简代数式的方法进行.

综合训练 A

一、选择题

1. 已知 $\cos\alpha=\frac{4}{5}$,且 α 是第四象限角,那么 $\tan\alpha$ 的值为(　　).

A. $-\frac{4}{3}$　　B. $-\frac{3}{4}$　　C. $\frac{3}{4}$　　D. $\frac{4}{3}$

2. 化简 $\sqrt{1-\sin^2 160°}$ 的结果是(　　).

A. $\cos160°$　　B. $-\cos160°$

C. $\pm\cos160°$　　D. $\pm|\cos160°|$

3. 已知 $\sin\alpha=-\cos\alpha$,则角 α 可能为(　　)角.

A. 第一象限　　B. 第二象限

C. 第一、三象限　　D. 第二、四象限

4. 已知 $\tan\alpha=-2$,则 $\frac{\sin\alpha+\cos\alpha}{\cos\alpha}$ 的值为(　　).

A. 2　　B. 0　　C. -1　　D. 1

5. 已知 $\sin\theta+\cos\theta=0$,则 $\tan\theta$ 的值是(　　).

A. -1　　B. $\frac{1}{2}$　　C. 1　　D. 不存在

6. 若 $\tan\theta=\sqrt{5}$,则 $\frac{1-\cos^2\theta}{1-\sin^2\theta}=$(　　).

A. $-\sqrt{5}$　　B. 0　　C. -5　　D. 5

7. 若 $\frac{\sin\alpha+\cos\alpha}{2\sin\alpha-\cos\alpha}=2$,则 $\tan\alpha=$(　　).

A. 1　　B. -1　　C. $\frac{3}{4}$　　D. $-\frac{4}{3}$

8. 设 $\sin\alpha+\cos\alpha=\sqrt{2}$,则 $\sin\alpha\cos\alpha=$(　　).

A. $\frac{-\sqrt{3}}{4}$　　B. $\frac{\sqrt{3}}{4}$　　C. 1　　D. $\frac{1}{2}$

二、填空题

9. 化简:$\sin^2\beta+\cos^4\beta+\sin^2\beta\cdot\cos^2\beta=$________.

10. 求值:$\sqrt{1-2\sin30°\cos30°}=$________.

三.解答题

11 已知 $\sin\alpha+\cos\alpha=\frac{\sqrt{2}}{2}$,求$\frac{1}{\sin^2\alpha}+\frac{1}{\cos^2\alpha}$的值.

12. 已知 $\sin\beta+\cos\beta=\frac{1}{5}$,且$\frac{\pi}{2}<\beta<\pi$,求 $\sin\beta-\cos\beta$ 的值.

综合训练 B

一、选择题

1. 已知 A 是三角形的一个内角,$\sin A+\cos A=\frac{2}{3}$,则此三角形是(　　).

A. 锐角三角形　　B. 钝角三角形

C. 不等腰直角三角形　　D. 等腰直角三角形

2. 若 α 为第三象限角,则$\frac{\cos\alpha}{\sqrt{1-\sin^2\alpha}}+\frac{2\sin\alpha}{\sqrt{1-\cos^2\alpha}}$的值为(　　).

A. 3　　B. -3　　C. 1　　D. -1

3. 已知若 $\sin\theta=\frac{4}{5}$,则 $\cos\theta=$(　　).

A. $-\frac{3}{5}$　　B. $\frac{3}{5}$　　C. $\pm\frac{3}{5}$　　D. 以上都不正确

4. 已知 θ 是第三象限角,且$\sin^4\theta+\cos^4\theta=\frac{5}{9}$,则 $\sin\theta\cos\theta=$(　　).

A. $\frac{\sqrt{2}}{3}$　　B. $-\frac{\sqrt{2}}{3}$　　C. $\frac{1}{3}$　　D. $-\frac{1}{3}$

5. 若$\frac{\sin\alpha+\cos\alpha}{2\sin\alpha-\cos\alpha}=2$,则 $\tan\alpha=$(　　).

A. $-\frac{4}{3}$　　B. $-\frac{5}{4}$　　C. -1　　D. 1

二、填空题

6. 已知 α 是第二象限的角，$\tan\alpha=-\frac{1}{2}$，则 $\cos\alpha=$________.

7. 计算：$\frac{\sqrt{1-2\sin40^\circ\cdot\cos40^\circ}}{\sin40^\circ-\sqrt{1-\sin^2 40^\circ}}=$________.

三、解答题

8. 求证：$\frac{\cos\alpha}{1-\sin\alpha}=\frac{1+\sin\alpha}{\cos\alpha}$.

9. 已知 $\tan\alpha=\frac{1}{3}$，求 $\frac{1}{2\sin\alpha\cos\alpha+\cos^2\alpha}$ 的值.

10. 已知在 $\triangle ABC$ 中，$\sin A+\cos A=\frac{1}{5}$.

(1) 求 $\sin A\cos A$ 的值；

(2) 判断 $\triangle ABC$ 是锐角三角形还是钝角三角形.

5.5　诱导公式

重难点知识总结

公式一：

$$\sin(\alpha+k\cdot 360^\circ)=\sin\alpha$$

$$\cos(\alpha + k \cdot 360°) = \cos\alpha$$

$$\tan(\alpha + k \cdot 360°) = \tan\alpha$$

公式二：

$$\sin(-\alpha) = \sin\alpha$$

$$\cos(-\alpha) = \cos\alpha$$

$$\tan(-\alpha) = \tan\alpha$$

公式三：

$$\sin(180° + \alpha) = -\sin\alpha$$

$$\cos(180° + \alpha) = -\sin\alpha$$

$$\tan(180° + \alpha) = \tan\alpha$$

$$\sin(180° - \alpha) = \sin\alpha$$

$$\cos(180° - \alpha) = -\cos\alpha$$

$$\tan(180° - \alpha) = -\tan\alpha$$

范例分类与解题分析

例 1 求下列各三角函数的值：

(1) $\sin\left(\frac{9\pi}{4}\right)$；

(2) $\cos\left(\frac{15\pi}{4}\right)$；

(3) $\tan\left(\frac{5\pi}{4}\right)$.

【解题指南】

$$(1)\ \sin\left(\frac{9\pi}{4}\right) = \sin\left(2\pi + \frac{\pi}{4}\right) = \sin\frac{\pi}{4} = \frac{\sqrt{2}}{2}$$

$$(2)\ \cos\left(\frac{15\pi}{4}\right) = \cos\left(3\pi + \frac{3\pi}{4}\right) = \cos\left(\pi + \frac{3\pi}{4}\right)$$

$$=-\cos\left(\frac{3\pi}{4}\right)=-\cos\left(\pi-\frac{\pi}{4}\right)=\cos\frac{\pi}{4}=\frac{\sqrt{2}}{2}$$

$$(3)\tan\left(\frac{5\pi}{4}\right)=\tan\left(\pi+\frac{\pi}{4}\right)=\tan\frac{\pi}{4}=1$$

【点评】熟练地运用诱导公式将角化简成特殊角，化简的方法是化负为正，化大为小，化小为锐.

【变式训练】求下列各三角函数值：

(1) $\tan\left(\frac{8\pi}{3}\right)$；　　(2) $\cos 930°$；　　(3) $\sin 690°$.

综合训练 A

一、选择题：

1. 下列格式不正确的是(　　).

A. $\sin(\alpha+180°)=-\sin\alpha$　　B. $\cos(-\alpha+\beta)=-\cos(\alpha-\beta)$

C. $\sin(-\alpha-360°)=-\sin\alpha$　　D. $\cos(-\alpha-\beta)=\cos(\alpha+\beta)$

2. $\sin\left(-\frac{19}{6}\pi\right)$ 的值等于(　　).

A. $\frac{1}{2}$　　B. $-\frac{1}{2}$　　C. $\frac{\sqrt{3}}{2}$　　D. $-\frac{\sqrt{3}}{2}$

3. 已知 $\sin\alpha>0$，$\cos\alpha<0$，则 α 是(　　).

A. 第一象限角　　B. 第二象限角

C. 第三象限角　　D. 第四象限角

4. 已知 $\cos\alpha=\frac{\sqrt{3}}{2}$，在 $[-\pi,\pi]$ 内 α 的值是(　　).

A. $\frac{\pi}{6}$　　B. $\frac{\pi}{6},\frac{11\pi}{6}$

C $-\frac{5\pi}{6},\frac{5\pi}{6}$　　D. $-\frac{\pi}{6}$

二、填空题

5. $\tan 60°=$________.

6. $\sin 120°=$________.

7. $\sin\left(-5\pi+\frac{\pi}{6}\right)=$________.

三、解答题

8. 化简：$\dfrac{1-2\sin(2\pi-\alpha)\cos(2\pi+\alpha)}{\sin(-\alpha)-\cos(-\alpha)}+\sin\alpha$.

9. 设 α 为第二象限角，且 $\sin\alpha=\dfrac{3}{5}$，求 $\dfrac{3\sin(\alpha-3\pi)-2\cos(-\alpha)}{4\sin(\pi-\alpha)+7\cos(3\pi+\alpha)}$.

综合训练 B

一、选择题

1. $\cos 225^\circ=$（　　）.

A. $\dfrac{\sqrt{2}}{2}$　　B. $-\dfrac{1}{2}$　　C. $-\dfrac{\sqrt{2}}{2}$　　D. $\dfrac{1}{2}$

2. 若 $\sin\alpha>0$，$\tan<0$，则 α 是（　　）.

A. 第一象限角　　B. 第二象限角

C. 第三象限角　　D. 第四象限角

3. 若 A,B,C 分别为 $\triangle ABC$ 的内角，则下列关系中正确的是（　　）.

A. $\sin(A+B)=\sin C$　　B. $\cos(B+C)=\cos A$

C. $\tan(A+B)=\tan C$　　D. $\sin(B+C)=-\sin A$

4. $\sin 60^\circ\cos(-45^\circ)-\sin(-420^\circ)\cos(-570^\circ)$ 的值为（　　）.

A. $\dfrac{\sqrt{6}+\sqrt{2}}{4}$　　B. $\dfrac{\sqrt{6}-\sqrt{3}}{4}$

C. $\dfrac{\sqrt{6}+3}{4}$　　D. $\dfrac{\sqrt{6}-3}{4}$

5. $\sin\left(-\dfrac{\pi}{3}\right)+2\sin\dfrac{4\pi}{3}+3\sin\dfrac{2\pi}{3}$ 等于（　　）.

A. 1　　B. 0.5　　C. 0　　D. -1

6. 化简$\sqrt{1+2\sin(\pi-2)\cos(\pi-2)}$得(　　).

A. $\sin2+\cos2$　　　　B. $\cos2-\sin2$

C. $\sin2-\cos2$　　　　D. $\pm\cos2-\sin2$

二、填空题

7. 若 $\cos(\alpha+\pi)=\frac{3}{5}$，$\pi\leqslant\alpha\leqslant2\pi$，则 $\sin(-\alpha-2\pi)$ 的值是________.

8. 已知 $\sin\left(\frac{\pi}{4}+\alpha\right)=\frac{\sqrt{3}}{2}$，则 $\sin\left(\frac{3\pi}{4}-\alpha\right)$ 的值为________.

9. 化简 $\sin(-2)+\cos(2-\pi)\tan(2-4\pi)$ 所得的结果是________.

三、解答题

10. 已知 $\tan(\pi+\alpha)=3$，求$\frac{2\cos(\pi-\alpha)-3\sin(\pi+\alpha)}{4\cos(-\alpha)+\sin(2\pi-\alpha)}$的值.

5.6　三角函数的图像和性质

重难点知识总结

1. 周期函数：满足 $f(x+T)=f(x)$

2. 正弦函数的图像和性质

(1) 值域：$[-1,1]$.

(2) 周期性：周期为 2π 的周期函数.

(3) 奇偶性：奇函数.

(4) 单调性：在每一个区间上都是增函数；在每一个区间上都是减函数.

3. 余弦函数的图像和性质

(1) 值域：$[-1,1]$.

(2) 周期性：周期为 2π 的周期函数.

(3) 奇偶性：奇函数.

(4) 单调性：在每一个区间上都是增函数；在每一个区间上都是减函数.

范例分类与解题分析

三角函数的图像和性质

三角函数的图像和性质是每年高考必考内容.考查的重点主要有:(1) 正弦函数、余弦函数、正切函数的图像与性质,主要考察奇偶性、单调性、最值性;(2) 正弦函数、余弦函数、正切函数的图像的平移与变换.

【例 1】 利用五点法作出函数 $y=1+\sin x$ 在$[0,2\pi]$上的图像.

【解题指南】首先求出函数 $y=\sin x$ 所对应的 x 为 $0,\frac{\pi}{2},\pi,\frac{3\pi}{2},2\pi$ 的函数值 0,1,0,−1,0;

再求出函数 $y=1+\sin x$ 所对应的 x 为 $0,\frac{\pi}{2},\pi,\frac{3\pi}{2},2\pi$ 的函数值 1,2,1,0,1;

即函数 $y=1+\sin x$ 过点$(0,1)$,$\left(\frac{\pi}{2},2\right)$,$(\pi,1)$,$\left(\frac{3\pi}{2},0\right)$,$(2\pi,2)$;

用光滑的曲线依次连接各点得到函数 $y=1+\sin x$ 在$[0,2\pi]$上的图像.

如下图所示:

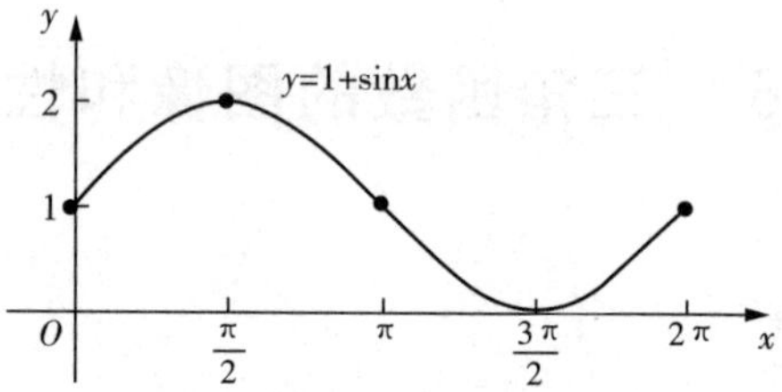

【例 2】 利用五点法作出函数 $y=-\cos x$ 在$[0,2\pi]$上的图像.

【解题指南】首先求出函数 $y=\cos x$ 所对应的 x 为 $0,\frac{\pi}{2},\pi,\frac{3\pi}{2},2\pi$ 的函数值 1,0,−1,0,1;

再求出函数 $y=-\cos x$ 所对应的 x 为 $0,\frac{\pi}{2},\pi,\frac{3\pi}{2},2\pi$ 的函数值 −1,0,1,0,−1;

即函数 $y=1+\sin x$ 过点$(0,-1)$,$\left(\frac{\pi}{2},0\right)$,$(\pi,1)$,$\left(\frac{3\pi}{2},0\right)$,$(2\pi,-1)$;

用光滑的曲线依次连接各点得到函数 $y=-\cos x$ 在$[0,2\pi]$上的图像.

如下图所示:

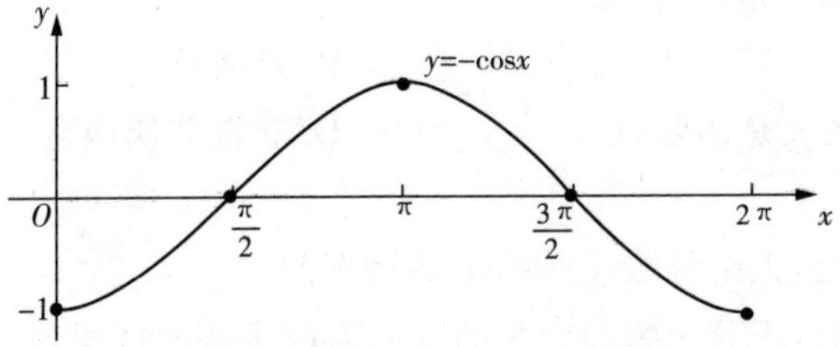

【点评】利用五点法作函数图像的关键就是求出几个特殊函数值.

综合训练 A

一、选择题

1. 函数 $y=1+\sin x\,(0\leqslant x\leqslant 2\pi)$ 的图像是(　　).

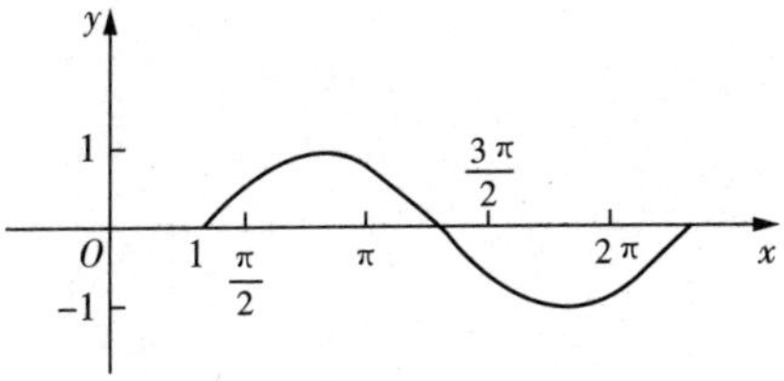

(A)

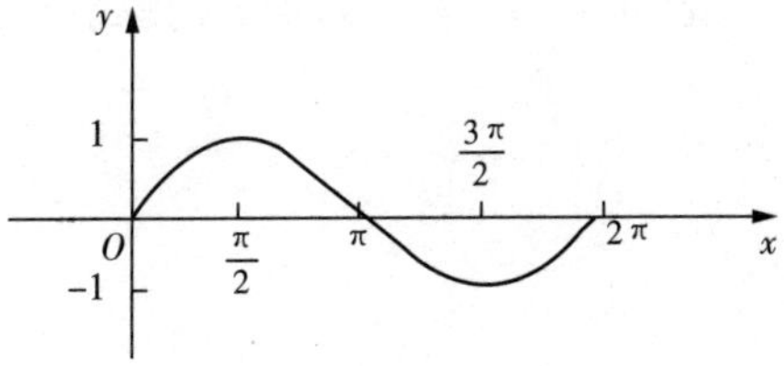

(B)

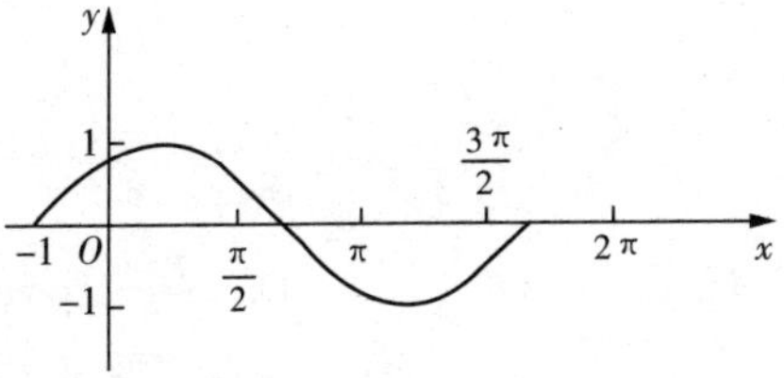

(C)

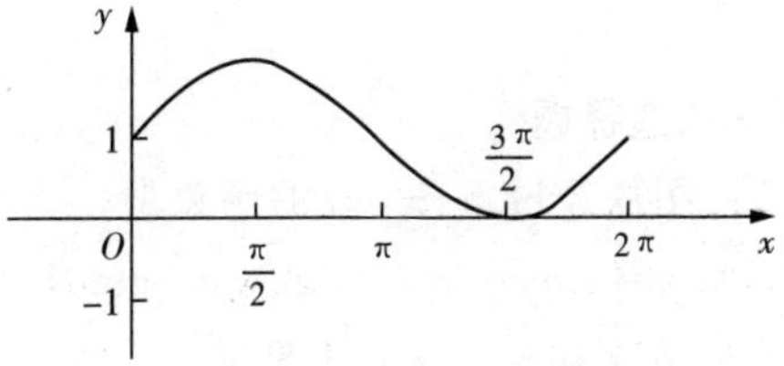

(D)

2. 函数 $y=\sin x$ 与函数 $y=-\sin x$ 的图像满足(　　).

A. 关于原点对称　　B. 关于 x 轴对称

C. 关于 y 轴对称　　D. 关于坐标轴对称

3. 下列函数中，为奇函数的是(　　).

A. $y=-\sin x$　　B. $y=\sin x-1$

C. $y=\cos x$　　D. $y=\cos x+1$

4. 函数 $y=\cos x$ 是(　　).

A. 奇函数　　B. 偶函数

C. 既是奇函数又是偶函数　　D. 非奇非偶函数

二、填空题

5. 在 $[0,2\pi]$ 上，正弦函数 $y=\sin x$ 的增区间为________.

6. 在 $[0,2\pi]$ 上，正弦函数和余弦函数同为增函数的区间为________.

7. 函数 $y=\sin x+2$ 的值域为________.

三、解答题

8. 利用五点法作出函数 $y=-\sin x$ 在 $[0,2\pi]$ 上的图像.

9. 已知 $\sin\alpha=3-a$，求 a 的取值范围.

综合训练 B

一、选择题

1. 图像经过点 $(\pi,1)$ 的函数是(　　).

A. $y=\sin x$　　B. $y=-\sin x$　　C. $y=\cos x$　　D. $y=-\cos x$

2. 函数 $y=\cos x+1$ 是(　　).

A. 奇函数　　B. 偶函数

C. 既是奇函数又是偶函数　　D. 非奇非偶函数

3. 使得函数 $y=\sin x$ 为减函数，且函数值为负数的区间为(　　).

A. $\left(0,\frac{\pi}{2}\right)$　　B. $\left(\frac{\pi}{2},\pi\right)$　　C. $\left(\pi,\frac{3\pi}{2}\right)$　　D. $\left(\frac{3\pi}{2},2\pi\right)$

4. 函数 $y=-2\sin x+1$ 的值域是(　　).

A. $(-1,3)$　　B. $[-1,3]$　　C. $(-2,1)$　　D. $[-2,1]$

二、填空题

5. 设 $2\cos x=a$，则 a 的取值范围为________.

6. 函数 $y=\sin x$ 与 $y=\cos x$ 都是周期函数，它们的周期都是________.

7. 设 $\sin\alpha=1-a$，则 a 的取值范围是________.

三、解答题

8. 求函数 $y=1-\dfrac{1}{\cos x}$ 的定义域.

9. 求函数 $y=\sqrt{\sin 2x}$ 的定义域.

上册习题参考答案

第一章　集　合

1.1　集合的概念

范例分类与解题分析

【例1】【变式训练】B　【分析】因为A、C、D都能确定集合中的元素，只有B不能确定.

【例2】【变式训练】(1) 用描述法表示，$\{x \mid x \leqslant \frac{2}{3}\}$；(2) 用列举法表示，$\{4,5,6,7,8,9\}$；(3) 列举法和描述法都行，$\{x \mid x = -2k+1, k \in \mathbf{N}^*\}$ 或 $\{-1,-2,-3,\cdots\}$

综合训练 A

一、选择题

1. C　【分析】(1)$\mathbf{Z}$ 是正数集，0 不是最小的元素；(2) 如果一个数是有理数，则它的相反数一定还是有理数；(3) 集合中的元素不能重复；(4)3.14 是有理数，所以(2)，(4) 是正确的，选 C.

2. B　【分析】只有集合 B 中的 $x^2+2=0$ 无解，所以就 1 个是空集，选 B.

3. B　【分析】集合具有无序性，所以 $\{1,0\}=\{0,1\}$，选 B.

4. A　【分析】集合 $\{(0,0)\}$ 是平面点集，所以数 0 不是集合 $\{(0,0)\}$ 中的元素，空集中没有元素，所以 C 不对，$\mathbf{N}^*$ 表示的是正整数集，所以 D 不对，故选 A.

5. B　【分析】集合 $\{(1,2)\}$，$\{(2,1)\}$ 都是平面点集，(1,2)，(2,1) 是不同的点，所以集合的元素不一样；集合 $\{(x,y) \mid x+y=2\}$ 是点集，集合 $N=\{x \mid x+y=2\}$ 是数集，所以它们不同；集合 $\{1,2\}$ 是数集，集合 $\{(1,2)\}$ 是点集，所

以不同,故选 B.

二、填空题

6. $\{2,3,4,5,6\}$ 【分析】因为 $2x-3>0 \Rightarrow x>\frac{3}{2}$,$1+x \geqslant 2x-5 \Rightarrow x \leqslant 6$,所以满足 $\frac{3}{2}<x \leqslant 6$ 的整数是 $\{2,3,4,5,6\}$.

7. $\{0,3,4\}$ 【分析】保证 x 和 $\frac{10}{5-x}$ 都是自然数,所以 $x=0,3$ 和 4.

8. $a \notin A$ 【分析】a 是元素,A 是集合,且 $3>\sqrt{7}$,所以元素 a 不是集合 A 中的元素.

三、解答题

9.【解】(1) $\{x \mid |x|<4, x \in \mathbf{Z}\} \Rightarrow \{-3,-2,-1,0,1,2,3\}$;

(2) $\{x \mid x<\frac{11}{2}, x \in \mathbf{N}\} \Rightarrow \{0,1,2,3,4,5\}$;

(3) $\{(x, y) \mid x>0, y \in \mathbf{R}\}$.

10.【解】 (1) $\because \Delta=1^2-4a<0$

$\therefore a>\frac{1}{4}$

(2) $\because \Delta=1^2-4a \geqslant 0$

$\therefore a \leqslant \frac{1}{4}$

综合训练 B

一、选择题

1. A 【分析】集合 A 中的元素是不大于 $2\sqrt{2}$ 的实数,故答案选 A.

2. C 【分析】方程的解集为空集,即方程无解,$\Delta<0$,故只有 C 选项符号.

3. C 【分析】有限集指的是集合中的元素是有限个,只有 C 选项中不大于 $\frac{5}{2}$ 的自然数是有限个,故选 C.

4. B 【分析】3.14 是有理数,故选 B.

5. D 【分析】方程的解集是数集,而且集合具有互异性,故选 D.

二、填空题

6. $\{-6,2\}$ 【分析】方程 $x^2+4x-12=0$ 的根是 $x_1=-6$,$x_2=2$.

7. $\{(0,0)\}$ 【分析】方程组 $\begin{cases}x-2y=0\\3x+y=0\end{cases}$ 的解为 $\begin{cases}x=0\\y=0\end{cases}$,但要注意方程组的解集要用点集来表示,故答案为 $\{(0,0)\}$

8. $\{-1,0,1,2\}$ 【分析】集合 A 表示大于等于 -1 小于等于$\sqrt{7}$ 的整数.

三、解答题

9.【解】(1) $\{x \mid x=3k+1, k \in \mathbf{N}\}$;(2) $\{(x, y) \mid x<0, y>0\}$;(3) $\{2,3\}$.

10.【解】当 $a \neq 0$ 时,$\Delta=(-2)^2-4 \times 2a=0$,$\therefore a=\frac{1}{2}$;

当 $a=0$ 时,方程变为 $-2x+2=0$,为一次函数,故只有一个解,符合题意,

$\therefore a \in \left\{0, \frac{1}{2}\right\}$.

1.2 集合之间的关系

范例分类与解题分析

【例 1】【变式训练】C 【分析】因为集合 A 中有 4 个元素,所以集合 A 的子集有 $2^4=16$ 个,除去空集和真子集,所以就只有 14 个子集.

【例 2】【变式训练】(1) $\{x^2-2x+4=0\}=\varnothing \subseteq \{0,1,2\}$;(2) $\{x \mid x<6\} \subseteq \{x \mid x<7\}$;(3) $\{5,6,7\} \subseteq \{x \mid 2<x<8\}$.

综合训练 A

一、选择题

1. B 【分析】(1) 空集就一个子集是它自身;(2) 空集没有真子集;(3) 空集不是自身的真子集;(4) 集合相等,元素个数一定相同. 所以(1),(4) 是正确的,选 B.

2. C 【分析】因为集合 A 中有 2 个元素,所以集合 A 的子集有 $2^2=4$ 个,除去空集,所以就只有 3 个子集,选 C.

3. B 【分析】集合具有无序性,所以 $\{1,0\}=\{0,1\}$,选 B.

4. D 【分析】集合 A 可以是 $\{0\}$,$\{0,1\}$,$\{0,2\}$,$\{0,1,2\}$,故选 D.

二、填空题

5. $\supseteq$、$\notin$、$\notin$、$\subseteq$、$\in$、$=$ 【分析】解决此类题的关键是分清集合与集合还是元素与集合的关系.

6. $A \supseteq B$ 【分析】$A=\{x \mid x^2-1=0\}=\{-1,1\} \supseteq \{1\}=B$.

7. $A \subseteq B$ 【分析】正方形是平行四边形的一种特殊情况.

三、解答题

8.【解】$\because A \supseteq B$,$\therefore x^2=2$ 或 $x^2=4$,$\therefore x=\pm\sqrt{2}$ 或 $x=\pm 2$,但是若 $x=2$,集合 A 的元素就会有重复,$\therefore x=\pm\sqrt{2}$ 或 $x=-2$.

9.【解】$\because A \subseteq B$,$\therefore a>3$.

综合训练 B

一、选择题

1. B 【分析】∵ $\sqrt{3}<2$，且$\sqrt{3}$ 是集合$\{x \mid x\leqslant 2\}$的元素，选 B.

2. C 【分析】集合 M,N 都是表示第一象限内的点集，所以 $M=N$，选 C.

3. A 【分析】因为当 $m\geqslant 2$ 时，集合 A 中的元素全部在集合 B 中，选 A.

4. D 【分析】因为 $2x^2+3x-1=0$ 没有整数解，故选 D.

二、填空题

5. $A=B$ 【分析】$A=\{x \mid x^2-1=0\}=\{-1,1\}=B$.

6. $-2<a<6$ 【分析】∵ $-1<\dfrac{a}{2}<3$，∴ $-2<a<6$.

7. $\supseteq$、$\subseteq$、$\subseteq$、$\in$、$\notin$、$\subseteq$ 【分析】解决此类题的关键是分清集合与集合还是元素与集合的关系.

三、解答题

8.【解】∵ $A=B$，且 $x\neq 0$，$y\neq 0$，∴ $x-y=0$，∴ $x=y$，∴ $xy=|x|$，∴ $y=\pm 1$，又 ∵ $|x|\neq y$，∴ $x\neq 1$，综上所述，$x=y=-1$.

9.【解】∵ $B=\{x \mid x^2+4x=0\}=\{-4,0\}$，又 ∵ $A\subseteq B$，∴ 把 $x=0$ 带入集合 A 中，得到 $a^2-1=0$，∴ $a=\pm 1$，经验证 $a=\pm 1$ 都满足题意，再把 $x=-4$ 带入集合 A 中，得到 $16-8a-8+a^2-1=0$，得 $a=1$ 或 7，但是当 $a=7$ 时，方程变成 $x^2+16x+48=0$，解得 $x=4$ 或 12，不符合题意，综上所述，$a\in\{-1,1\}$.

1.3 集合的运算

范例分类与解题分析

【例 1】【变式训练】$\{0,1,3\}$ 【分析】由 $\complement_U A=\{2,4\}$ 得 $A=\{0,1,3\}$，进而求出 $A\cap B$ 的值.

【例 3】【变式训练】$\{x \mid x<2\}$ 【分析】掌握补集的定义，借助数轴辅助解题.

【例 5】【变式训练】$\{-2,4,5\}$ 【分析】因为 -2 是 A,B 的公共元素，则有 $(-2)^2+4+m=0$，∴ $m=-8$，$A=\{-2,4\}$，$(-2)^2-2n-10=0\Rightarrow n=-3$，$B=\{-2,5\}$，∴ $A\cup B=\{-2,4,5\}$.

综合训练 A

一、选择题

1. C 【分析】补集的定义.

2. B 【分析】掌握三角形的分类,同时熟悉交、补集的定义.

3. A 【分析】利用数轴解题.

4. B 【分析】了解整数的组成.

5. B 【分析】把 M,N 用列举法表示.

6. D 【分析】可用数轴辅助解题.

7. A 【分析】先求出 $A\cup B$,再求出它们的补集.

8. D 【分析】$\because A\cup B=A$,$\therefore B$ 是 A 的子集,A 的子集有 8 个.

9. D 【分析】略.

10. B 【分析】利用数轴解题.

二、填空题

11. $\{4,5\}$ 【分析】补集的定义.

12. $\{0,1\}$ 【分析】略.

13. $\{x\mid -1<x\leqslant 2\}$ 【分析】可借助数轴的直观性求解.

14. $\left\{1,-\dfrac{2}{3}\right\}$ 【分析】解方程即可.

15. $\varnothing$ 解析:交集的性质.

三、解答题

16. 【分析】$\because A=\{x\mid -1\leqslant x<2,x\in\mathbf{Z}\}=\{-1,0,1\}=\{m,-1,0\}=B$,$\therefore m=1$.

17. 【分析】$\because A\cap B=\{3,5,6\}$,$\therefore 3,5,6$ 是 B 的元素;又 $A\cup B=\{1,2,3,4,5,6\}$,$\therefore 4$ 是 B 的元素,即 $B=\{3,4,5,6\}$. 可利用文氏图理解.

综合训练 B

一、选择题

1. C 【分析】用列举法表示 A 即可.

2. B 【分析】N 是 M 的子集.

3. A 【分析】利用文氏图理解.

4. C 【分析】$\because A\cap B=\{2,3,4\}$,$\therefore$ 子集有 8 个.

5. C 【分析】利用数轴解题.

二、填空题

6. $\{3,4\}$ 【分析】交集的定义.

7. $\{2,3\}$ 【分析】略.

8. -2 【分析】$\because A \cup \complement_U A = U, \therefore a^2 - a - 3 = 3, a - 1 = -3, \therefore a = -2$.

三、解答题

9.【分析】分两种情况讨论,①$a=0$,方程化为一元一次方程,此时 $A=\left\{\frac{2}{3}\right\}$;②$a \neq 0$,方程为一元二次方程,$\Delta = 9-8a=0$,$\therefore a=\frac{9}{8}$.综上所述,$a$ 的可能取值为 $0,\frac{9}{8}$.

10. 【分析】$\because A = \{x \mid |2x+1| > 3\} = \{x \mid x > 1$ 或 $x < -2\}$,$B = \{x \mid x^2 + 3x \leqslant 0\} = \{x \mid -3 \leqslant x \leqslant 0\}$,$\complement_U A = \{x \mid -2 \leqslant x \leqslant 1\}$,$\therefore A \cap B = \{x \mid -3 \leqslant x < -2\}$ $(\complement_U A) \cup B = \{x \mid -3 \leqslant x \leqslant 1\}$.

1.4 充要条件

【例 1】【变式训练】C 【分析】$a-b=0$,则 $a=b$;$a=b$,则 $a-b=0$,$\therefore p$ 是 q 的充要条件.

【例 3】【变式训练】充分 【分析】能被 5 整除的数末位数字为 5 或 0.

综合训练 A

一、选择题

1. C 【分析】$\because ac^2 > bc^2 \Rightarrow a > b$(不等式的性质).

2. C 【分析】集合的性质.

3. A 【分析】略.

4. D 【分析】$a > b$ 推不出 $|a| > |b|$,比如 $0 > -1$;而 $|a| > |b|$ 也推不出 $a > b$,比如 $|-3| > |1|$.

5. C 【分析】略.

6. B 【分析】$\because s \Rightarrow q \Rightarrow p$(推出的传递性),所以 p 是 s 的必要条件.

7. B 【分析】$x > 4$,x 不一定大于 5;但 $x > 5$,x 一定大于 4.

8. C 【分析】集合中元素的互异性.

9. B 【分析】$x < 2$ 但 x^2 不一定小于 4,比如 $x = -3$.

10. C 【分析】略.

二、填空题

11. 充要 【分析】略.

12. 充分　【分析】两个正数,较大的其绝对值也大,$|a|>|b|$,a 不一定大于 b,比如 $a=-3,b=0$.

13. 充要　【分析】等边三角形的性质.

14. $x=7$ 且 $y=-3$　【分析】$(x-7)^2+(y+3)^2=0$. $\therefore (x-7)^2=0,(y+3)^2=0$,即 $x=7$ 且 $y=-3$,反之当 $x=7$ 且 $y=-3$ 时,$(x-7)^2+(y+3)^2=0$.

15. 既不充分也不必要　【分析】平行四边形的对角线互相垂直,该平行四边形可能是菱形,而矩形的对角线不一定垂直.

综合训练 B

一、选择题

1. C　【分析】若等腰三角形有一个角是60°,无论其为顶角或是底角,可知其余角也为60°,所以它是等边三角形;反之显然成立.

2. A　【分析】利用文氏图或交补集的定义.

3. B　【分析】$\because x(y-1)=0\Rightarrow x=0$ 或 $y=1$;$x^2+(y-1)^2=0\Rightarrow x=0$ 且 $y=1$.
$\therefore p$ 推不出 q,q 可以推出 p,即 p 是 q 的必要条件.

4. A　【分析】略.

5. B　【分析】一个整数能被 5 整除,其末位数字是 0 或 5.

二、填空题

6. 充要　【分析】充要条件的定义.

7. $a=0$ 且 $b=0$　【分析】$a=0$ 且 $b=0\Rightarrow |a|+|b|=0$;而 $|a|+|b|=0$ 也可推出 $a=0$ 且 $b=0$.

8. 充要　【分析】由子集和集合相等的定义可知.

三、解答题

9. 由题意知 N 是 M 的真子集,则 N 的每个元素都在 M 中,而 M 中至少有一个元素不在 N 中,故 $a\in M$ 不一定推出 $a\in N$,$a\in N$ 能推出 $a\in M$. 即 $a\in M$ 是 $a\in N$ 成立的必要条件.

第二章　不等式

2.1　不等式的基本性质

综合训练 A

一、选择题

1. A　2. C　3. D　4. B　5. C

二、填空题

6. $>$;$>$;$>$;$<$　7.(1)$<$;(2)$<$;(3)$<$;(4)$>$　8.(1)$>$;(2)$>$;(3)$>$;(4)$<$　9.(1)$>$;(2)$>$;(3)$<$;(4)$>$

三、解答题

10.(1)$x>4$;(2)$x<1$;(3)$x<1$;(4)$x>2$　11. $180\leqslant x\leqslant 210$

综合训练 B

一、选择题

1.C　2.D　3.C

二、填空题

4.(1)$>$;(2)$>$;(3)$>$;(4)$<$　5.(1)$<$;(2)$<$;(3)$>$;$>$;$>$

三、解答题

6.略

2.2　区　　间

综合训练 A

一、选择题

1.D　2.C　3.C　4.A　5.A

二、填空题

6. $[-2,2)$　7. $(-5,-1)$　8. $[2,6]$　9. $(0,3)$

三、解答题

10. $[-2,5)$　$[1,3)$　11. $[-1,6)$　$[0,5)$　12. $[-3,5)$　$(1,4)$

综合训练 B

一、选择题

1.C　2.C　3.D

二、填空题

4. $(-\infty,4]$　5. $(-\infty,-5)$

三、解答题

6. $(-\infty,-1]\cup(3,+\infty)$

$(-\infty,-2)\cup[1,+\infty)$

$(-\infty,-1]\cup[1,+\infty)$

2.3 不等式的基本性质

综合训练 A

一、选择题

1. B 2. D 3. B 4. B 5. B

二、填空题

6. $[-3,3]$ 7. $(-\infty,2)\cup(3,+\infty)$ 8. $(-\infty,-\frac{1}{2})\cup(3,+\infty)$

三、解答题

9. $(-\infty,1]\cup[3,+\infty)$ (2)$(-\infty,-2]\cup[2,+\infty)$ (3)$\left(-\infty,-\frac{1}{2}\right)\cup(3,+\infty)$

综合训练 B

1. $\{2\}$

2. $x\leqslant-\frac{1}{4}$

3. $\begin{cases}a=-\frac{5}{6}\\ b=-5\end{cases}$

2.4 含绝对值的不等式

综合训练 A

一、选择题

1. A 2. B 3. B 4. C 5. D

二、填空题

6. $(-6,6)$ 7. $\mathbf{R}$ 8. $[0,2]$

三、解答题

9. (1)$(-\infty,-5]\cup[5,+\infty)$ (2)$[-3,3]$

(3)$\left(-\infty,\frac{1}{3}\right)\cup\left(\frac{8}{3},+\infty\right)$ (4)$[-\frac{10}{3},0)$

综合训练 B

一、选择题

1. A 2. B 3. C

二、填空题

4. $(-\infty,-3]\cup[3,+\infty)$　5. $[0,2]$　6. $\left(-\frac{4}{3},6\right)$

三、解答题

7. (1)$A\cap B=(-1,0]\cap[2,4)$　(2)$A\cup B=\mathbf{R}$

8. $\left(-\frac{4}{3},\frac{7}{4}\right)$

第三章　函数

3.1　函数的概念及其表示方法

范例分类与解题分析

【例 1】【变式训练】(1)$\{x\mid x\neq\pm1\}$　(2)$x\in(-\infty,-2]\cup[3,+\infty)$

【分析】(1) 因为 $x^2-1\neq0$,所以 $x\neq\pm1$;(2) 因为 $x^2-x-6\geqslant0$,所以 $x\geqslant3$ 或 $x\leqslant-2$.

【例 2】【变式训练】$f(0)=\frac{0-1}{0+1}=-1$;$f(2)=\frac{2-1}{2+1}=\frac{1}{3}$;$f(-5)=\frac{-5-1}{-5+1}=\frac{3}{2}$.

综合训练 A

一、选择题

1. A　【分析】若两个函数是同一个函数,则函数的定义域和对应法则必相同,由此可判断 $y=\frac{x}{x^2}$ 和 $y=\frac{1}{x}$ 的定义域和对应法则均相同,B、C、D 中定义域都不同,故选 A.

2. C　【分析】只需 $x^2-6x+5\geqslant0$ 即可,解得:$x\geqslant5$ 或 $x\leqslant1$,所以定义域为 $(-\infty,1]\cup[5,+\infty)$,故选 C.

3. B　【分析】把 $x=-2$ 代入 $f(x)$ 中,得 $f(x)=\frac{1}{3}$,故选 B.

4. B　【分析】把 $x=1$ 和 $x=-1$ 分别代入 $f(x)=kx+b$ 中得:$k+b=-2$,$k+b=0$,联立两个方程解方程组,解得:$k=-1$,$b=-1$,故选 B.

5. C 【分析】由函数的定义域可知：∵ $y=\sqrt{x}$ 的定义域为 $[0,+\infty)$，∴ $(-1,-1)$ 点不在此函数上，故选 C.

二、填空题

6. $2x+5$ 【分析】把 $x+2$ 当作一个整体代入 $f(x)=2x+1$ 中，得 $f(x+2)=2x+5$.

7. 3 【分析】把 $x=2$ 代入 $f(x)=ax-2$ 可得，$2a-2=4$ 解得：$a=3$.

8. $\left(-\frac{1}{2},0\right)\cup\left(0,\frac{2}{3}\right)$ 【分析】由题意得：$\frac{2x+1}{2-3x}>0$ 且 $x\neq0$；解得 $-\frac{1}{2}<x<0$ 或 $0<x<\frac{2}{3}$，所以定义域为 $\left(-\frac{1}{2},0\right)\cup\left(0,\frac{2}{3}\right)$.

9. $\frac{x}{2-x}$ 【分析】把 $1-x$ 作为一个整体代入 $f(x)=\frac{1-x}{1+x}$ 中，得 $f(1-x)=\frac{1-(1-x)}{1+(1-x)}=\frac{x}{2-x}$.

三、解答题

10.【解】设一次函数的解析式为 $y=kx+b(k\neq0)$，∵ 一次函数过 $A(-1,2)$，$B(3,4)$ 两点，∴ $\begin{cases}-k+b=2\\3k+b=4\end{cases}$，解得：$k=\frac{1}{2}$，$b=\frac{5}{2}$，所以一次函数的解析式为 $y=\frac{1}{2}x+\frac{5}{2}$.

11.【解】由题意得：$\begin{cases}x^2-9\geqslant0\\x+3\neq0\end{cases}$，解得：$x\geqslant3$ 或 $x<-3$，即函数的定义域为 $(-\infty,-3)\cup[3,+\infty)$.

12.【解】由题意得：$y=0.3x+50000\left(0<x<\frac{2000}{3}\right)$.

综合训练 B

一、选择题

1. A 【分析】由题意得：$1-x^2\geqslant0$，解得 $-1\leqslant x\leqslant1$，即定义域为 $[-1,1]$，故选 A.

2. C 【分析】∵ $x\in\mathbf{Z}$，∴ $y=2x$ 的图像是由无数多个整数点组成的，故选 C.

3. D 【分析】把 $2x-1$ 作为一个整体代入 $f(x)=3x-5$ 中得：$f(2x-1)=3(2x-1)-5=6x-8$.

4. A 【分析】令 $x-1=t$，∴ $x=t+1$，则 $g(x)=3(t+1)-1$，即 $g(x)=3x+2$，故选 A.

5. A 【分析】由 $f(2)=7$ 得：$4-2a+a=7$，即 $a=-3$，故选 A.

二、填空题

6. $[2,3)\cup(3,+\infty)$ 【分析】由题意得 $\begin{cases}x-2\geqslant 0\\2x-6\neq 0\end{cases}$，解得 $\begin{cases}x\geqslant 2\\x\neq 3\end{cases}$，即函数的定义域为 $[2,3)\cup(3,+\infty)$.

7. $-1,2$ 【分析】由分段函数概念可知：$f(-1)=-2+1=-1$，$f(1)=5-3=2$.

8. $\mathbf{R},\left(-\infty,\frac{4}{3}\right]$ 【分析】由 $y=-3x^2+2x+1$ 得，$y=-3\left(x-\frac{1}{3}\right)^2+\frac{4}{3}$，$\therefore$ 函数的定义域为 $\mathbf{R}$，值域为 $\left(-\infty,\frac{4}{3}\right]$.

三、解答题

9.【解】由题意得：$\begin{cases}1-x>0\\|x-3|\neq 0\end{cases}$，解得 $x<1$ 且 $x\neq 3$，即函数的定义域为 $(-\infty,1)$.

10.【解】设函数的解析式为 $y=ax^2+bx+c(a\neq 0)$，由题意得：

$\begin{cases}c=3\\4a+2b+c=-1\\a+b+c=4\end{cases}$，解得：$\begin{cases}a=-3\\b=4\\c=3\end{cases}$，$\therefore$ 此二次函数的解析式为 $y=-3x^2+4x+3$.

3.2 函数的性质

范例分类与解题分析

【例 1】【变式训练】点 $P(x,y)$ 关于 x 轴的对称点的坐标为 $(x,-y)$；点 $P(x,y)$ 关于 y 轴的对称点的坐标为 $(-x,y)$，点 $P(x,y)$ 关于原点 O 的对称点的坐标为 $(-x,-y)$.

【分析】牢记点关于坐标轴、原点对称点的特点是解本题的关键.

【例 2】【变式训练】(1) 函数的定义域为 $(-\infty,+\infty)$，对任意的 $x\in(-\infty,+\infty)$ 都有 $-x\in(-\infty,+\infty)$. $f(x)=2x^2+1$，$f(-x)=2(-x)^2+1=2x^2+1$，故 $f(x)=f(-x)$.

所以函数 $f(x)=2x^2+1$ 是偶函数.

(2) 函数的定义域为 $(-\infty,+\infty)$，对任意的 $x\in(-\infty,+\infty)$ 都有 $-x\in(-\infty,+\infty)$. $f(x)=x-1$，$f(-x)=(-x)-1=-x-1$，故 $f(-x)\neq-$

$f(x)$且$f(-x)\neq f(x)$.

所以函数$f(x)=x-1$是非奇非偶函数.

【分析】对函数奇偶性定义的应用,要熟记.

【例3】【变式训练】证明:设x_1,x_2是$(0,1)$上的任意两个实数,且$x_1<x_2$.

则$f(x_1)-f(x_2)=(-\frac{1}{x_1}-1)-(-\frac{1}{x_2}-1)=\frac{1}{x_2}-\frac{1}{x_1}=\frac{x_1-x_2}{x_1x_2}$.

$$\because x_1-x_2<0,x_1x_2>0,\therefore f(x_1)<f(x_2)$$

故$f(x)=-\frac{1}{x}-1$在区间$(0,1)$上是单调增函数.

【分析】对函数单调性定义的应用,要熟记.

综合训练 A

一、选择题

1. D 【分析】由函数的单调性可知:$y=2x^2$在$(-\infty,0)$内单调递减,在$(0,+\infty)$内单调递增,故选D.

2. B 【分析】若函数为偶函数,则有$f(x)=f(-x)$,把A、B、C、D选项中的函数代入可得:$y=x^2-1$是偶函数,故选B.

3. B 【分析】$\because f(x)$在$(1,+\infty)$上为减函数,由函数的单调性可知:$\therefore f(2)>f(3)$,故选B.

4. D 【分析】$\because f(x)=0$的图像即为x轴上所有的点,x轴上所有点既关于y轴对称,又关于原点对称,$\therefore f(x)=0$既是奇函数又是偶函数,故选D.

5. A 【分析】$\because f(x)=x^2-4x+3=(x-2)^2-1$,由$f(x)$的图像可知:$f(x)$在$(-\infty,2)$上单调递减,在$(2,+\infty)$上单调递增,故选A.

二、填空题

6. (3,4) 【分析】关于y轴对称的点即纵坐标不变,横坐标改变,所以$(-3,4)$关于y轴对称点的是$(3,4)$.

7. $>$ 【分析】$\because f(x)$在$(-\infty,0)$上单调递增;$-a^2-1<0,-a^2-2<0$,且$-a^2-1>-a^2-2$,$\therefore f(-a^2-1)>f(-a^2-2)$.

8. $(0,+\infty)$ 【分析】由函数$f(x)=x^2-2$的图像和函数的单调性得:$f(x)$在$(-\infty,0)$上单调递减,在$(0,+\infty)$上单调递增.

9. 2 【分析】$\because f(x)$是偶函数,$\therefore f(x)=f(-x)$,即$mx^2+(m-2)x+3=m(-x)^2+(m-2)(-x)+3$,解得$m=2$.

三、解答题

10.【解】由题意得:$f(x)=\sqrt{x}$的定义域为$[0,+\infty)$,设$x\in[0,+\infty)$,

则 $-x\notin[0,+\infty)$，$\therefore f(x)=\sqrt{x}$ 是非奇非偶函数.

11.【解】设 $x_1,x_2\in(0,+\infty)$ 且 $x_1<x_2$，则 $f(x_1)=x_1^2+1$，$f(x_2)=x_2^2+1$，$\therefore f(x_1)-f(x_2)=x_1^2+1-(x_2^2+1)=x_1^2-x_2^2=(x_1+x_2)(x_1-x_2)$，$\because x_1,x_2\in(0,+\infty)$，$x_1<x_2$，$\therefore x_1+x_2>0$，$x_1-x_2<0$，即 $f(x_1)-f(x_2)<0$，$f(x_1)<f(x_2)$，$\therefore f(x)$ 在 $(0,+\infty)$ 上单调递增.

12.【解】$\because f(x)$ 是奇函数，$\therefore f(x)=-f(-x)$，由题意可得：$a-\dfrac{2}{2^x+1}=-\left[a-\dfrac{2}{2^{-x}+1}\right]$，解得：$a=1$.

综合训练 B

一、选择题

1. D 【分析】要使 $f(x)$ 在定义域上为增函数，则有 $2a-1>0$，解得 $a>\dfrac{1}{2}$，故选 D.

2. A 【分析】由函数奇偶性定义可得：$f(-x)=-f(x)$，即 $f(x)$ 是奇函数，故选 A.

3. D 【分析】在(1)中由函数单调性概念可知：$f(x)$ 在 I 上是增函数；(2)中 $y=x^2$ 得图像是一条抛物线，在 $(-\infty,0)$ 上单调递减，在 $(0,+\infty)$ 单调递增；(3)(4)中两个函数均为反比例函数，定义域都是 $(-\infty,0)\cup(0,+\infty)$，由的图像可知 $y=-\dfrac{1}{x}$ 在定义域内是单调递增函数，$y=\dfrac{1}{x}$ 在定义域内是单调递减函数，所以(1)(3)(4)正确，故选 D.

4. A 【分析】由函数的单调性及奇偶性得：$y=3x$ 是奇函数且单调递增，故选 A.

5. C 【分析】由函数的奇偶性概念可知：$x\in D$，必有 $-x\in D$，则 $a-1=a$，$\therefore a=\dfrac{1}{2}$，又 $\because f(x)=x^2+bx$ 是偶函数，$\therefore f(-x)=f(x)$，即 $(-x)^2+b(-x)=x^2+bx$，$\therefore b=0$；综上所述：$a+b=\dfrac{1}{2}$. 故选 C.

二、填空题

6. $\dfrac{1}{2}$ 【分析】$\because y=-x+1$ 是单调递减函数，$\therefore x=2$ 时 y 取得最小值，即 $y_{\min}=-2+1=-1$.

7. 原点 【分析】$\because f(x)=x^3$ 满足 $f(-x)=-f(x)$，$\therefore f(x)=x^3$ 是奇函数，

即 $f(x)$ 关于原点对称.

8. $-1,-1$ 【分析】由题意得:$\begin{cases}k+b=-2,\\-k+b=0,\end{cases}$ 解得$\begin{cases}k=-1,\\b=-1.\end{cases}$

9. 20 【分析】$\because f(x)$ 是偶函数,$\therefore f(3)=f(-3)=20$.

三、解答题

10.【解】设 $x_1,x_2\in(1,+\infty)$ 且 $x_1<x_2$,则 $f(x_1)=x_1+\frac{1}{x_1}$,$f(x_2)=x_2+\frac{1}{x_2}$,$f(x_1)-f(x_2)=x_1+\frac{1}{x_2}-\left(x_2+\frac{1}{x_2}\right)=(x_1-x_2)\left(1-\frac{1}{x_1x_2}\right)$,$\because x_1-x_2<0$,$1-\frac{1}{x_1x_2}>0$,$\therefore f(x_1)<f(x_2)$,即 $f(x)=x+\frac{1}{x}$ 在$(1,+\infty)$ 上单调递增.

11.【解】(1) 由题意得:$f(x)=x^2-4x+3=(x-2)^2-1$,$\therefore f(x)$ 的对称轴是 $x=2$,最小值为 -1,$\therefore f(x)=x^2-4x+3$ 的定义域为 $\mathbf{R}$,值域为$[-1,+\infty)$.

(2) 由 $f(x)=x^2-4x+3=(x-2)^2-1$ 得 $f(x)$ 在$(-\infty,2)$ 上单调递减,在$(2,+\infty)$ 上单调递增.

(3) 由(1) 得:$f(x)$ 在 $x=2$ 处取得最小值,在 $x=6$ 处取得最大值,即 $f(x)_{\min}=f(2)=-1$,$f(x)_{\max}=f(6)=(6-2)^2-1=15$.

3.3 函数的实际应用

范例分类与解题分析

【例 1】【变式训练】解:(1) 函数的定义域为$(-2,0]\cup(0,3)=(-2,3)$.

(2) 因为 $2\in(0,3)$,故 $f(2)=1-2^2=-3$;

因为 $0\in(-2,0]$,故 $f(0)=2\times0+1=1$;

因为 $-1\in(-2,0]$,故 $f(-1)=2\times(-1)+1=-1$.

【分析】对分段函数的应用,要熟记.

综合训练 A

一、选择题

1. A 【分析】$\because f(x)=x^3$,定义域:$x\in\mathbf{R}$,且 $-x\in\mathbf{R}$,$\therefore f(-x)=-f(x)$,即 $f(x)$ 是奇函数,$\therefore f(x)$ 关于原点对称,故选 A.

2. C 【分析】由题意得:$f(5)=\sqrt{5-1}=2$,故选 C.

3. A 【分析】分段函数定义域即为各段函数定义域的并集,则 $f(x)$ 的定义域为$(-2,0)\cup[0,2]=(-2,2]$,故选 A.

4. B 【分析】由长方形的面积可得：$xy=20$，则 $y=\frac{20}{x}$，故选 B.

5. A 【分析】把 $t=30$ 代入 $T=t+273.15$ 中得：$T=303.15$，故选 A.

二、填空题

6. 10 【分析】由题意得：$f(2)f\left(\frac{1}{2}\right)=(4+2\times 2)\times\left(\frac{1}{4}+2\times\frac{1}{2}\right)=10.$

7. $-5,5$ 【分析】由题意得：$f(-2)=-2-3=-5,f(2)=2^3-3=5.$

8. $(0,+\infty)$ 【分析】$\because f(x)=x^2-2$ 为二次函数，对称轴是 y 轴，且 $a>0$，$\therefore f(x)$ 在 $(-\infty,0)$ 上单调递减，在 $(0,+\infty)$ 上单调递增.

9. -1 【分析】由题意得：$f(-1)=-1+1=0$，则 $f[f(-1)]=f(0)=0-1=-1.$

三、解答题

10.【解】由题意得：(1) 定义域为 $\mathbf{R}$.

(2) $f(0)=0^2=0,f(-3)=-3\times 3+1=-8,f(3)=3^2=9.$

11.【解】由题意得：(1) 函数的定义域为 $\mathbf{R}$. (2) 图像略. (3) 略.

12.【解】由题意得：(1) 由 $f(1-t)=f(1+t)$ 可得，函数的对称轴为 $x=1$，又 $\because x=-\frac{b}{2a}=-\frac{b}{4}=1$，解得 $b=-4$. $\because$ 函数的最小值为 2，则函数的顶点坐标为 $(1,2)$，即 $2\times 1^2-4\times 1+c=2$，解得 $c=4$. 即函数的解析式为：$f(x)=2x^2-4x+4$.
(2) 由(1)得 $f(x)=2x^2-4x+4$ 的对称轴为 $x=1$，且 $a=2>0$，即函数图像开口向上，$\therefore$ 函数 $f(x)=2x^2-4x+4$ 在 $(-\infty,1)$ 上单调递减，在 $(1,+\infty)$ 上单调递增.

综合训练 B

一、选择题

1. A 【分析】由题意得：$f(-1)=(-1)^2=1$，则 $f[f(-1)]=f(1)=1+2=3$，故选 A.

2. B 【分析】分段函数的定义域即为各段函数定义域的并集，故选 B.

3. D 【分析】由 $y=2x^2+1$ 的图像可得，函数的顶点为 $(0,1)$，故选 D.

4. B 【分析】$\because f(x)=\pi$ 是常值函数，$\therefore f(x^2)=\pi$，故选 B.

5. A 【分析】设一次函数的解析式为 $y=kx+b(k\neq 0)$，由题意得：$\begin{cases}k+b+2k+b=3\\-k+b-b=1\end{cases}$，解得：$\begin{cases}k=-1\\b=3\end{cases}$，$\therefore y=-x+3$，故选 A.

二、填空题

6. $\frac{3}{2}$ 【分析】由题意得：$f\left(\frac{5}{2}\right)=-\frac{5}{2}+3=\frac{1}{2}$，则 $f[f(\frac{5}{2})]=f\left(\frac{1}{2}\right)=+\frac{1}{2}+$

$1=\frac{3}{2}$.

7. -5 【分析】∵ $f(x)$ 是奇函数，∴ $f(-1)=-f(1)=-5$.

8. 0 【分析】∵ $f(x)$ 是奇函数，∴ $f(x)$ 关于原点对称，即 $f(0)=0$.

9. $(-\infty,1]\cup\left(\frac{3}{2},+\infty\right)$ 【分析】由题意得：$\frac{x-1}{2x-3}\geqslant 0$ 且 $2x-3\neq 0$，解得 $x>\frac{3}{2}$ 或 $x\leqslant 1$，即定义域为 $(-\infty,1]\cup\left(\frac{3}{2},+\infty\right)$.

三、解答题

10.【解】由题意得：A，B 两地相距 150km，某人开汽车以 60km/h 的速度从 A 地到达 B 地，可得从 A 地到 B 地需要 2.5h，以 50km/h 的速度返回 A 地，从 B 地到 A 地需要 3h，当 $0\leqslant t\leqslant 2.5$ 时，$x=60t$，当 $2.5<x\leqslant 3.5$ 时，$x=150$，当 $3.5<t\leqslant 6.5$ 时，$x=150-50(t-3.5)$，整理得：

$$x=\begin{cases}60t,(0\leqslant t\leqslant 2.5)\\150,(2.5<t\leqslant 3.5)\\-50t+32.5,(3.5<t\leqslant 6.5)\end{cases}$$

11.【解】由题意得：$f(x)=x^2-4x+3=(x-2)^2-1$，(1) ∴ $f(x)$ 的定义域为 **R**，值域为 $(-1,+\infty)$. (2) ∵ 函数的对称轴是 $x=2$，且 $a>0$，∴ $f(x)$ 在区间 $(-\infty,2)$ 上单调递减，在区间 $(2,+\infty)$ 上单调递增. (3) ∵ 函数 $f(x)$ 的对称轴是 $x=2$，∴ 函数 $f(x)$ 在 $x=2$ 处取得最小值，即 $f(x)_{\min}=(2-2)^2-1=-1$，∵ 函数 $f(x)$ 在 $(2,+\infty)$ 上单调递增，∴ $f(x)$ 在 $x=6$ 处取得最大值，即 $f(x)_{\max}=(6-2)^2-1=15$.

12. 略.

第四章 指数函数与对数函数

4.1 实数指数幂

范例分类与解题分析

【例 2】【变式训练】(1) $\frac{2}{\sqrt[4]{a^3}}=2a^{-\frac{3}{4}}$ (2) $\sqrt[3]{\frac{3}{x^2}}=3^{\frac{1}{3}}\cdot x^{-\frac{2}{3}}$

【例 3】【变式训练】(1) 原式 $=2^{-4}\times2^{\frac{9}{2}}\times2^{\frac{5}{2}}=2^{3}=8$;
(2) 原式 $=a^{2}b^{\frac{3}{2}}\cdot16a^{-2}b^{\frac{5}{2}}=16b^{4}$.

【例 4】【变式训练】D 【分析】当 $x=2$ 时,$y=\frac{1}{4}$.

综合训练 A

一、选择题

1. A 【分析】$27^{\frac{2}{3}}=(3^{3})^{\frac{2}{3}}=3^{2}=9$.

2. C

3. C

4. D 【分析】当 $a<0$ 时,$\sqrt{a^{2}}=a$ 不成立.

5. C 【分析】作出图像可知,该函数是奇函数,关于原点对称.

二、填空题

6. 6 【分析】原式 $=2\times3^{\frac{1}{2}}\times(\frac{3}{2})^{\frac{1}{3}}\times(3\times2^{2})^{\frac{1}{6}}=6$.

7. $a^{\frac{2}{3}}$ 【分析】原式 $=a^{\frac{1}{3}+\frac{5}{6}-\frac{1}{2}}=a^{\frac{2}{3}}$.

8. $[0,+\infty)$;增.

三、解答题

9.【解】(1) 原式 $=a^{-3}b^{-1}\cdot a^{\frac{3}{2}}b^{3}\div a^{-\frac{1}{2}}b^{-\frac{1}{2}}=a^{-\frac{3}{2}}b^{2}\div a^{-\frac{1}{2}}b^{-\frac{1}{2}}=a^{-1}b^{\frac{5}{2}}$;

(2) 原式 $=\dfrac{x^{\frac{3}{2}}y^{\frac{4}{3}}}{x^{\frac{1}{3}}y^{\frac{1}{2}}}=x^{\frac{7}{6}}y^{\frac{5}{6}}$.

10.【解】原式 $=\frac{10}{3}-49+\frac{5}{3}-1=-45$.

综合训练 B

一、选择题

1. D 【分析】该函数的定义域为 $[0,+\infty)$.

二、解答题

2. 解:设 $f(x)=x^{\alpha}$,则 $f(8)=\frac{1}{4}$,得 $\alpha=-\frac{2}{3}$,所以 $f(27)=27^{-\frac{2}{3}}=\frac{1}{9}$.

4.2 指数函数的图像和性质

范例分类与解题分析

【例 2】【变式训练】$f(x)=a^{x}$,则 $a^{\frac{3}{2}}=27$,$a=9$,所以函数解析式为 $f(x)=9^{x}$,

所以该函数在$(-\infty,+\infty)$上为增函数.

【例3】【变式训练】$16-2^x\geqslant 0$即$2^x\leqslant 16$,所以$x\leqslant 4$.

综合训练A

一、选择题

1. B 【分析】A中的底数$-5<0$,所以不是指数函数;C中底数和指数都是变量,所以不是指数函数;D中指数x^2不符合指数定义,所以不是指数函数.

2. D

3. D 【分析】考察指数函数$y=(\frac{2}{3})^x$.因为$a=\frac{2}{3}\in(0,1)$,所以$y=(\frac{2}{3})^x$在$\mathbf{R}$上是减函数,由于$-3<-2$,故$(\frac{2}{3})^{-3}>(\frac{2}{3})^{-2}$.

4. B 【分析】$3-x\neq 0$,所以$x\neq 3$.

5. D 【分析】$10^4[56(1+\frac{1}{1000})^2-56]\approx 1120$(万).

二、填空题

6. $(1,+\infty)$ 【分析】该函数为定义域上的增函数,当$x\in(0,+\infty)$时,$y\in(1,+\infty)$.

7. $>$;$>$

8. $x<0$ 【分析】函数$f(x)=(\frac{3}{5})^x$为减函数.

三、解答题

9.【解】(1)$(-\infty,+\infty)$;

(2)$\sqrt{2^x-1}>0$即$2^x>1$,则$x>0$即$x\in(0,+\infty)$;

(3)$9-3^x\geqslant 0$即$3^x\leqslant 9$,则$x\leqslant 2$即$x\in(-\infty,2]$.

10.【解】把$(-2,9)$代入得$a^{-2}=9$,$a=\frac{1}{3}$,所以$f(x)=(\frac{1}{3})^x$,所以该函数在$(-\infty,+\infty)$上为减函数.

综合训练B

一、选择题

1. C 【分析】$10000\times(1-30\%)^5=1680.7(m^2)$.

二、解答题

2. 解:$100\times(0.8964)^8\approx 41.688$(g).

4.3　对数

范例分类与解题分析

【例 1】【变式训练】(1)$\log_{0.9}0.81=2$；

(2)$\log_{343}\frac{1}{7}=-\frac{1}{3}$；

(3)$\log_{0.2}0.008=x$.

【分析】本题需要利用指数式与对数式转化的对应关系来进行研究.

【例 2】【变式训练】$2^6=64, 10^{-3}=\frac{1}{1000}$.

【分析】本题需要利用指数式与对数式转化的对应关系来进行研究.

【例 3】【变式训练】原式$=\frac{1}{2}\lg x$，原式$=\lg x+\lg y-\lg z$，原式$=2\lg y-2\lg x$

【分析】本题需要利用积、商、幂的对数公式来进行研究.

综合训练 A

一、选择题

1. A　2. A　3. C　4. B　5. C

二、填空题

6. $\log_{27}\frac{1}{3}=-\frac{1}{3}$

7. 2

8. $e^{0.02}$

9. 2

三、解答题

10.【解】(1) 原式$=\lg x+\lg y^{\frac{1}{2}}+\lg z^{-\frac{3}{4}}=\lg x+\frac{1}{2}\lg y-\frac{3}{4}\lg z$；

(2) 原式$=\frac{1}{4}\lg\frac{x^2}{y^3}=\frac{1}{4}(\lg x^2-\lg y^3)=\frac{1}{2}\lg x-\frac{3}{4}\lg y$；

(3) 原式$=5\lg x+\frac{1}{2}\lg y-\frac{1}{2}\lg z$.

11.【解】(1) 原式$=\log_2 50-\log_2 25=\log_2 2=1$；

(2) 原式$=-2+0+200=198$；

(3) 原式$=\lg\left(9\times7\times\frac{25}{7}\times\frac{4}{9}\times1\right)=\lg100=2$

综合训练 B

一、选择题

1.D　2.D　3.C　4.D

二、填空题

5.$\frac{1}{81}$

6.2

7.$2a+2b$

三、解答题

8.0.6131

提示：$\log_6 3=\log_6 \frac{6}{2}=\log_6 6-\log_6 2=1-0.3869=0.6131$.

9.1

提示：$(\lg 5)^2+\lg 2\cdot\lg 25+(\lg 2)^2=(\lg 5+\lg 2)^2=\lg 10=1$.

4.4　对数函数

范例分类与解题分析

【例 1】【变式训练】$x\in(-\infty,10)$

【分析】由对数函数的性质(1)可得.

综合训练 A

一、选择题

1.C　2.C　3.B　4.A　5.D

二、填空题

6.2

7.$0<a<1$

8.$>$

9.$(1,+\infty)$

三、解答题

10.(1)$(-2,+\infty)$　(2)$\left(-\infty,\frac{5}{3}\right)$　(3)$(0,+\infty)$　(4)$(-\infty,0)\cup(0,+\infty)$

11.(作图略)

12.9 年(解题过程略)

综合训练 B

一、选择题

1. A　2. D　3. C

二、填空题

4. $\{m \mid 0 < m < \frac{1}{2}$ 或 $m > 1\}$

5. (1,2)

三、解答题

6. (1) $(-\infty,0) \cup (1,+\infty)$

(2) $[1,+\infty)$

(3) $(0,2) \cup (2,+\infty)$

7.【解】因为 $f(x)=\log_a(2-ax)$ 在 $[0,1]$ 上是减函数,而 $u=2-ax$ 为定义域上的减函数,所以 $\begin{cases} a>1, \\ 2-a>0, \end{cases}$ 所以 a 的取值范围为(1,2).

8.【解】设 5 年后的价值为 y 万元,则

$y=50(1-50\%)^5=50\times 0.95^5$

$\lg y=\lg 50+5\lg 0.95=1.5896$

解得 $y\approx 38.69$

答:5 年后的价值为 38.69 万元.

第五章　三角函数

5.1　角的概念推广

范例分类与解题分析

【例 1】【变式训练】②⑤

【例 2】【变式训练】与 $-114°26'$ 角终边相同的角的集合是

$S=\{\beta \mid \beta=-114°26'+k\cdot 360°, k\in \mathbf{Z}\}$.

当 $k=0$ 时, $-114°26'+0\times 360°=-114°26'$;

当 $k=1$ 时，$-114°26'+1\times360°=245°34'$；

当 $k=2$ 时，$-114°26'+2\times360°=605°34'$.

所以在 $-360°\sim720°$ 内与 $-114°26'$ 角终边相同的角为 $-114°26'$，$245°34'$ 和$605°34'$.

【例 3】【变式训练】B

综合训练 A

一、选择题

1.D 2.A 3.C 4.C

二、填空题

5. $-160°,200°$

6. $150°+k\cdot360°,k\in\mathbf{Z}$

三、解答题

7.【解】(1) $\{x\mid k\cdot360°-135°\leqslant x\leqslant k\cdot360°+135°,k\in\mathbf{Z}\}$.

(2) $\{x\mid k\cdot360°+30°\leqslant x\leqslant k\cdot360°+60°,k\in\mathbf{Z}\}\cup$
$\{x\mid k\cdot360°+210°\leqslant x\leqslant k\cdot360°+240°,k\in\mathbf{Z}\}$
$=\left\{\begin{matrix}x\mid 2k\cdot180°+30°\leqslant x\leqslant 2k\cdot180°+60°\text{或}\\(2k+1)\cdot180°+30°\leqslant x\leqslant(2k+1)\cdot180°+60°,k\in\mathbf{Z}\end{matrix}\right\}$
$=\{x\mid k\cdot180°+30°\leqslant x\leqslant k\cdot180°+60°,k\in\mathbf{Z}\}$.

8.【解】(1) $\because -2013°=-6\times360°+147°$，

$\therefore$ 与角 $-2013°$ 终边相同的最小正角是 $147°$.

(2) $\because -2013°=-5\times360°+(-213°)$，

$\therefore$ 与角 $-2013°$ 终边相同的最大负角是 $-213°$.

(3) $\because -213°=-6\times360°+147°$，

$\therefore$ 与 $-2013°$ 终边相同也就是与 $147°$ 终边相同.

由 $-720°\leqslant k\cdot360°+147°<720°,k\in\mathbf{Z}$，解得：

$k=-2,-1,0,1$ 代入 $k\cdot360°+147°$ 依次得：

$-573°,-213°,147°,507°$.

9.【解】(1) 因为 $-150°=-360°+210°$，所以在 $0°\sim360°$ 内，与$-150°$ 角终边相同的角是 $210°$ 角，它是第三象限角.

(2) 因为 $650°=360°+290°$，所以在 $0°\sim360°$ 内，与 $650°$ 角终边相同的角是 $290°$ 角，它是第四象限角.

(3) 因为 $-950°15'=-3\times360°+129°45'$，所以在 $0°\sim360°$ 内，与 $-950°15'$ 角终边相同的角是 $129°45'$ 角，它是第二象限角.

综合训练 B

一、选择题

1. B　2. D

二、填空题

3. x 轴的正半轴

4. $\{\alpha \mid k\cdot 360^\circ-45^\circ\leqslant\alpha\leqslant k\cdot 360^\circ+120^\circ,k\in\mathbf{Z}\}$

5. -110° 或 250°

三、解答题

6.【解】设终边落在阴影部分的角为 α，角 α 的集合由两部分组成.

① $\{\alpha \mid k\cdot 360^\circ+30^\circ\leqslant\alpha<k\cdot 360^\circ+105^\circ,k\in\mathbf{Z}\}$.

② $\{\alpha \mid k\cdot 360^\circ+210^\circ\leqslant\alpha<k\cdot 360^\circ+285^\circ,k\in\mathbf{Z}\}$.

∴ 角 α 的集合应当是集合 ① 与 ② 的并集：

$$\{\alpha \mid k\cdot 360^\circ+30^\circ\leqslant\alpha<k\cdot 360^\circ+105^\circ,k\in\mathbf{Z}\}$$
$$\cup\{\alpha \mid k\cdot 360^\circ+210^\circ\leqslant\alpha<k\cdot 360^\circ+285^\circ,k\in\mathbf{Z}\}=$$
$$\{\alpha \mid 2k\cdot 180^\circ+30^\circ\leqslant\alpha<2k\cdot 180^\circ+105^\circ,k\in\mathbf{Z}\}\cup$$
$$\{\alpha \mid (2k+1)180^\circ+30^\circ\leqslant\alpha<(2k+1)180^\circ+105^\circ,k\in\mathbf{Z}\}=$$
$$\left\{\begin{matrix}\alpha \mid 2k\cdot 180^\circ+30^\circ\leqslant\alpha<2k\cdot 180^\circ+105^\circ\text{ 或}\\(2k+1)\cdot 180^\circ+30^\circ\leqslant\alpha<(2k+1)180^\circ+105^\circ,k\in\mathbf{Z}\end{matrix}\right\}=$$
$$\{\alpha \mid k\cdot 180^\circ+30^\circ\leqslant\alpha<k\cdot 180^\circ+105^\circ,k\in\mathbf{Z}\}.$$

7.【解】终边落在 $y=\sqrt{3}x(x\geqslant 0)$ 上的角的集合是 $S_1=\{\alpha \mid \alpha=60^\circ+k\cdot 360^\circ,k\in\mathbf{Z}\}$，终边落在 $y=\sqrt{3}x(x\leqslant 0)$ 上的角的集合是 $S_2=\{\alpha \mid \alpha=240^\circ+k\cdot 360^\circ,k\in\mathbf{Z}\}$，于是终边在 $y=\sqrt{3}x$ 上角的集合是 $S=\{\alpha \mid \alpha=60^\circ+k\cdot 360^\circ,k\in\mathbf{Z}\}\cup\{\alpha \mid \alpha=240^\circ+k\cdot 360^\circ,k\in\mathbf{Z}\}=\{\alpha \mid \alpha=60^\circ+2k\cdot 180^\circ,k\in\mathbf{Z}\}\cup\{\alpha \mid \alpha=60^\circ+(2k+1)\cdot 180^\circ,k\in\mathbf{Z}\}=\{\alpha \mid \alpha=60^\circ+n\cdot 180^\circ,n\in\mathbf{Z}\}$.

8.【解】当 α 为第二象限角时，

$90^\circ+k\cdot 360^\circ<\alpha<180^\circ+k\cdot 360^\circ,k\in\mathbf{Z}$,

$\therefore 30^\circ+\dfrac{k}{3}\cdot 360^\circ<\dfrac{\alpha}{3}<60^\circ+\dfrac{k}{3}\cdot 360^\circ,k\in\mathbf{Z}$.

当 $k=3n$ 时，$30^\circ+n\cdot 360^\circ<\dfrac{\alpha}{3}<60^\circ+n\cdot 360^\circ$，此时 $\dfrac{\alpha}{3}$ 为第一象限角；

当 $k=3n+1$ 时，$150^\circ+n\cdot 360^\circ<\dfrac{\alpha}{3}<180^\circ+n\cdot 360^\circ$，此时 $\dfrac{\alpha}{3}$ 为第二象限角；

当$k=3n+2$时,$270^\circ+n\cdot 360^\circ<\frac{\alpha}{3}<300^\circ+n\cdot 360^\circ$,此时$\frac{\alpha}{3}$为第四象限角.

综上可知$\frac{\alpha}{3}$是第一、二、四象限角.

5.2 弧度制

范例分类与解题分析

【例 1】【变式训练】

(1)$-100^\circ=-100\times\frac{\pi}{180}=-\frac{5\pi}{9}$

(2)$2.1\text{rad}=2.1\times\left(\frac{180}{\pi}\right)^\circ=\left(\frac{378}{\pi}\right)^\circ$

综合训练 A

一、选择题

1. A　2. B

3. D 【分析】$-\frac{17\pi}{4}=-6\pi+\frac{7\pi}{4}$.

4. A 【分析】$l=\alpha\cdot r=10\times\frac{\pi}{6}=\frac{5\pi}{3}$.

二、填空题

5. $\frac{13\pi}{3}$

6. -300°

7. 3.2rad 【分析】$\alpha=\frac{l}{r}=\frac{6.4}{2}=3.2\text{rad}$

8. $-\frac{\pi}{30}$ 【分析】$-\frac{2\pi}{60}=-\frac{\pi}{30}$.

三、解答题

9. $\frac{20\pi}{3}$ 【分析】$r=10\text{cm},\alpha=120^\circ=\frac{2\pi}{3},l=r\alpha=10\times\frac{2\pi}{3}=\frac{20\pi}{3}$.

10. 52.5°

综合训练 B

一、选择题

1. C 【分析】$\left\{\alpha\mid\alpha=\frac{\pi}{2}+k\pi,k\in\mathbf{Z}\right\}$

2. B

3. D 【分析】$\alpha \approx 172°, \gamma = 120°, \theta = 30°$.

二、填空题

4. $\frac{\pi}{6}$ 【分析】$-2130° = -6 \times 360° + 30°$.

5. 9π 【分析】$\alpha = 108° = \frac{3\pi}{5}, r = 15\text{cm}, l = \alpha r = \frac{3\pi}{5} \times 15 = 9\pi(\text{cm})$.

6. -4π 【分析】$-2\pi \times 2 = -4\pi$.

三、解答题

7. (1) $10\pi\text{rad}$

(2) $\alpha = 10\pi\text{rad}, r = 1.2\text{cm}$

$l = \alpha r = 10\pi \times 1.2 = 12\pi(\text{cm})$

5.3 任意角的正弦函数、余弦函数和正切函数

范例分类与解题分析

【例 2】【变式训练】略

综合训练 A

一、选择题

1. B 【分析】由 $r = \sqrt{x^2 + y^2} = \sqrt{3^2 + (-4)^2} = 5$，得 $\sin\alpha = \frac{y}{r} = -\frac{4}{5}$，故选 B.

2. B 【分析】因 $-30°$ 角是终边落在第四象限的角，所以终边上除原点外的点横坐标都大于零，故 $\cos(-30°) > 0$.

3. A 【分析】略.

4. D 【分析】由 $\cos\alpha > 0$，得角 α 为第一、四象限角，又 $\tan\alpha < 0$，得角 α 为第二、四象限角，故角 α 为第四象限角.

5. B 【分析】因角 α 为第四象限角，则 $\sin\alpha < 0, \cos\alpha > 0$，故点 A 为第二象限角.

6. B 【分析】由点的坐标可得，$\sin\alpha < 0, \cos\alpha < 0, \tan\alpha > 0$，故选 B.

7. A 【分析】因点 P 的纵坐标 $y = 0$，则 $\sin\theta = 0, \tan\theta = 0$，故选 A.

8. C 【分析】因 $\sin 0° = 0, \cos 0° = 1, \tan 0° = 0$，则 $\sin 0° + \cos 0° - \tan 0° = 1$. 故选 C.

9. C 【分析】因 $180°$ 角终边在 x 轴负半轴上，且点 P 异于原点，则 $y = 0, x \neq 0$

故$\frac{y}{x}=0$.

二、填空题

10. 4 【分析】因 $\tan\beta=\frac{m}{x}=-\frac{4}{3}$,所以 $m=4$.

11. $>$ 【分析】因 α 为第三象限角,则 $\sin\alpha<0$,$\cos\alpha<0$,所以 $\sin\alpha\cos\alpha>0$.

12. 三 【分析】因 $\sin\alpha\cos\alpha>0$,则 $\sin\alpha$,$\cos\alpha$ 同号,又 $\sin\alpha+\cos\alpha<0$,故 $\sin\alpha<0$,$\cos\alpha<0$,可得角 α 为第三象限角.

13. 0 【分析】由 $\sin\frac{\pi}{2}=1$,$\cos\pi=1$,$\tan0=0$,得 $\sin\frac{\pi}{2}\cdot\cos\pi\cdot\tan0=1\times1\times0=0$.

14. -2 【分析】由角 α 落在 x 轴负半轴上,可得 $\sin\alpha=0$,$\cos\alpha=-1$,故 $\sin\alpha+2\cos\alpha=0+2\times(-1)=-2$.

三、解答题

15.【解】因 $\tan\alpha\cdot\sin\alpha=\frac{\sin^2\alpha}{\cos\alpha}>0$,得 $\sin\alpha\neq0$,$\cos\alpha>0$,故角 α 是第一或四象限角.

16.【解】
$$\begin{aligned}&\cos0^\circ+\frac{1}{2}\tan\pi-\frac{4}{5}\sin\frac{3}{2}\pi+\sin\frac{\pi}{2}-4\cos\frac{\pi}{2}\\&=1+\frac{1}{2}\times0-\frac{4}{5}\times(-1)+1-4\times0\\&=1+0+\frac{4}{5}+1-0\\&=\frac{14}{5}\end{aligned}$$

综合训练 B

一、选择题

1. B 【分析】因 $\tan\alpha=\frac{-8t}{6t}=\frac{-4}{3}$,故选 B.

2. C 【分析】要使 $\lg(\cos\theta\cdot\tan\theta)$ 有意义,需 $\cos\theta\cdot\tan\theta>0$,即 $\sin\theta>0$,且 $\cos\theta\neq0$,故选 C.

3. D 【分析】因角 α 为第二象限角,则 $\sin\alpha>0$,$\cos<0$ 所以

$$\frac{\cos\alpha}{|-\cos\alpha|}+\frac{\sin\alpha}{|-\sin\alpha|}=\frac{\cos\alpha}{-\cos\alpha}+\frac{\sin\alpha}{\sin\alpha}=-1+1=0$$

4. A 【分析】因 $-1440^\circ=0^\circ+(-4)\times360^\circ$,故 -1440° 角是终边落在 x 轴正半

轴上的界限角.

5. C 【分析】因 $\sin A=1$ 时，角 A 的终边落在 y 轴正半轴上，此时 $A=90^\circ+k\cdot 360^\circ, k\in\mathbf{Z}$，故得不出 A 一定等于 90°，而 $A=90^\circ$ 时，$\sin A=1$，故选 C.

二、填空题

6. $>$ 【分析】不论正角还是负角，角的三角函数值的正负只取决于角终边所在的位置.

7. 一或三 【分析】因 $\sin\alpha\cdot\cos\alpha>0$ 所以 $\sin\alpha$ 与 $\cos\alpha$ 同号，故角 α 是第一或三象限角.

8. 90° 【分析】由 $\sin A=1$ 得 $A=90^\circ+k\cdot 360^\circ, k\in\mathbf{Z}$，因角 A 是三角形内角，则 $0^\circ<A<180^\circ$，故 $A=90^\circ$.

三、解答题

9.【解】$\cos\pi+\cos\dfrac{\pi}{2}-\tan 0^\circ+\tan^2\pi+\sin\dfrac{3}{2}\pi$

$$=-1+0-0+0+(-1)$$
$$=-2$$

5.4 同角三角函数的基本关系

范例分类与解题分析

【例 2】【变式训练】B 【分析】因 $\tan\alpha=-2$，所以 $\dfrac{\sin^2\alpha-3\cos^2\alpha}{\cos^2\alpha-\sin^2\alpha}=\dfrac{\tan^2\alpha-3}{1-\tan^2\alpha}=\dfrac{4-3}{1-4}=-\dfrac{1}{3}$.

综合训练 A

一、选择题

1. B 【分析】$\sin\alpha=\pm\sqrt{1-\cos^2\alpha}=\pm\sqrt{1-\dfrac{16}{25}}=\pm\dfrac{3}{5}$，因 α 终边落在第四象限，所以 $\sin\alpha=-\dfrac{3}{5}$，故 $\tan\alpha=\dfrac{\sin\alpha}{\cos\alpha}=-\dfrac{3}{4}$.

2. B 【分析】$\sqrt{1-\sin^2 160^\circ}=|\cos 160^\circ|=-\cos 160^\circ$.

3. D 【分析】略.

4. C 【分析】由 $\dfrac{\sin\alpha+\cos\alpha}{\cos\alpha}=\dfrac{\tan\alpha+1}{1}=\dfrac{-2+1}{1}=-1$，故选 C.

5. A 【分析】由 $\sin\theta+\cos\theta=0$ 得 $\sin\theta=-\cos\theta, \tan\theta=-1$,故选 A.

6. D 【分析】略.

7. A 【分析】略.

8. D 【分析】由 $\sin\alpha+\cos\alpha=\sqrt{2}$ 得

$$(\sin\alpha+\cos\alpha)^2=2$$

$$\sin^2\alpha+2\sin\alpha\cos\alpha+\cos^2\alpha=2$$

$1+2\sin\alpha\cos\alpha=2$,所以 $\sin\alpha\cos\alpha=\frac{1}{2}$.

二、填空题

9. 1【分析】$\sin^2\beta+\cos^4\beta+\sin^2\beta\cdot\cos^2\beta$

$$=\sin^2\beta+\cos^2\beta(\cos^2\beta+\sin^2\beta)$$

$$=\sin^2\beta+\cos^2\beta$$

$$=1$$

10. $\frac{\sqrt{3}-1}{2}$ 【分析】$\sqrt{1-2\sin30^\circ\cos30^\circ}$

$$=\sqrt{1-2\sin30^\circ\cos30^\circ}$$

$$=\sqrt{(\sin30^\circ-\cos30^\circ)^2}$$

$$=|\sin30^\circ-\cos30^\circ|$$

$$=\cos30^\circ-\sin30^\circ$$

$$=\frac{\sqrt{3}}{2}-\frac{1}{2}$$

$$=\frac{\sqrt{3}-1}{2}$$

三、解答题

11.【解】由 $\sin\alpha+\cos\alpha=\frac{\sqrt{2}}{2}$ 得 $\sin\alpha\cos\alpha=-\frac{1}{4}$ 则

$$\frac{1}{\sin^2\alpha}+\frac{1}{\cos^2\alpha}=\frac{\cos^2\alpha+\sin^2\alpha}{\sin^2\alpha\cos^2\alpha}=16$$

12.【解】由 $\sin\beta+\cos\beta\ \frac{1}{5}$ 得 $2\sin\beta\cos\beta=-\frac{24}{25}$ 则

$$=(\sin\beta-\cos\beta)^2=1-2\sin\beta\cos\beta=1+\frac{24}{25}=\frac{49}{25}$$

又因 $\frac{\pi}{2}<\beta<\pi$,则 $\sin\beta>\cos\alpha$,所以 $\sin\beta-\cos\alpha=\frac{7}{5}$.

综合训练 B

一、选择题

1. B 【分析】由 $\sin A+\cos A=\frac{2}{3}$，$\sin A\cos A=-\frac{5}{15}$，则 $\cos A<0$，角 A 为钝角，故选 B.

2. B 【分析】因 α 为第三象限角，所以 $\sin\alpha<0$，$\cos\alpha<0$，

$$\therefore \frac{\cos\alpha}{\sqrt{1-\sin^2\alpha}}+\frac{2\sin\alpha}{\sqrt{1-\cos^2\alpha}}=\frac{\cos\alpha}{|\cos\alpha|}+\frac{2\sin\alpha}{|\sin\alpha|}=-1-2=-3$$

3. C 【分析】略.

4. A 【分析】$\sin^4\theta+\cos^4\theta=(\sin^2\theta+\cos^2\theta)^2-2\sin^2\theta\cos^2\theta=1-2\sin^2\theta\cos^2\theta=\frac{5}{9}$.

所以 $\sin^2\theta\cos^2\theta$ 又 θ 角是第三象限角，所以 θ 属于第三象限角，故 $\sin\theta\cos\theta=\frac{\sqrt{2}}{3}$.

5. D 略

二、填空题

6. $-\frac{2\sqrt{5}}{5}$ 【分析】α 是第二象限的角，$\therefore\cos\alpha<0$.

又 $\sin^2\alpha+\cos^2\alpha=1$，$\tan\alpha=\frac{\sin\alpha}{\cos\alpha}=-\frac{1}{2}$，$\therefore\cos\alpha=-\frac{2\sqrt{5}}{5}$.

7. -1 【分析】原式$=\frac{\sqrt{(\sin40^\circ-\cos40^\circ)^2}}{\sin40^\circ-\sqrt{\cos^2 40^\circ}}$

$$=\frac{\cos40^\circ-\sin40^\circ}{\sin40^\circ-\cos40^\circ}$$

$$=-1.$$

三、解答题

8. 证明：由于$\sin^2\alpha+\cos^2\alpha=1$，所以$\cos^2\alpha=1-\sin^2\alpha$，则有$\cos^2\alpha=(1+\sin\alpha)(1-\sin\alpha)$，所以$\frac{\cos\alpha}{(1-\sin\alpha)}=\frac{(1+\sin\alpha)}{\cos\alpha}$。

9. 解 (1) 因为 $\tan\alpha=\frac{1}{3}$，

所以$\frac{1}{2\sin\alpha\cos\alpha+\cos2\alpha}=\frac{\sin2\alpha+\cos2\alpha}{2\sin\alpha\cos\alpha+\cos2\alpha)}$

$$=\frac{\tan^2\alpha+1}{2\tan\alpha+1}=\frac{2}{3}.$$

10.【解】(1) $\because \sin A+\cos A=\frac{1}{5}$,

$\therefore$ 两边平方得 $1+2\sin A\cos A=\frac{1}{25}$,

$\therefore \sin A\cos A=-\frac{12}{25}$.

(2) 由 $\sin A\cos A=-\frac{12}{25}<0$,且 $0<A<\pi$,

可知 $\cos A<0$,$\therefore A$ 为钝角,$\therefore \triangle ABC$ 是钝角三角形.

5.5 诱导公式

范例分类与解题分析

【例 1】【变式训练】

(1) $\tan\left(\frac{8\pi}{3}\right)=\tan\left(\frac{2\pi}{3}\right)=\tan\left(\pi-\frac{\pi}{3}\right)=-\tan\frac{\pi}{3}=-\sqrt{3}$

(2) $\cos 930^\circ=\cos 210^\circ=\cos(180^\circ+30^\circ)=-\cos 30^\circ=-\frac{\sqrt{3}}{2}$

(3) $\sin 690^\circ=\sin(-30^\circ)=-\sin 30^\circ=-\sin 30^\circ=-\frac{1}{2}$

综合训练 A

一、选择题

1. B 【分析】$\cos(-\alpha)=\cos\alpha$.

2. A

3. B

4. C

二、填空题

5. $\sqrt{3}$

6. $\frac{\sqrt{3}}{2}$ 【分析】$\sin 120^\circ=\sin 60^\circ=\frac{\sqrt{3}}{2}$.

7. $-\frac{1}{2}$ 【分析】$\sin\left(-5\pi+\frac{\pi}{6}\right)=-\sin\frac{\pi}{6}=-\frac{1}{2}$.

三、解答题

8. $-\cos\alpha$

9. $-\frac{1}{40}$ 【分析】原式$=\frac{3\sin(\alpha-\pi)-2\cos\alpha}{4\sin\alpha+7\cos(\pi+\alpha)}=\frac{-3\sin\alpha-2\cos\alpha}{4\sin\alpha-7\cos\alpha}$

$=-\frac{1}{40}$

综合训练 B

一、选择题

1. C 【分析】$\cos 225°=\cos(180°+45°)=-\cos 45°=-\frac{\sqrt{2}}{2}$.

2. B

3. A 【分析】$\sin(A+B)=\sin(\pi-C)=\sin C$.

4. D 【分析】$\frac{\sqrt{3}}{2}\cdot\frac{\sqrt{2}}{2}+\frac{\sqrt{3}}{2}\cdot\left(-\frac{\sqrt{3}}{2}\right)=\frac{\sqrt{6}-3}{4}$.

5. C

6. C 【分析】$\sqrt{(\sin2-\cos2)^2}=\sin2-\cos2$.

二、填空题

7. $\frac{4}{5}$

8. $\frac{\sqrt{3}}{2}$ 【分析】$\sin\left(\frac{3\pi}{4}-\alpha\right)=\sin\left[\pi-\left(\frac{\pi}{4}+\alpha\right)\right]=\frac{\sqrt{3}}{2}$.

9. $-2\sin2$ 【分析】$-\sin2-\sin2=-2\sin2$.

三、解答题

10. -11

【分析】$\because \tan\alpha=3$,

原式$=\frac{-2\cos\alpha-3\sin\alpha}{4\cos\alpha-\sin\alpha}$

$=\frac{-2-3\tan\alpha}{4-\tan\alpha}$

$=-11$

5.6 三角函数的图像和性质

综合训练 A

一、选择题

1. D 【分析】函数 $y=1+\sin x\,(0\leqslant x\leqslant 2\pi)$ 的图像由函数 $y=\sin x$ 的图像向

上平移一个单位，所以选 D.

2. D 【分析】由题意得，$\sin x=-\sin(-x)$，即两函数满足 $f(x)=f(-x)$. 所以其符合偶函数性质，两函数关于 y 轴对称，此外，$y=\sin x$ 和 $y=-\sin x$ 均关于 x 轴对称，因此它们的图像关于坐标轴对称，所以选 D.

3. A 【分析】只有选项 A 中 $f(x)=-\sin x$，可得 $f(-x)=-\sin(-x)=\sin x$，所以 $f(-x)=-f(x)$. 所以函数 $y=\sin x$ 是奇函数，所以选 A.

4. B 【分析】对于 $f(x)=\cos x$，可得 $f(-x)=\cos(-x)=\cos x$，$f(-x)=f(x)$. 所以其符合偶函数性质，故选 B.

二、填空题

5. $\left[0,\frac{\pi}{2}\right]$和$\left[\frac{3\pi}{2},2\pi\right]$ 6. $\left[\frac{3\pi}{2},2\pi\right]$ 7. $[1,3]$

三、解答题

8.【分析】首先求出函数 $y=\sin x$ 所对应的 x 为 $0,\frac{\pi}{2},\pi,\frac{3\pi}{2},2\pi$ 的函数值 $0,1,0,-1,0$;

再求出函数 $y=-\sin x$ 所对应的 x 为 $0,\frac{\pi}{2},\pi,\frac{3\pi}{2},2\pi$ 的函数值 $0,-1,0,1,0$;

即函数 $y=-\sin x$ 过点 $(0,0)$，$\left(\frac{\pi}{2},-1\right)$，$(\pi,0)$，$\left(\frac{3\pi}{2},1\right)$，$(2\pi,0)$;

用光滑的曲线依次连接各点得到函数 $y=-\sin x$ 在 $[0,2\pi]$ 上的图像.

如下图所示：

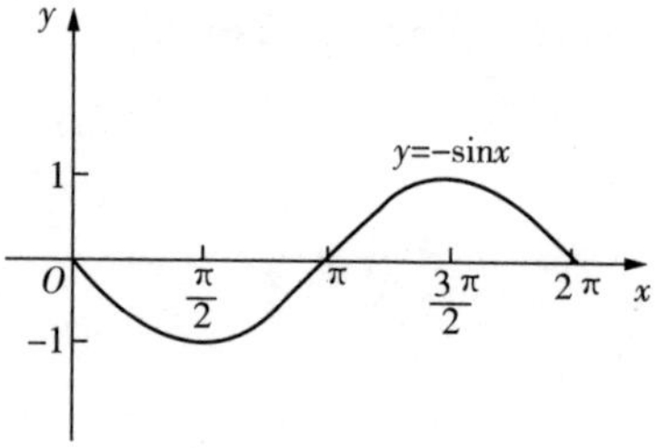

9. $[2,4]$ 【分析】因为 $|\sin\alpha|\leqslant 1$，所以 $|3-a|\leqslant 1$，即 $-1\leqslant 3-a\leqslant 1$，$22\leqslant a\leqslant 4$. 故 a 的取值范围是 $[2,4]$.

综合训练 B

一、选择题

1. D 【分析】因为 $\cos\pi=-1$，所以 $-\cos\pi=1$，故答案选 D.

2. B 【分析】因为 $f(x)=\cos x+1$，所以 $f(-x)=\cos(-x)+1=\cos x+1$，所

以 $f(-x)=f(x)$，所以 $f(x)=\cos x+1$ 是偶函数，故选 B.

3. C 【分析】函数 $y=\sin x$ 的减区间是 $\left[2k\pi+\frac{\pi}{2},2k\pi+\frac{3\pi}{2}\right](k\in\mathbf{Z})$，函数 $y=\sin x$ 的函数值为负数的区间是 $[2k\pi+\pi,2k\pi+2\pi](k\in\mathbf{Z})$，所以函数 $y=\sin x$ 为减函数，且值为负数的区间为 $\left[2k\pi+\pi,2k\pi+\frac{3\pi}{2}\right](k\in\mathbf{Z})$，$\left(\pi,\frac{3\pi}{2}\right)\in\left[2k\pi+\pi,2k\pi+\frac{3\pi}{2}\right](k\in\mathbf{Z})$，故选 C.

4. B 【分析】$\because -1\leqslant\sin x\leqslant 1$，$\therefore -2\leqslant -2\sin x\leqslant 2$，$-1\leqslant -2\sin x+1\leqslant 3$，即函数 $y=-2\sin x+1$ 的值域是 $[-1,3]$，故选 B.

二、填空题

5. $[-2,2]$ 【分析】$\because -1\leqslant\cos x\leqslant 1$，$-2\leqslant 2\cos x\leqslant 2$，$2\cos x=a$，$-2\leqslant a\leqslant 2$，所以 $a\in[-2,2]$.

6. 2π

7. $[0,2]$ 【分析】因为 $|\sin\alpha|\leqslant 1$，所以 $|1-a|\leqslant 1$，即 $-1\leqslant 1-a\leqslant 1$，$0\leqslant a\leqslant 2$. 故 a 的取值范围是 $[0,2]$.

三、解答题

8. $\left\{x\mid x\neq k\pi+\frac{\pi}{2},k\in\mathbf{Z}\right\}$ 【分析】由 $\cos x\neq 0$ 得 $x\neq k\pi+\frac{\pi}{2}$，$(k\in\mathbf{Z})$.

9. $\left[\frac{k\pi}{2},\frac{k\pi}{2}+\frac{\pi}{2}\right](k\in\mathbf{Z})$ 【分析】由 $\sin x\geqslant 0$，得 $k\pi\leqslant 2x\leqslant k\pi+\pi$，$\frac{k\pi}{2}\leqslant x\leqslant\frac{k\pi}{2}+\frac{\pi}{2}$，$(k\in\mathbf{Z})$.

图书在版编目(CIP)数据

中职数学知识梳理及练习题/夏飞,颜张磊主编.—合肥:合肥工业大学出版社,2018.6

ISBN 978-7-5650-4024-5

Ⅰ.①中… Ⅱ.①夏…②颜… Ⅲ.①数学课—中等专业学校—教学参考资料 Ⅳ.①G634.603

中国版本图书馆CIP数据核字(2018)第124532号

中职数学知识梳理及练习题(上、下)

夏 飞 颜张磊 主编

责任编辑	张择瑞
出版发行	合肥工业大学出版社
地　　址	(230009)合肥市屯溪路193号
网　　址	www.hfutpress.com.cn
电　　话	理工编辑部:0551-62903204 市场营销部:0551-62903198
开　　本	710毫米×1000毫米 1/16
总印张	15
总字数	262千字
版　　次	2018年6月第1版
印　　次	2018年6月第1次印刷
印　　刷	安徽昶颉包装印务有限责任公司
书　　号	ISBN 978-7-5650-4024-5
总定价	36.00元(上册18.00元、下册18.00元)

中等职业学校“十三五”系列规划教材

ZHONGZHI SHUXUE ZHISHI SHULI JI LIANXITI

中职数学知识梳理及练习题（下）

主　编　夏　飞　颜张磊

副主编　宣小康　程　雪

　　　　汪铖铖　陶　睿

编　委　（按姓氏拼音排序）

　　　　曹　翅　陈小翠　程心萍

　　　　冯一鸣　金子新　李学义

　　　　李阳阳　沈雪萍　杨　艳

　　　　岳　锐　张　芳　张泽润

　　　　赵　阳

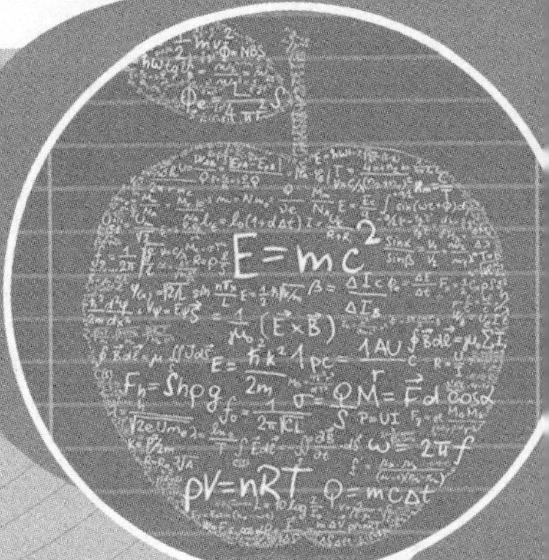

合肥工业大学出版社

图书在版编目(CIP)数据

中职数学知识梳理及练习题/夏飞，颜张磊主编．—合肥：合肥工业大学出版社，2018.6

ISBN 978-7-5650-4024-5

Ⅰ.①中…　Ⅱ.①夏…②颜…　Ⅲ.①数学课—中等专业学校—教学参考资料　Ⅳ.①G634.603

中国版本图书馆CIP数据核字(2018)第124532号

中职数学知识梳理及练习题(上、下)

夏　飞　颜张磊　主编

责任编辑	张择瑞
出版发行	合肥工业大学出版社
地　　址	(230009)合肥市屯溪路193号
网　　址	www.hfutpress.com.cn
电　　话	理工编辑部：0551-62903204 市场营销部：0551-62903198
开　　本	710毫米×1000毫米　1/16
总 印 张	15
总 字 数	262千字
版　　次	2018年6月第1版
印　　次	2018年6月第1次印刷
印　　刷	安徽昶颉包装印务有限责任公司
书　　号	ISBN 978-7-5650-4024-5
总 定 价	36.00元(上册18.00元、下册18.00元)

编写委员会

前　　言

本书是与中等职业学校教材《数学》(基础模块)相配套的习题集。主要是对教材中的重点知识进行梳理总结,进而通过典型例题讲解和习题,让学生巩固所学的知识。

本书在分析教学内容、提出教学建议的过程中,体现了教学大纲要求的同时,也体现了学校地域特点的教学课程观,体现了"以服务为宗旨,以就业为导向"的职业教育办学方针;是培养高素质劳动者的基本教材,具有较强的针对性和实用性。

本书按照教材的顺序,以章节为单位进行编写。每章包括"重难点知识总结""范例分析及解题分析""变式训练""综合训练 A""综合训练 B"及"习题答案"等内容。

合肥工业大学出版社对本书的编写和出版给予了很大的支持,张择瑞等同志为本书的出版付出了大量的劳动,在此表示非常感谢。

由于编者水平有限,难免有不妥之处,敬请使用本书的广大读者批评指正,提出宝贵意见和建议。

编者

2018 年元月

于安徽亳州新能源学校

目　录

下　册

第六章　数　列

6.1　数列的概念

重难点知识总结

一、数列的定义

1.数列的定义：按照一定次序排列的一列数称为数列，数列中的每个数称为该数列的项.在数列第一个位置的项叫第1项(或首项)，在第二个位置的项叫第2项，……，序号为 n 的项叫第 n 项(也叫通项)，记作 a_n.

2.数列的一般形式：$a_1,a_2,a_3,\cdots,a_n,\cdots$，简记作 $\{a_n\}$.

3.数列的分类：只有有限项的数列叫有穷数列，有无限项的数列叫无穷数列.

二、数列的通项公式

1. 如果数列 $\{a_n\}$ 的第 n 项与 n 之间的关系可以用一个公式表示，那么这个公式就叫这个数列的通项公式.

2.同一个数列的通项公式的形式不一定唯一.

3.不是每个数列都有通项公式.

范例分类与解题分析

例 1　数列"1,2,3,4,5"和数列"5,4,3,2,1"是否为同一个数列.

【解题指南】数列"1,2,3,4,5"和数列"5,4,3,2,1"不是同一个数列.这两个数列的排列次序不一样.体现数列的有序性.

【点评】要理解数列的基本概念，了解数列和数集的区别和联系.

【变式训练】数列"1,2,3,4,5"和数列"1,2,3,4,…"是否为同一个数列?

例 2　已知数列 $a_n=2n+1$，求数列的前四项.

【解题指南】根据数列的通项公式求数列中各项，只需令 n 等于具体数代入代数式即可.

令 $n=1$,得 $a_1=2\times1+1=3$;令 $n=2$,得 $a_2=2\times2+1=5$;

令 $n=3$,得 $a_3=2\times3+1=7$;令 $n=4$,得 $a_4=2\times4+1=9$.

【点评】已知数列的通项公式,如何求数列的某个确定的项是这小节的重点.

【变式训练】已知数列 $a_n=(-1)^n\cdot2^n$,求 a_7.

例 3 判断 22 是否为数列 $\{n^2-n+20\}$ 中的项,若是,请指出是第几项.

【解题指南】令 $n^2-n+20=22$ 解得 $n=2$ 或 $n=-1$(舍去),所以 22 是数列中的第 2 项.

【点评】要判断一个数是否为数列中的项,只需令代数式等于这个数,看这个方程是否有正整数解.

【变式训练】若 22 是数列 $\{n^2-n+a\}$ 中的第 2 项,求 a 的值.

综合训练 A

一、选择题

1. 指出下列哪个数列为无穷数列(　　).

A. 1,2,3,4,5　　B. 3,3.1,3.14,3.141,3.1415

C. 0,0,0,0,0,0,0　　D. 0,0,0,0,0,0,…

2. 已知数列 $a_n=(-1)^n.\frac{n+3}{2^n}$,则 $a_3=$(　　).

A. 4　　B. $\frac{3}{4}$

C. $-\frac{3}{4}$　　D. -3

3. 数列 $\frac{1}{3^2-1},\frac{1}{4^2-1},\frac{1}{5^2-1},\cdots$ 的通项公式是(　　).

A. $a_n=\frac{1}{(n+1)^2-1}$　　B. $a_n=\frac{1}{n(n-2)}$

C. $a_n=\frac{1}{(n+2)^2-1}$　　D. $a_n=\frac{1}{n^2-1}$

二、填空题

4. 数列 1,2,3,4,5,6,…,则 $a_n=$________.

5. 数列 $a_n=n(n-2)$,则 $a_5=$________.

6. 数列 $a_n=2n+1$,则第________项是 11.

三、解答题

7. 已知数列 $a_n = \frac{(-1)^n}{2n}$，写出数列的第 7 项和第 12 项.

8. 已知数列 $a_n = 2n^3 - 3$，写出数列的前 4 项.

9. 判断 63 是不是数列 $\{n(n+2)\}$ 中的项，如果是，是第几项？

综合训练 B

一、选择题

1. 在数列 1,2,3,5,8,13,21,x,55,… 中 x 的值为(　　).

A. 30　　B. 32　　C. 33　　D. 34

2. 数列 $a_n = \begin{cases} 2n^2 + 1(n = 2k - 1, k \in \mathbf{N}^*), \\ -2n^2 + 1(n = 2k, k \in \mathbf{N}^*), \end{cases}$ 则 $a_5 =$ (　　).

A. 51　　B. -51　　C. -49　　D. 49

3. 已知数列 $a_n = 3n - 11$，则数列从第几项开始为正数(　　).

A. 3　　B. 4　　C. 5　　D. 2

4. 已知数列 $a_{n+1} = a_n + 2$，且 $a_1 = 1$，则 $a_3 =$ (　　).

A. 3　　B. 4　　C. 5　　D. 2

二、填空题

5. 数列 0,2,4,6,8,10,… 的通项公式是________.

6.数列 $a_n=(-1)^n \cdot \frac{1}{n^2}$,则 $a_5=$________.

7.数列 $a_n=(n+2)^2-1$,则第________项是 15.

三、解答题

8.已知数列 $a_n=\begin{cases}2^n, n\text{ 是偶数}, \\ -1, n\text{ 是奇数},\end{cases}$ 写出数列的前 4 项.

9.设数列 $\{a_n\}$ 为“1,4,9,16,25,…”,指出 a_2,a_4 分别是什么数.9 是数列中第几项?写出数列 a_n 的一个通项公式.

10.判断 22 是否为数列 $\{n^2-3n+24\}$ 中的项,如果是,指出是第几项?

6.2 等差数列

重难点知识总结

一、等差数列的定义

1.等差数列的定义:如果一个数列从第 2 项开始,每一项与它前一项的差都等于同一个常数,那么这个数列叫等差数列.这个常数叫作等差数列的公差,一般用字母 d 表示.

2.代数式表示:$a_{n+1}-a_n=d$,$a_{n+1}=a_n+d$,$d=a_{n+1}-a_n$.

二、等差数列的通项公式

1.设等差数列 $\{a_n\}$ 的公差为 d,则通项公式为 $a_n=a_1+(n-1)d$ 或 $a_n=a_m$

$+(n-m)d$.

2.根据已知条件,掌握在等差数列首项 a_1、项数 n、第 n 项 a_n 和公差 d 四个元素中知三求一.

3.在等差数列中,项数满足 $m+n=p+q$,则对应项满足 $a_m+a_n=a_p+a_q$.

三、等差数列的前 n 项和公式

1.数列的前 n 项和记作 S_n,即 $S_n=a_1+a_2+a_3+\cdots+a_n$.

2.等差数列中,当知 a_1,a_n,n 时,$S_n=\dfrac{n(a_1+a_n)}{2}$;当知 a_1,n,d 时,$S_n=na_1+\dfrac{n(n-1)}{2}d$.

范例分类与解题分析

例 1　判断下列数列是不是等差数列?

(1)$9,7,5,3,\cdots,-2n+11,\cdots$;

(2)$1,2,1,2,\cdots$;

(3)$1,2,4,6,8,10,\cdots$;

(4)$a,a,a,a,a,\cdots$.

【解题指南】　由等差数列的定义得(1),(4)为等差数列,(2),(3)不是等差数列.

【点评】　判断一个数列是不是等差数列,就是判断该数列的每一项减去它的前一项的差是否为同一个常数,但数列项数较多或是无穷数列时,逐一验证显然不行,这时可以验证 $a_{n+1}-a_n$ 是不是一个与 n 无关的常数.

【变式训练】　数列$\{a_n\}$的通项公式为 $a_n=2n+5$,则此数列(　　).

A.是公差为 2 的等差数列　　B.是公差为 5 的等差数列

C.是首项为 5 的等差数列　　D.是公差为 n 的等差数列

例 2　在等差数列$\{a_n\}$中,已知 $a_6=12,a_{12}=36$,求通项公式 a_n 和 S_{18}.

【解题指南】　由题意可得$\begin{cases}a_1+5d=12\\a_1+11d=36\end{cases}$

解得 $a_1=-8,d=4$,

$\therefore a_n=-8+(n-1)\times 4=4n-12$,

$S_{18}=na_1+\dfrac{n(n-1)}{2}d=18\times(-8)+\dfrac{18\times(18-1)}{2}\times 4=468$.

【点评】　像本例中根据已知量和未知量之间的关系,列出方程求解的思想方法,称为方程思想.

【变式训练】在等差数列$\{a_n\}$中,已知$a_2=5,a_4=-1$,求数列的通项公式a_n及前n项和S_n.

综合训练 A

一、选择题

1. 已知在等差数列$\{a_n\}$中,$a_3=5,a_5=9$,则公差d为(　　).

A. 4　　B. -4　　C. 2　　D. -2

2. 已知等差数列$\{a_n\}$,$a_1=1,a_5=9$,则$S_5=$(　　).

A. 50　　B. 25　　C. 10　　D. 30

3. 100是等差数列4,6,8,…的(　　).

A. 第50项　　B. 第49项　　C. 第51项　　D. 第48项

4. 在等差数列$\{a_n\}$中,已知$a_2=2,a_8=14$,则$a_{17}=$(　　).

A. 32　　B. -32　　C. 35　　D. -35

5. 在等差数列$\{a_n\}$中,$a_2=1,a_4=5$,则$\{a_n\}$的前5项和$S_5=$(　　).

A. 7　　B. 15　　C. 20　　D. 25

6. 前n个正整数的和$S_n=$(　　).

A. n^2　　B. $n(n+1)$　　C. $\frac{1}{2}n(n+1)$　　D. $2n^2$

二、填空题

7. 在等差数列$\{a_n\}$中,$a_2=5,a_4=8$,则此等差数列的公差$d=$________.

8. 在等差数列$\{a_n\}$中,$a_2=4,d=2$,则$a_1=$__________.

9. 在等差数列$\{a_n\}$中,$a_1=5,a_4=11$,则$S_4=$________.

10. 在等差数列$\{a_n\}$中,$a_1=5,d=-3$,则$S_7=$________.

三、解答题

11. 在等差数列$\{a_n\}$中,$a_3=3,d=2$,求a_7.

12. 求等差数列 6,9,12,…,300 的项数.

13. 设数列 $\{a_n\}$ 为等差数列,$a_3=5$,$a_5=1$.

(1) 求数列的首项 a_1 及公差 d;

(2) 求数列 $\{a_n\}$ 的通项公式 a_n 以及前 n 项和 S_n.

14. 在等差数列 $\{a_n\}$ 中,$a_1=-4$,$a_8=-28$,$n=8$,求 S_n.

15. 在等差数列 $\{a_n\}$ 中,$a_1=2$,$d=2$,求 S_{10}.

综合训练 B

一、选择题

1. 已知在等差数列 $\{a_n\}$ 中,$a_3+a_8=22$,$a_6=7$,则 $a_5=$(　　).

A. 15　　B. 22　　C. 7　　D. 29

2. 等差数列 20,17,14,11,… 中第一个负数项是(　　).

A. 第 7 项　　B. 第 8 项　　C. 第 9 项　　D. 第 10 项

3. 若 $5,x,y,z,21$ 成等差数列,则 $x+y+z$ 的值是(　　).

A. 26　　B. 29　　C. 39　　D. 52

4. 在等差数列 $\{a_n\}$ 中,$a_2=1,a_4=5$,则 $\{a_n\}$ 的前 5 项和 $S_5=$(　　).

A. 7　　B. 15　　C. 20　　D. 25

5. 等差数列前 n 项和为 S_n,若 $a_4=5,S_3=9$,则 $S_5-a_5=$(　　).

A. 14　　B. 19　　C. 23　　D. 45

二、填空题

6. 已知在等差数列 $\{a_n\}$ 中,S_n 为其前 n 项和,已知 $S_3=9,a_4+a_5+a_6=7$,则 $S_6=$__________.

7. 若一个等差数列的前三项为 $a,2a-1,2-a$,则这个数列的通项公式 $a_n=$__________.

8. 若 $\{a_n\}$ 是等差数列,$a_{14}=8,a_{60}=20$,则 $a_{37}=$__________.

9. 首项为 -24 的等差数列,从第 10 项起开始为正数,则公差 d 的取值范围是__________.

三、解答题

10. 在等差数列 $\{a_n\}$ 中,$a_3=5,a_7=-3$.

(1) 求数列的通项公式 a_n;

(2) 若 $S_n=0$,求 n.

11. 已知在等差数列 $\{a_n\}$ 中,$a_1=9,a_4+a_7=0$.

(1) 求数列 $\{a_n\}$ 的通项公式;

(2) 当 n 为何值时,数列 $\{a_n\}$ 的前 n 项和 S_n 取得最大值?

12. 学校大会厅共有30排座位,后一排比前一排多两个座位,最后一排有80个座位,问大会厅共有多少个座位?

6.3　等比数列

重难点知识总结

一、等比数列的定义

1. 定义:如果一个数列的首项不为零,且从第2项开始,每一项与它前一项的比都等于一个常数,那么这个数列叫等比数列,这个常数叫做这个数列的公比,一般用 q 来表示.

2. 代数式表示:$q=\frac{a_{n+1}}{a_n}$,$a_{n+1}=qa_n$.

二、等比数列的通项公式

1. 设等比数列 $\{a_n\}$,公比为 q,则 $a_n=a_1q^{n-1}$ 或 $a_n=a_mq^{n-m}$.

2. 根据已知条件,掌握在等比数列首项 a_1、项数 n、第 n 项 a_n 和公比 q 四个元素中知三求一.

3. 在等比数列中,项数满足 $m+n=p+q$,则对应项满足 $a_m\cdot a_n=a_p\cdot a_q$.

三、等比数列的前 n 项和公式

1. 数列的前 n 项和记作 S_n,即 $S_n=a_1+a_2+a_3+\cdots+a_n$.

2. 在等比数列中,当知 $a_1,a_n,n,q\neq1$ 时,$S_n=\frac{a_1-a_nq}{1-q}$ 或 $S_n=\frac{a_1(1-q^n)}{1-q}$.

3. 当 $q=1$ 时,$S_n=na_1$.

范例分类与解题分析

例 1 在等比数列$\{a_n\}$中，$a_2=1$，$a_4=4$，求a_6.

【解题指南】方法 1：由已知条件得

$$\begin{cases}a_2=a_1q\\ a_4=a_1q^3\end{cases}$$

解方程组得：$q=2$，$a_1=\frac{1}{2}$或$q=-2$，$a_1=-\frac{1}{2}$.

因此$a_6=a_1q^5=\frac{1}{2}\times 2^5=16$或$a_6=a_1q^5=-\frac{1}{2}\times(-2)^5=16$.

方法 2：由等比数列性质得$a_4\times a_4=a_2\times a_6$即$4\times 4=1\times a_6$，所以$a_6=16$.

【点评】熟练掌握等比数列的概念，灵活运用等比数列的基本性质.

【变式训练】在等比数列$\{a_n\}$中，$a_2=-1$，$a_6=-8$，求a_4.

例 2 在等比数列$\{a_n\}$中，$a_1=1$，$a_4=8$，$S_n=1023$，求n.

【解题指南】由$a_4=a_1q^3$得$q=2$，所以$S_n=\frac{a_1(1-q^n)}{1-q}=\frac{1-2^n}{1-2}=2^n-1$.

由$2^n-1=1023$解得$n=10$.

【点评】灵活运用等比数列前n项和公式，了解将等号两边化成同底数幂的形式来求n.

【变式训练】在等比数列$\{a_n\}$中，$a_1=1$，$a_n=-243$，$S_n=-182$，求n.

综合训练 A

一、选择题

1. 在等比数列$\{a_n\}$中，已知$a_1=2$，$a_3=8$，则$q=$(　　).

A. 4　　B. 2　　C. -2　　D. 2 或 -2

2. 在等比数列$\{a_n\}$中，已知$a_1=5$，$q=-2$，则此数列的通项公式为(　　).

A. $a_n=5+(n-1)(-2)$　　B. $a_n=5\cdot(n-1)(-2)$

C. $a_n=5\cdot(-2)^{n-1}$　　D. $a_n=5\cdot 2^{n-1}$

3. 在等比数列$\{a_n\}$中，已知$a_1=2$，$q=\frac{1}{3}$，则$a_4=$(　　).

A. $\frac{2}{81}$　　B. $\frac{27}{2}$　　C. $2\frac{1}{27}$　　D. $\frac{2}{27}$

4. 在等比数列$\{a_n\}$中，$a_1=2$，$q=3$，则$S_4=$(　　).

A. 81　　B. 80　　C. 26　　D. -26

5. 在等比数列$\{a_n\}$中，$a_1=14$，$a_4=112$，则$S_4=$(　　).

A. -64　　B. 63　　C. 210　　D. -210

二、填空题

6. 在等比数列$\{a_n\}$中，$a_1=27$，$q=\frac{1}{3}$，$a_n=1$，则$n=$________.

7. 在等比数列$\{a_n\}$中，$a_5=4$，$a_7=8$，则$a_9=$________.

8. 在等比数列$\{a_n\}$中，$a_1=\frac{5}{2}$，$S_3=\frac{15}{2}$，则公比$q=$________.

9. 如果三个数 4，a，1 成等比数列，那么$a=$________.

三、解答题

10. 在等比数列$\{a_n\}$中，已知$a_2=\frac{1}{2}$，$a_3=\frac{1}{4}$，求a_n，S_n.

11. 已知$\{3,a,b,c,48\}$成等比数列，求a，b，c.

12. 张老师计划贷款购买楼房，贷款30万，贷款期限为10年，年利率为5.80%，10年一次性应偿还银行多少钱？

综合训练 B

一、选择题

1. 在等比数列$\{a_n\}$中,$a_n=3^n$,则公比q、首项a_1分别为(　　).

A. $q=3, a_1=1$　　B. $q=3, a_1=3$

C. $q=2, a_1=3$　　D. $q=3, a_1=\frac{1}{3}$

2. 在等比数列$\{a_n\}$中,$a_2=2, a_5=6$,则$a_8=$(　　).

A. 10　　B. 12　　C. 18　　D. 24

3. 已知等比数列的公比$q=2, S_4=1$,则$S_8=$(　　).

A. 15　　B. 17　　C. 19　　D. 21

4. 在等比数列$\{a_n\}$中,$S_2=7, S_6=91$,则$S_4=$(　　).

A. 28　　B. 32　　C. 35　　D. 49

5. 一种细菌在培养过程中,每 10 分钟分裂一次(一个分裂为两个),经过一小时,这个细菌由一个繁殖成(　　)个.

A. 32　　B. 128　　C. 36　　D. 64

二、填空题

6. 已知等比数列$\{a_n\}$的公比为正数,且$a_1=2, 4a_3\cdot a_9=a_5^2$,则$a_2=$________.

7. 公比为 2 的等比数列$\{a_n\}$的各项都是正数,且$a_3\cdot a_{11}=16$,则$a_5=$________.

8. 在等比数列$\{a_n\}$中,$S_3=3a_1$,且$a_4=8$,则$S_{10}=$________.

9. 在等比数列$\{a_n\}$中,前n项和为S_n,若$S_3=7, S_6=63$,则公比$q=$________.

10. 已知数列$\{a_n\}$满足$S_n=3^n-1$,那么该数列的通项公式为$a_n=$________.

三、解答题

11. 已知数列$\{a_n\}$满足$a_1=1, S_n=\frac{3^n-1}{2}$.

(1) 证明$\{a_n\}$为等比数列.

(2) 求 $\{a_n\}$ 的通项公式.

12. 在等比数列 $\{a_n\}$ 中，$a_1=1$，$a_n=-243$，$S_n=-182$，求 q 和 n.

13. 已知在等比数列 $\{a_n\}$ 中，$a_{n+1}=2S_n-2$，求 a_5.

第七章　平面向量

7.1　平面向量的概念及线性运算

重难点知识总结

一、平面向量的概念

1. 向量：数学中，我们把既有大小，又有方向的量叫做向量. 数量：我们把只有大小没有方向的量称为数量.

2. 有向线段：带有方向的线段叫做有向线段.

3. 向量的长度(模)：向量 $\overrightarrow{AB}$ 的大小，也就是向量 $\overrightarrow{AB}$ 的长度(或称模)，记作 $|\overrightarrow{AB}|$.

4. 零向量：长度为 0 的向量叫做零向量，记作 $\vec{0}$，零向量的方向是任意的.

单位向量：长度等于 1 个单位的向量，叫做单位向量.

5. 平行向量：方向相同或相反的非零向量叫做平行向量. 若向量 $\vec{a}$，$\vec{b}$ 是两个平行向量，那么通常记作 $\vec{a} \parallel \vec{b}$. 平行向量也叫做共线向量. 我们规定：零向量与任一向量平行，即对于任一向量 $\vec{a}$，都有 $\vec{0} \parallel \vec{a}$.

6. 相等向量：长度相等且方向相同的向量叫做相等向量. 若向量 $\vec{a}$，$\vec{b}$ 是两个相等向量，那么通常记作 $\vec{a}=\vec{b}$.

7. 负向量：与向量 $\vec{a}$ 等长且方向相反的向量叫做向量的负向量，记作 $-\vec{a}$.

二、平面向量的线性运算

1. 向量的加法：求两个向量和的运算叫做向量的加法. 运算结果也是向量. 求两个向量和的方法有两种，分别是三角形法则和平行四边形法则.

三角形法则口诀：首(始点)尾(终)相连.

平行四边形法则口诀：共起点，对角连.(注：平行四边形法则不适用于共线向量)

可以验证,向量的加法具有以下性质:

(1)$\vec{a}+\vec{0}=\vec{0}+\vec{a}=\vec{a}$;$\vec{a}+(-\vec{a})=\vec{0}$;

(2)$\vec{a}+\vec{b}=\vec{b}+\vec{a}$;

(3)$(\vec{a}+\vec{b})+\vec{c}=\vec{a}+(\vec{b}+\vec{c})$.

2. 向量的减法:把两个向量的始点放在一起,则这两个向量的差是减向量的终点到被减向量的终点的向量,即$\overrightarrow{BA}=\vec{a}-\vec{b}=\overrightarrow{OA}-\overrightarrow{OB}$.

口诀:共起点,指被减.

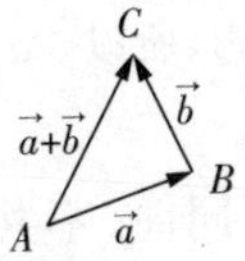

图 7-1

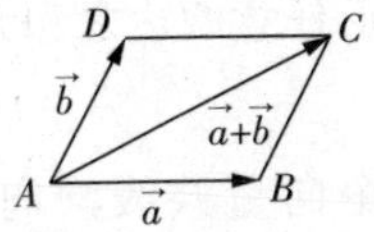

图 7-2

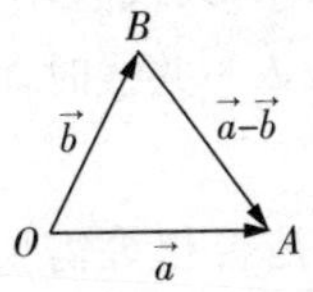

图 7-3

3. 数乘向量的一般定义:实数 λ 和向量 $\vec{a}$ 的乘积是一个向量,记作 $\lambda\vec{a}$.

当 $\lambda>0$ 时,$\lambda\vec{a}$ 与 $\vec{a}$ 同方向,$|\lambda\vec{a}|=|\lambda||\vec{a}|$;

当 $\lambda<0$ 时,$\lambda\vec{a}$ 与 $\vec{a}$ 反方向,$|\lambda\vec{a}|=|\lambda||\vec{a}|$;

当 $\lambda=0$ 或 $\vec{a}=\vec{0}$ 时,$0\cdot\vec{a}=\lambda\cdot\vec{0}=\vec{0}$.

容易验证,数乘向量满足以下运算律: (1)$1\vec{a}=\vec{a}$,$(-1)\vec{a}=-\vec{a}$; (2)$\lambda(\mu\vec{a})=(\lambda\mu)\vec{a}$;(3)$(\lambda+\mu)\vec{a}=\lambda\vec{a}+\mu\vec{a}$; (4)$\lambda(\vec{a}+\vec{b})=\lambda\vec{a}+\lambda\vec{b}$.

向量的加法、减法与倍积的综合运算,通常叫做向量的线性运算.

范例分类与解题分析

例 1　如图四边形 $ABCD$、$CEFG$、$CGHD$ 都是全等的菱形,则下列关系不一定成立的是(　　).

A. $|\overrightarrow{AB}|=|\overrightarrow{EF}|$　　B. $\overrightarrow{AB}$ 与$\overrightarrow{FH}$ 共线

C. $\overrightarrow{BD}=\overrightarrow{EH}$　　D. $\overrightarrow{DC}$ 与$\overrightarrow{EC}$ 共线

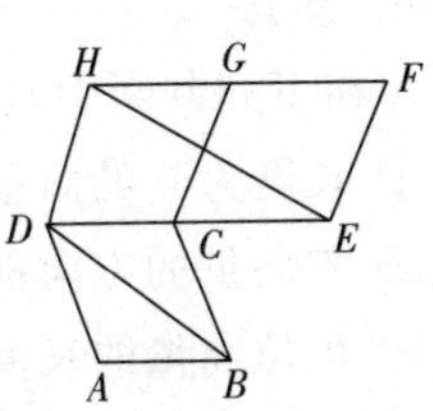

图 7-4

【解题指南】当菱形 $ABCD$ 与其他两个菱形不共面时,BD 与 EH 异面,故选 C.

【点评】向量的共线和相等要遵照定义,向量的模强调长度.

【变式训练】$\overrightarrow{AB}=-$________.

例 2　化简$\overrightarrow{AB}-\overrightarrow{AC}+\overrightarrow{BD}+\overrightarrow{DC}$.

【解题指南】$\overrightarrow{AB}-\overrightarrow{AC}+\overrightarrow{BD}+\overrightarrow{DC}=\overrightarrow{CB}+\overrightarrow{BD}+\overrightarrow{DC}=\overrightarrow{CD}+\overrightarrow{DC}=\vec{0}$.

【点评】利用向量加减法的三角形法则,向量加法三角形法则口诀:首(始点)

尾(终)相连;向量减法三角形法则口诀:共起点,指被减.

【变式训练】化简$(\overrightarrow{AB}-\overrightarrow{CD})-(\overrightarrow{AC}-\overrightarrow{BD})$.

例 3 已知向量$\vec{a}$,$\vec{b}$,试说明$|\vec{a}+\vec{b}|$与$|\vec{a}|+|\vec{b}|$的意义,它们一定相等吗?为什么?

【解题指南】$|\vec{a}+\vec{b}|$是向量$\vec{a}$与向量$\vec{b}$的和向量的模;$|\vec{a}|+|\vec{b}|$是向量$\vec{a}$的模与向量$\vec{b}$的模之和.它们不一定相等.

当向量$\vec{a}$,$\vec{b}$共线且同向时,$|\vec{a}+\vec{b}|=|\vec{a}|+|\vec{b}|$;

当向量$\vec{a}$,$\vec{b}$共线且不同向时,$|\vec{a}+\vec{b}|<|\vec{a}|+|\vec{b}|$;

当向量$\vec{a}$,$\vec{b}$不共线时,由于三角形任意两边之和大于第三边,所以$|\vec{a}+\vec{b}|<|\vec{a}|+|\vec{b}|$.

【点评】是否相等需要按照两个向量共线同向、共线不同向、不共线来进行讨论,考察分类讨论思想.

【变式训练】已知向量$\vec{a}$与$\vec{b}$反向,下列等式中成立的是(　　).

A. $|\vec{a}|-|\vec{b}|=|\vec{a}-\vec{b}|$　　B. $|\vec{a}+\vec{b}|=|\vec{a}-\vec{b}|$

C. $|\vec{a}|+|\vec{b}|=|\vec{a}-\vec{b}|$　　D. $|\vec{a}|+|\vec{b}|=|\vec{a}+\vec{b}|$

综合训练 A

一、选择题

1. 下面各种量中,哪一个不是向量(　　).

A. 质量　　B. 速度　　C. 位移　　D. 力

2. 在下列判断中,正确的是(　　).

① 长度为 0 的向量都是零向量;

② 零向量的方向都是相同的;

③ 单位向量的长度都相等;

④ 单位向量都是同方向的;

⑤ 任意向量与零向量都共线.

A. ①②③　　B. ②③④　　C. ①②⑤　　D. ①③⑤

3. 若$\triangle ABC$中,$\overrightarrow{AB}=\vec{a}$,$\overrightarrow{AC}=\vec{b}$,则$\overrightarrow{BC}=$(　　).

A. $\vec{a}+\vec{b}$　　B. $\vec{a}-\vec{b}$　　C. $\vec{b}-\vec{a}$　　D. $-\vec{a}-\vec{b}$

4. $\overrightarrow{AC}-\overrightarrow{BC}=$(　　).

A. $\overrightarrow{AC}$　　B. $\vec{0}$　　C. $\overrightarrow{AB}$　　D. $\overrightarrow{BC}$

5. $\overrightarrow{AB}-\overrightarrow{AC}+\overrightarrow{BD}+\overrightarrow{DE}=$（　）.

A. $\overrightarrow{BC}$　　B. $\overrightarrow{CE}$　　C. $\overrightarrow{CD}$　　D. $\overrightarrow{AE}$

二、填空题

6. 向量有________个要素，分别为________.

7. 观察图形填空：

(1) $\vec{a}+\vec{b}=$________；

(2) $\vec{a}+\vec{b}+\vec{c}=$________；

(3) $\vec{a}+\vec{b}+\vec{c}+\vec{d}=$________.

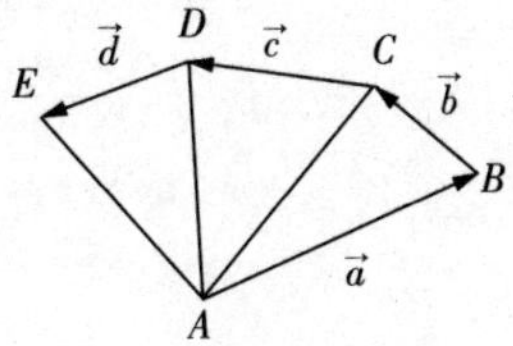

图 7－5

8. $(-\vec{a}+2\vec{b})+(5\vec{a}-3\vec{b})=$________.

9. $\vec{a}-\frac{1}{2}(\vec{a}+\vec{b})-\frac{1}{2}(\vec{c}+\vec{a}-\vec{b})=$________.

三、解答题

10. 对下图（图 7－6）中各组向量 $\vec{a}$，$\vec{b}$，求作 $\vec{a}+\vec{b}$.

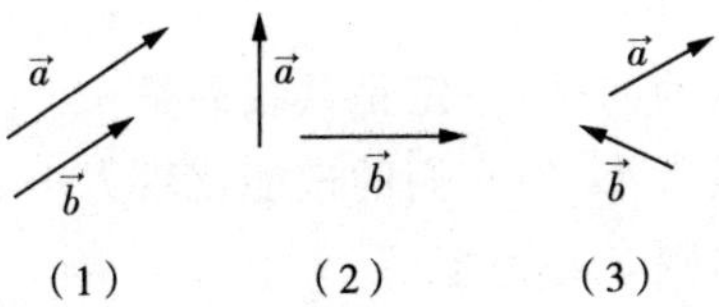

图 7－6

11. 对下图（图 7－7）中各组向量 $\vec{a}$，$\vec{b}$，求作 $\vec{a}-\vec{b}$.

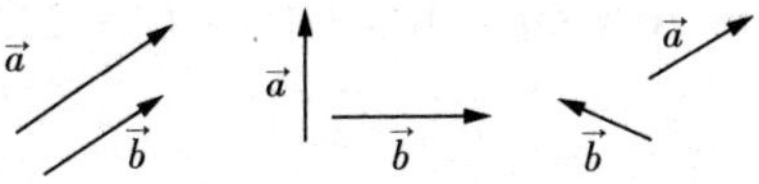

图 7－7

12. 已知向量 $\vec{l}$ 如图 7－8 所示，求作：$\vec{a}=\frac{1}{4}\vec{l}$，$\vec{b}=-2\vec{l}$.

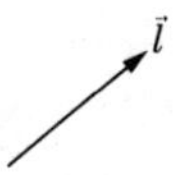

图 7－8

13. 在平行四边形 $ABCD$ 中，O 为对角线交点，试用$\overrightarrow{BA}$，$\overrightarrow{BC}$ 表示$\overrightarrow{CO}$.

综合训练 B

一、选择题

1. 以下说法正确的是(　　).

A. 零向量没有方向　　B. 单位向量都相等

C. 共线向量又叫平行向量　　D. 任何向量的模都是正实数

2. 给出下列命题：

① 两个具有公共终点的向量，一定是共线向量

② 两个向量不能比较大小，但它们的模能比较大小

③ $\lambda\vec{a}=0$(λ 为实数)，则 λ 必为零

④λ，μ 为实数，若 $\lambda\vec{a}=\mu\vec{b}$，则 $\vec{a}$ 与 $\vec{b}$ 共线

其中正确的命题个数为(　　).

A. 1　　B. 2　　C. 3　　D. 4

3. 已知向量 $\vec{a}$ 与 $\vec{b}$ 反向，下列等式中成立的是(　　).

A. $|\vec{a}|-|\vec{b}|=|\vec{a}-\vec{b}|$　　B. $|\vec{a}+\vec{b}|=|\vec{a}-\vec{b}|$

C. $|\vec{a}|+|\vec{b}|=|\vec{a}-\vec{b}|$　　D. $|\vec{a}|+|\vec{b}|=|\vec{a}+\vec{b}|$

4. 如图 7－9，正六边形 $ABCDEF$ 中，$\overrightarrow{AB}+\overrightarrow{CD}+\overrightarrow{FE}=$(　　).

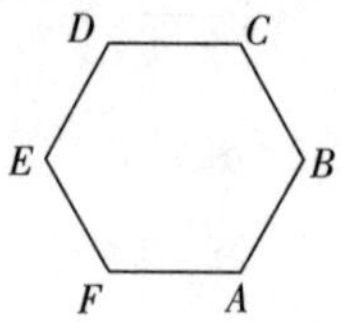

图 7－9

A. $\vec{0}$　　B. $\overrightarrow{AD}$　　C. $\overrightarrow{BE}$　　D. $\overrightarrow{CF}$

二、填空题

5. 计算：$4(\vec{a}+\vec{b})-3(\vec{a}-\vec{b})-\vec{b}=$________.

6.化简：$(\overrightarrow{AB}+\overrightarrow{OA})+(\overrightarrow{BC}-\overrightarrow{OC})=$________.

7.若平行四边形 $ABCD$ 的对角线 AC 和 BD 相交于点 O，且 $\overrightarrow{OA}=\vec{a}$，$\overrightarrow{OB}=\vec{b}$ 用 $\vec{a}$，$\vec{b}$ 表示向量 $\overrightarrow{BC}=$________.

三、解答题

8.已知菱形 $ABCD$ 的边长为 2，求向量 $\overrightarrow{AB}-\overrightarrow{CB}+\overrightarrow{CD}$ 的模的长.

9.已知如图 7－10 所示向量 $\vec{a}$，$\vec{b}$，$\vec{c}$，求作向量 $\vec{l}$，使得 $\vec{l}=3\vec{a}-\vec{b}+2\vec{c}$.

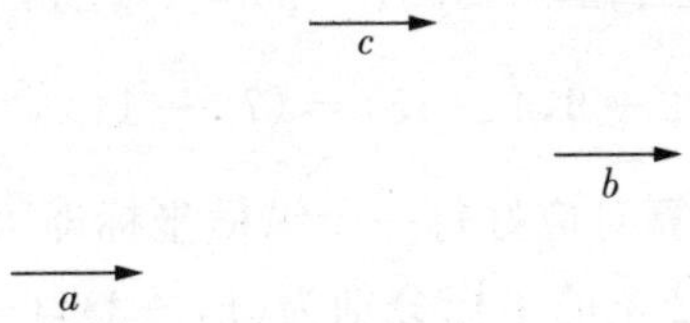

图 7－10

7.2　平面向量的坐标表示

重难点知识总结

1.平面向量的坐标：设 $\vec{i}$，$\vec{j}$ 分别是平面直角坐标系内 x 轴和 y 轴上的单位向量，对任何一个平面向量 $\vec{a}$，都存在一对有序数对 (x,y)，使得 $\vec{a}=x\vec{i}+y\vec{j}$，则 (x,y) 叫做向量 $\vec{a}$ 的坐标，记作 $\vec{a}=(x,y)$.

2.起点为 $A(x_1,y_1)$，终点为 $B(x_2,y_2)$ 的向量 $\overrightarrow{AB}$ 的坐标为 $\overrightarrow{AB}=(x_2-x_1,y_2-y_1)$.

3.两个向量和(差)的坐标分别等于这两个向量相应坐标的和(差).即若 $\vec{a}=(x_1,y_1)$，$\vec{b}=(x_2,y_2)$，则 $\vec{a}+\vec{b}=(x_1+x_2,y_1+y_2)$，$\vec{a}-\vec{b}=(x_1-x_2,y_1-y_2)$，$\lambda\vec{a}=(\lambda x_1,\lambda y_1)$.

4. 当且仅当 $x_1y_2-x_2y_1=0$ 时，向量 $\vec{a},\vec{b}(\vec{b}\neq 0)$ 共线. 即 $\vec{a}//\vec{b}\Leftrightarrow x_1y_2-x_2y_1=0$.

范例分类与解题分析

例 1 设向量 $\vec{a},\vec{b}$ 的坐标分别是 $(-1,2),(3,-5)$，求 $\vec{a}+\vec{b},\vec{a}-\vec{b},2\vec{a}+3\vec{b}$ 的坐标.

【解题指南】

$$\vec{a}+\vec{b}=(-1,2)+(3,-5)=(-1+3,2-5)=(2,-3)$$

$$\vec{a}-\vec{b}=(-1,2)-(3,-5)=(-1-3,2+5)=(-4,7)$$

$$\begin{aligned}2\vec{a}+3\vec{b}&=2(-1,2)+3(3,-5)=(-2,4)+(9,-15)\\&=(-2+9,4-15)=(7,-11)\end{aligned}$$

【点评】向量的坐标运算对应好每一个纵横坐标即可.

【变式训练】设向量 $\vec{a},\vec{b},\vec{c}$ 的坐标分别为 $(1,-3),(-2,4),(0,5)$，求 $3\vec{a}-\vec{b}+\vec{c}$ 的坐标.

例 2 已知向量 $\vec{a}=(1,2),\vec{b}=(m,1)$，且 $\vec{a}//\vec{b}$，求 m 的值.

【解题指南】因为 $\vec{a}//\vec{b}$，所以

$$x_1y_2-x_2y_1=1-2m=0$$

解得：$m=\dfrac{1}{2}$

【点评】本题需要利用关于向量平行的坐标表示：$\vec{a}//\vec{b}\Leftrightarrow x_1y_2-x_2y_1=0$.

【变式训练】$\vec{a}=(1-n,2),\vec{b}=(n+2,1)$，且 $\vec{a}//\vec{b}$，求 n 的值.

例 3 已知向量 $\vec{a},\vec{b},\vec{c}$ 的坐标分别为 $(1,-3),(-2,4),(0,5)$，且 $\vec{c}=x\vec{a}+y\vec{b}$，求 x,y 的值.

【解题指南】由于 $\vec{c}=x\vec{a}+y\vec{b}$，且 $\vec{a}=(1,-3),\vec{b}=(-2,-4),\vec{c}=(0,5)$，故

$$(0,5)=x(1,-3)+y(-2,-4)$$

即 $\begin{cases}x-2y=0\\-3x-4y=5\end{cases}$

解得 $\begin{cases}x=-1\\y=-\dfrac{1}{2}\end{cases}$

【点评】将关于向量的坐标的等式转化为方程组是解决问题的关键,也是常用的方法.

【变式训练】已知向量 $\vec{a},\vec{b},\vec{c}$ 的坐标分别为$(-1,2)$,$(2,-3)$,$(2,0)$,且 $\vec{c}=m\vec{a}+n\vec{b}$,求 m,n 的值.

综合训练 A

一、选择题

1. 设 O 为坐标原点,若点 A 的坐标为$(-1,3)$,则$\overrightarrow{OA}$ 的坐标是(　　).

A. $(1,3)$　　B. $(3,-1)$　　C. $(1,-3)$　　D. $(-1,3)$

2. 已知 $\vec{a}=(0,3)$,$\vec{b}=(-1,2)$,则 $\vec{a}+\vec{b}=$(　　).

A. $(-1,5)$　　B. $(3,1)$　　C. $(5,-1)$　　D. $(1,1)$

3. 已知 $\vec{a}=(4,3)$,$\vec{b}=(-5,-2)$,则 $\vec{a}-\vec{b}=$(　　).

A. $(-1,1)$　　B. $(9,5)$　　C. $(9,-1)$　　D. $(7,-7)$

4. 已知 $\vec{m}=(9,-6)$,则$\frac{1}{3}\vec{m}$ 的坐标是(　　).

A. $(-9,2)$　　B. $(-3,6)$　　C. $(3,6)$　　D. $(3,-2)$

5. 设非零向量 $\vec{a}=(x_1,y_1)$,$\vec{b}=(x_2,y_2)$,则 $\vec{a}//\vec{b}$ 的充要条件是(　　).

A. $x_1y_2-x_2y_1=0$　　B. $x_1y_1+x_2y_2=0$

C. $x_1x_2+y_1y_2=0$　　D. $x_1x_2-y_1y_2=0$

二、填空题

6. 设点 $A(-2,2)$,$B(4,6)$,则向量$\overrightarrow{OA}$ 的坐标是________,向量$\overrightarrow{OB}$ 的坐标是________,向量$\overrightarrow{AB}$ 的坐标是________.

7. 已知 $\vec{a}=(-3,3)$,$\vec{b}=(3,3)$,则 $2\vec{a}+\vec{b}=$________,$\vec{a}-2\vec{b}=$________.

8. 已知 $\vec{a}=(1,2)$,$\vec{b}=(n,3)$,且 $3\vec{a}=2\vec{b}$,则实数 $n=$________.

9. 若向量 $\vec{m}=(2,1)$,$\vec{n}=(-3,2\lambda)$,且 $\vec{m}//\vec{n}$,则实数 $\lambda=$________.

三、解答题

10. 已知$\overrightarrow{AB}=(3,4)$,点 A 的坐标为$(-2,3)$,求点 B 的坐标.

11. 已知 $\vec{a}=(-1,2)$,$\vec{c}=(-19,13)$,且 $\vec{c}=4\vec{a}-5\vec{b}$,写出向量 $\vec{b}$ 的坐标.

12. 已知 $\vec{a}=(2,m)$,$\vec{b}=(4,-1)$,且 $2\vec{a}\ /\!/\ 3\vec{b}$,求 m.

综合训练 B

一、选择题

1. 已知点 $A(1,4)$,$B(0,-2)$,则 $\overrightarrow{BA}$ 的坐标是(　　).

A. $(1,6)$　　B. $(1,2)$　　C. $(-1,-6)$　　D. $(5,2)$

2. 设 $\vec{a}=(3,-2)$,则与 $\vec{a}$ 共线的向量坐标是(　　).

A. $(2,3)$　　B. $(3,-1)$　　C. $(-2,3)$　　D. $(-6,4)$

3. 设 $\vec{a}=(3,m)$,$\vec{b}=(2,6)$,且 $\vec{a}/\!/\vec{b}$,则 $m=$(　　).

A. 1　　B. 4　　C. 9　　D. 12

4. 已知 $\overrightarrow{AB}=(3,1)$,向量 $\overrightarrow{AC}=(-4,-3)$,则向量 $\overrightarrow{BC}=$(　　).

A. $(-7,-4)$　　B. $(7,4)$　　C. $(-1,4)$　　D. $(1,4)$

二、填空题

5. 已知向量 $\vec{a}=(2,4)$,$\vec{b}=(-1,1)$,则 $2\vec{a}-\vec{b}=$________.

6. 已知 $ABCD$ 为平行四边形,且 $A(-1,0)$,$B(-2,3)$,$C(2,4)$,则点 D 的坐标为________.

7. 下列共线向量有________.

①$\vec{a}=(\sqrt{3},1)$,$\vec{b}=(3,\sqrt{3})$;②$\vec{a}=(1,0)$,$\vec{b}=(0,1)$;③$\vec{a}=(1,-\frac{2}{5})$,$\vec{b}=(5,2)$;④$\vec{a}=(0,0)$,$\vec{b}=(7,13)$

三、解答题

8. 设存在三个点 $A(-3,2)$，$B(-1,4)$，$C(6,-7)$，且 $\overrightarrow{AB}=\frac{1}{3}\overrightarrow{CD}$，求点 D 的坐标.

9. 已知 $\vec{a}=(1,-2)$，$\vec{b}=(3,4)$，且 $\vec{a}+\vec{b}$ 与 $\vec{a}-k\vec{b}$ 平行，求实数 k 的值.

7.3　平面向量的内积

重难点知识总结

1. 两个向量夹角的定义：设有两个向量 $\vec{a}$，$\vec{b}$，作 $\overrightarrow{OA}=\vec{a}$，$\overrightarrow{OB}=\vec{b}$，由射线 OA 与 OB 组成的 $0°\sim180°$ 范围内的角叫做两个向量 $\vec{a}$，$\vec{b}$ 的夹角，记作 $\langle\vec{a},\vec{b}\rangle$，$0°\leqslant\langle\vec{a},\vec{b}\rangle\leqslant180°$，且 $\langle\vec{a},\vec{b}\rangle=\langle\vec{b},\vec{a}\rangle$.

2. 两个向量的内积等于这两个向量的模与它们夹角的余弦的积，即 $\vec{a}\cdot\vec{b}=|\vec{a}||\vec{b}|\cos\langle\vec{a},\vec{b}\rangle$. 注意：两个向量的内积是数量而不是向量.

3. 内积运算的性质：

(1) $\cos\langle\vec{a},\vec{b}\rangle=\dfrac{\vec{a}\cdot\vec{b}}{|\vec{a}||\vec{b}|}$.

(2) $\vec{a}\perp\vec{b}\Leftrightarrow\vec{a}\cdot\vec{b}=0$.

(3) $\vec{a}\cdot\vec{a}=|\vec{a}|^2$ 或 $|\vec{a}|=\sqrt{\vec{a}\cdot\vec{a}}$.

(4) 内积的运算律：交换律 $\vec{a}\cdot\vec{b}=\vec{b}\cdot\vec{a}$；结合律 $\lambda(\vec{a}\cdot\vec{b})=(\lambda\vec{a})\cdot\vec{b}=(\lambda\vec{b})\cdot\vec{a}$.

(5) 分配律 $(\vec{a}+\vec{b})\cdot\vec{c}=\vec{a}\cdot\vec{c}+\vec{b}\cdot\vec{c}$.

4. 向量内积的坐标运算与运算律：

已知 $\vec{a}=(x_1,y_1)$，$\vec{b}=(x_2,y_2)$，则

$\vec{a}\cdot\vec{b}=x_1x_2+y_1y_2$；

$|\vec{a}|=\sqrt{\vec{a}\cdot\vec{a}}=\sqrt{x_1^2+y_1^2}$；

$\cos\langle\vec{a},\vec{b}\rangle=\dfrac{\vec{a}\cdot\vec{b}}{|\vec{a}||\vec{b}|}=\dfrac{x_1x_2+y_1y_2}{\sqrt{x_1^2+x_2^2}\sqrt{y_1^2+y_2^2}}$；

$\vec{a}\perp\vec{b}\Leftrightarrow x_1x_2+y_1y_2=0$.

范例分类与解题分析

例 1 若 $|\vec{a}|=4$，$|\vec{b}|=3$，$\vec{a}\cdot\vec{b}=-6$，则 $\vec{a}$ 与 $\vec{b}$ 的夹角等于(　　).

A. 150°　　B. 120°　　C. 60°　　D. 30°

【解题指南】$\cos\theta=\dfrac{\vec{a}\cdot\vec{b}}{|\vec{a}||\vec{b}|}=\dfrac{-6}{4\times3}=-\dfrac{1}{2}$，$\therefore\theta=120°$.

【点评】对于夹角公式 $\cos\langle\vec{a},\vec{b}\rangle=\dfrac{\vec{a}\cdot\vec{b}}{|\vec{a}||\vec{b}|}=\dfrac{x_1x_2+y_1y_2}{\sqrt{x_1^2+x_2^2}\sqrt{y_1^2+y_2^2}}$ 的应用是解决本类问题的关键.

【变式训练】已知 $|\vec{a}|=1$，$|\vec{b}|=4$，$\langle\vec{a},\vec{b}\rangle=120°$，则 $\vec{a}\cdot\vec{b}=$(　　).

A. -1　　B. -2　　C. 1　　D. 2

例 2 已知向量 $\vec{a}=(1,3)$，$\vec{b}=(m,2)$，$\vec{c}=(3,4)$，且 $(\vec{a}-3\vec{b})\perp\vec{c}$，求实数 m 的值.

【解题指南】因为 $\vec{a}=(1,3)$，$\vec{b}=(m,2)$，$\vec{c}=(3,4)$，

所以 $\vec{a}-3\vec{b}=(1,3)-(3m,6)=(1-3m,-3)$.

因为 $(\vec{a}-3\vec{b})\perp\vec{c}$，

所以 $(\vec{a}-3\vec{b})\cdot\vec{c}=(1-3m,-3)\cdot(3,4)$

$=3(1-3m)+(-3)\times4$

$=-9m-9=0$，

解得 $m=-1$.

【点评】向量的线性坐标运算和垂直公式 $\vec{a}\perp\vec{b}\Leftrightarrow x_1x_2+y_1y_2=0$ 是本题解决问题的关键.

【变式训练】已知向量 $\vec{a}=(2,1)$，$\vec{b}=(-m,2)$，若向量 $\vec{a}\perp(\vec{a}-\vec{b})$，求 m 的值.

例 3 $\triangle ABC$ 的顶点坐标分别为 $A(-1,2)$，$B(3,1)$，$C(2,-3)$，判断 $\triangle ABC$ 是否为直角三角形.

【解题指南】

$$\overrightarrow{AB}=(3,1)-(-1,2)=(4,-1)$$

$$\overrightarrow{AC}=(2,-3)-(-1,2)=(3,-5)$$

$$\overrightarrow{BC}=(2,-3)-(3,1)=(-1,-4)$$

因为

$$\overrightarrow{AB}\cdot\overrightarrow{BC}=4\times(-1)+(-1)\times(-4)=0$$

所以$\overrightarrow{AB}\perp\overrightarrow{BC}$,即$\triangle ABC$是直角三角形.

【点评】分别求出向量$\overrightarrow{AB}$,$\overrightarrow{AC}$,$\overrightarrow{BC}$的坐标,利用垂直条件判断是否有互相垂直的两个向量.

【变式训练】$\triangle ABC$的顶点坐标分别为$A(2,-1)$,$B(1,3)$,$C(-3,2)$,判断$\triangle ABC$是否为等腰直角三角形.

综合训练 A

一、选择题

1.已知$|\vec{a}|=3$,$|\vec{b}|=2$,$\langle\vec{a},\vec{b}\rangle=60^\circ$,则$\vec{a}\cdot\vec{b}=$(　　).

A. 3　　B. 6　　C. $3\sqrt{3}$　　D. $6\sqrt{3}$

2.已知$\vec{a}\cdot\vec{a}=8$,则$|\vec{a}|=$(　　).

A. 2　　B. 3　　C. 4　　D. $2\sqrt{2}$

3.$\vec{a}=(3,2)$,$\vec{b}=(-4,5)$,则$\vec{a}\cdot\vec{b}=$(　　).

A. -2　　B. -15　　C. 7　　D. 22

4.$\vec{a}=(-2,5)$,则$|\vec{a}|=$(　　).

A. 21　　B. 29　　C. $\sqrt{21}$　　D. $\sqrt{29}$

5.$\vec{a}=(-1,2)$,$\vec{b}=(3,m)$,若$\vec{a}\perp\vec{b}$,则$m=$(　　).

A. $\frac{3}{2}$　　B. $-\frac{2}{3}$　　C. -6　　D. 6

二、填空题

6.$\vec{a}=(2,-4)$,$\vec{b}=(2,-1)$,则$\cos\langle\vec{a},\vec{b}\rangle=$________.

7.$\vec{a}=(0,5)$,$\vec{b}=(2,0)$,则$\vec{a}$与$\vec{b}$________.(填“垂直”或“不垂直”)

8.已知点$A(3,-1)$,$B(4,2)$,则$\overrightarrow{AB}=$________.

9.已知向量$\vec{a}=(-4,x)$,$\vec{b}=(1,2)$,若$\vec{a}\perp\vec{b}$,则$x=$________.

三、解答题

10. 已知 $|\vec{a}|=3$，$|\vec{b}|=4$，$\langle\vec{a},\vec{b}\rangle=120°$，求(1)$\vec{a}\cdot\vec{b}$；(2)$(3\vec{a}-2\vec{b})\cdot(\vec{a}+\vec{b})$.

11. $\vec{a}=(-2,1)$，$\vec{b}=(-1,-2)$，求$(\vec{a}-\vec{b})\cdot(\vec{a}+\vec{b})$.

12. 已知向量 $\vec{a}=(-2,1)$，$\vec{b}=(m,-2)$，若 $\vec{a}\perp(\vec{a}+\vec{b})$，求 m 的值.

综合训练 B

一、选择题

1. 下列表述不正确的是(　　).

A. $\vec{a}\cdot\vec{b}=\vec{b}\cdot\vec{a}$　　B. $(\lambda\vec{a})\cdot\vec{b}=\lambda(\vec{a}\cdot\vec{b})$

C. $(\vec{a}+\vec{b})\cdot\vec{c}=\vec{a}\cdot\vec{c}+\vec{b}\cdot\vec{c}$　　D. $(\vec{a}\cdot\vec{b})\cdot\vec{c}=\vec{a}\cdot(\vec{b}\cdot\vec{c})$

2. 已知点 $A(2,0)$，$B(3,2)$，向量 $\vec{a}=(2,\lambda)$，若 $\vec{a}\perp\overrightarrow{AB}$，则$|\vec{a}|$为(　　).

A. $\sqrt{5}$　　B. $\sqrt{3}$　　C. $2\sqrt{6}$　　D. 4

3. 若向量 $\vec{a}$，$\vec{b}$ 满足 $|\vec{a}|=\sqrt{10}$，$\vec{b}=(-2,1)$，$\vec{a}\cdot\vec{b}=5$，则 $\vec{a}$ 与 $\vec{b}$ 的夹角为(　　).

A. 90°　　B. 60°　　C. 45°　　D. 30°

4. 已知 O 为坐标原点，点 A 的坐标为(2,1)，向量$\overrightarrow{AB}=(-1,1)$，则$(\overrightarrow{OA}+\overrightarrow{OB})\cdot(\overrightarrow{OA}-\overrightarrow{OB})$等于(　　).

A. -4　　B. -2　　C. 0　　D. 2

二、填空题

5. 已知向量 $\vec{a}=(-4,x)$，$\vec{b}=(1,2)$，若 $\vec{a}\perp\vec{b}$，则 $x=$________.

6. 若向量 $\vec{a}=(1,0)$，$\vec{b}=(2,1)$，$\vec{c}=(x,1)$ 满足$(3\vec{a}-\vec{b})\perp\vec{c}$，则 $x=$________.

7. 已知向量 $\vec{a}=(3,3)$，$\vec{b}=(2,-1)$，且$(\vec{a}+k\vec{b})\perp(\vec{a}-\vec{b})$，则 $k=$________.

三、解答题

8. 已知 $|\vec{a}|=3$，$|\vec{b}|=4$，$\vec{a}\cdot\vec{b}=-6\sqrt{2}$，求(1)$\langle\vec{a},\vec{b}\rangle$；(2)$(2\vec{a}-\vec{b})\cdot(\vec{a}+\vec{b})$.

9. $\vec{a}=(\lambda,4)$，$\vec{b}=(2,-1)$，且向量 $\vec{a}$ 与 $\vec{b}$ 的夹角是钝角，求实数 λ 的取值范围.

第八章　直线和圆的方程

8.1　两点间的距离与线段中点的坐标

重难点知识总结

一、两点间的距离

设点 $P_1(x_1,y_1)$,$P_2(x_2,y_2)$,则 $|P_1P_2|=\sqrt{(x_2-x_1)^2+(y_2-y_1)^2}$.

二、线段中点的坐标

设点 $P_1(x_1,y_1)$,$P_2(x_2,y_2)$ 为平面内任意两点,则线段 P_1P_2 中点 $P_0(x_0,y_0)$ 的坐标为

$$x_0=\frac{x_1+x_2}{2},y_0=\frac{y_1+y_2}{2}$$

范例分类与解题分析

【例 1】　求点 $A(1,-3)$ 与点 $B(-5,-1)$ 的距离 $|AB|$ 及线段 AB 的中点坐标.

解: $|AB|=\sqrt{[1-(-5)]^2+[(-3)-(-1)]^2}=\sqrt{40}=2\sqrt{10}$

设线段 AB 的中点坐标为 (x,y),则 $x=\frac{1+(-5)}{2}=-2$,$y=\frac{-3+(-1)}{2}=-2$,所以线段 AB 的中点坐标为 $(-2,-2)$.

【点评】　牢记两点间的距离公式和线段中点坐标公式,对解决此类问题非常重要.

【变式训练】已知点 $P(2,-1)$,线段 PQ 的中点坐标为 $(-2,3)$,求点 Q 的坐标和 $|PQ|$.

【例 2】　$\triangle ABC$ 的三个顶点坐标分别为 $A(0,-4)$,$B(2,2)$,$C(4,-4)$,求三角

形 AB，AC 边上的中位线长.

解：方法一：由 $A(0,-4)$，$B(2,2)$，$C(4,-4)$ 得 AB，AC 的中点分别为 $(1,-1)$，$(2,-4)$.

所以三角形 AB，AC 边上的中位线长为 $\sqrt{(1-2)^2+[(-1)-(-4)]^2}=\sqrt{10}$.

方法二：由 $B(2,2)$，$C(4,-4)$ 得 $|BC|=\sqrt{(2-4)^2+[2-(-4)]^2}=2\sqrt{10}$，

所以三角形 AB，AC 边上的中位线长为 $\frac{1}{2}|BC|=\sqrt{10}$.

【点评】　牢记两点间的距离公式和线段中点坐标公式，能回忆起中位线的概念和中位线定理对本题非常有帮助.

【变式训练】$\triangle ABC$ 的三个顶点坐标分别为 $A(1,-2)$，$B(0,2)$，$C(4,-2)$，求三角形 BC 边上的中线 AD 的长.

综合训练 A

一、选择题

1. 点 $(0,1)$ 与点 $(3,5)$ 之间的距离为（　　）.

A. 3　　B. 4　　C. 5　　D. 6

2. 点 P_1 与点 P_2 的坐标分别为 $(3,1)$ 和 $(3,7)$，则线段 P_1P_2 的中点坐标为（　　）.

A. $(3,4)$　　B. $(-3,-4)$　　C. $(-3,4)$　　D. $(3,-4)$

3. 已知点 $A(-3,4)$ 和 $B(0,b)$，且 $|AB|=5$，则 $b=$（　　）.

A. 0 或 8　　B. 0 或 -8　　C. 0 或 6　　D. 0 或 -6

4. 已知 $\triangle ABC$ 的顶点 $A(2,3)$，$B(-1,0)$，$C(2,0)$，则 $\triangle ABC$ 的周长为（　　）.

A. $2\sqrt{3}$　　B. $3+2\sqrt{3}$　　C. $6+3\sqrt{2}$　　D. $6+2\sqrt{10}$

5. 设点 A 在 x 轴上，点 B 在 y 轴上，AB 的中点是 $P(2,-1)$，则 $|AB|$ 等于（　　）.

A. 5　　B. $4\sqrt{2}$　　C. $2\sqrt{5}$　　D. $2\sqrt{10}$

二、填空题

6. 点 $A(3,4)$ 到原点的距离为________.

7. 已知点 $A(-2,3)$ 与点 $B(-4,5)$，则线段 AB 的中点坐标为________.

8. 点 M 在 x 轴上，且点 M 到 $N(3,2)$ 的距离为 2，则点 M 的坐标为________.

9. 已知点 $P(1,-2)$，线段 PQ 的中点坐标为 $(-4,-5)$，则点 Q 的坐标

为________.

三、解答题

10. 求点 $A(2,-3)$ 与点 $B(-2,0)$ 的距离 $|AB|$ 及线段 AB 的中点坐标.

11. 已知点 $A(2,3)$，$B(x,1)$，且 $|AB|=\sqrt{13}$，求 x 的值.

12. 如果点 $A(-2,3)$ 与点 B 关于点 $P(2,1)$ 对称，求点 B 的坐标.

综合训练 B

一、选择题

1. $\triangle ABC$ 的三个顶点坐标分别为 $A(-4,-4)$，$B(2,2)$，$C(4,-2)$，则三角形 AB 边上的中线长为(　　).

A. $\sqrt{26}$　　B. $\sqrt{65}$　　C. $\sqrt{29}$　　D. $\sqrt{13}$

2. 已知三点 $A(3,2)$，$B(0,5)$，$C(4,6)$，则 $\triangle ABC$ 的形状是(　　).

A. 直角三角形　　B. 等边三角形　　C. 等腰三角形　　D. 等腰直角三角形

3. 已知点 $A(2,-3)$，点 A 关于点 P 的对称点为 $B(-4,1)$，则点 P 的坐标为(　　).

A. $(1,1)$　　B. $(1,-1)$　　C. $(-1,1)$　　D. $(-1,-1)$

二、填空题

4. 点 A，B 分别在 x 轴，y 轴上，且线段 AB 的中点坐标为 $(4,6)$，则点 A，B 的坐标分别为____________.

5. 由原点 O，点 $A(0,4)$，点 $B(-4,0)$ 围成的直角三角形斜边上的高等于________.

三、解答题

6. 已知点 $A(3,0)$，点 B 是 y 轴上的点，且 $|AB|=5$，求点 B 的坐标.

8.2　直线的方程

重难点知识总结

一、直线的倾斜角

直线的倾斜角 $0^\circ \leqslant \alpha < 180^\circ$.

二、直线的斜率

1. 当直线 l 的倾斜角 $\alpha \neq 90^\circ$ 时，直线 l 的斜率为 $k=\tan\alpha$.

2. 设点 $P_1(x_1, y_1)$，$P_2(x_2, y_2)$ 为直线 l 上的任意两点，则直线 l 的斜率为 $k=\frac{y_2-y_1}{x_2-x_1}(x_1 \neq x_2)$，当 $x_1=x_2$ 时，k 不存在.

三、直线的方程

1. 直线的点斜式方程

已知直线 l 经过点 $P_0(x_0, y_0)$ 且直线 l 的斜率为 k，则直线 l 的方程为 $y-y_0=k(x-x_0)$.

2. 直线的斜截式方程

直线 l 与 x 轴交于点 $A(a,0)$，与 y 轴交于点 $B(0,b)$，则 a 叫做横截距，b 叫做纵截距. a，b 表示截距，并不是 $a>0$，$b>0$，而是 $a, b \in \mathbf{R}$.

已知直线 l 在 y 轴上的截距为 b 且直线 l 的斜率为 k，则直线 l 的方程为 $y=kx+b$.

3. 直线的一般式方程

直线的一般式方程为 $Ax+By+C=0$（其中 A，B 不全为 0）.

范例分类与解题分析

【例 1】　直线 $2x-y-4=0$ 的斜率、在 x 轴上的截距分别为（　　）.

A. 2,2　　　　B. 2,4　　　　C. $-2,4$　　　　D. $-2,-2$

【解题指南】由 $2x-y-4=0$ 得 $y=2x-4$,所以 $k=2$,当 $y=0$ 时,解得 $x=2$,所以在 x 轴上的截距为 2,故选 A.

【点评】熟练几种直线方程的变换,理解纵截距和横截距的意义及求法.

【变式训练】直线的横截距为 4,且直线的斜率 $k=1$,则直线的方程为(　　).

A. $x+y+4=0$　　B. $x-y+4=0$　　C. $x-y-4=0$　　D. $x+y-4=0$

【例 2】　求在 y 轴上的截距为 -1 且过点(3,3)的直线方程.

解:方法一:因为直线在 y 轴上的截距为 -1,所以该直线经过点$(0,-1)$,

所以直线的斜率 $k=\frac{3-(-1)}{3-0}=\frac{4}{3}$,

由直线的点斜式方程得该直线的方程为 $y-(-1)=\frac{4}{3}(x-0)$,

即 $4x-3y-3=0$.

方法二:因为直线在 y 轴上的截距为 -1,所以该直线经过点$(0,-1)$,

所以直线的斜率 $k=\frac{3-(-1)}{3-0}=\frac{4}{3}$,

由直线的斜截式方程得该直线的方程为 $y=\frac{4}{3}x+(-1)$,

即 $4x-3y-3=0$.

【点评】理解截距的概念、斜率的公式及直线的几种方程,对解决此类问题非常重要. 注意,直线的方程最终结果通常写成直线的一般式方程.

【变式训练】求在 x 轴上的截距为 2 且过点(3,2)的直线方程.

综合训练 A

一、选择题

1. 直线 l 的斜率 $k=\frac{\sqrt{3}}{3}$,则它的倾斜角 α 等于(　　).

A. 45°　　　　B. 60°　　　　C. 30°　　　　D. 120°

2. 直线 l 的倾斜角 α 为45°,则它的斜率等于(　　).

A. 1　　　　B. -1

C. 1 或 -1　　　　D. 以上答案都不对

3. 过点 $A(0,2)$,$B(2,0)$ 的直线的斜率为(　　).

A. -1　　　　B. -2　　　　C. 1　　　　D. 2

4. 若直线过点 $A(2, -3)$，并且与 y 轴平行，则此直线的方程是(　　).

A. $x=2$　　B. $x=-3$　　C. $x=-2$　　D. $x=3$

5. 直线 $x+y-2=0$ 的斜率 k 为(　　).

A. 1　　B. -2　　C. -1　　D. 2

二、填空题

6. 倾斜角为60°的直线的斜率为________.

7. 若点$(2, -3)$在直线 $mx+y-5=0$ 上，则 $m=$________.

8. 过点$(1, -2)$且垂直于 y 轴的直线方程为________.

9. 平行于 y 轴的直线的倾斜角为________.

三、解答题

10. 求过点$(3,4)$且倾斜角为30°的直线方程.

11. 求在 x 轴和 y 轴上的截距分别为 $2, -1$ 的直线方程.

12. 求过点$(1,1)$和点$(2,0)$的直线方程.

综合训练 B

一、选择题

1. 直线 l 经过原点和点$(-1, -1)$，则它的倾斜角是(　　).

A. $\frac{\pi}{4}$　　B. $\frac{5\pi}{4}$　　C. $\frac{\pi}{4}$ 或 $\frac{5\pi}{4}$　　D. $-\frac{\pi}{4}$

2. 下列直线中通过点 $M(1,3)$ 的为(　　).

A. $x-2y+1=0$　　B. $2x-y-1=0$

C. $2x-y+1=0$　　D. $3x+y-1=0$

3. 直线 $2x+3y-1=0$ 的斜率、在 y 轴上的截距分别为(　　).

A. $-\frac{2}{3},\frac{1}{3}$　　B. $-\frac{2}{3},-\frac{1}{3}$　　C. $\frac{2}{3},\frac{1}{3}$　　D. $\frac{2}{3},-\frac{1}{3}$

二、填空题

4. 经过点 $A(-1,5)$ 和点 $B(2,13)$ 的直线在 x 轴上的截距为________.

5. 三条直线 $2x+3y=1,3x+2y=1,ax-y=1$ 相交于一点,则 $a=$________.

三、解答题

6. 直线 $x+m^2y+6=0$ 与直线 $(m-2)x+3my+2m=0$ 没有公共点,求实数 m 的值.

8.3　两条直线的位置关系

重难点知识总结

一、两条直线平行

当直线 l_1,l_2 的斜率都存在时,设 l_1: $y=k_1x+b_1$, l_2: $y=k_2x+b_2$,则

两个方程的系数关系	$k_1\neq k_2$	$k_1=k_2$	
		$b_1\neq b_2$	$b_1=b_2$
两条直线的位置关系	相交	平行	重合

判断两条直线平行的一般步骤:

(1) 判断两条直线的斜率是否存在,若都不存在,则平行;若只有一个不存在,则相交.

(2) 若两条直线的斜率都存在,将它们都化成斜截式方程,若斜率不相等,则相交.

(3) 若斜率相等,比较两条直线的纵截距,相等则重合,不相等则平行.

二、两条直线相交

1. 设 l_1: $y=k_1x+b_1$, l_2: $y=k_2x+b_2$,则求两条直线交点的坐标即是求方程组 $\begin{cases} y=k_1x+b_1 \\ y=k_2x+b_2 \end{cases}$ 的解.

2. 两条直线相交所成的最小正角叫做这两条直线的夹角, $0°\leqslant\theta\leqslant 90°$.

3. 如果直线 l_1 与直线 l_2 的斜率都存在且不等于 0,那么 $l_1\perp l_2 \Leftrightarrow k_1\cdot k_2=-1$.

4. 斜率不存在的直线与斜率为 0 的直线垂直.

三、点到直线的距离

点 $P_0(x_0,y_0)$ 到直线 $Ax+By+C=0$ 的距离为 $d=\dfrac{|Ax_0+By_0+C|}{\sqrt{A^2+B^2}}$.

范例分类与解题分析

【例 1】 直线 l_1:$2x-y+2=0$ 与直线 l_2:$4x-2y-1=0$ 的位置关系是(　　).

A. 相交　　　　B. 平行

C. 重合　　　　D. 垂直

【解题指南】由 l_1:$2x-y+2=0$ 得 $y=2x+2$,所以 $k_1=2$, $b_1=2$,

由 l_2:$4x-2y-1=0$ 得 $y=2x-\dfrac{1}{2}$,所以 $k_2=2$, $b_2=-\dfrac{1}{2}$,所以 $k_1=k_2$, $b_1\neq b_2$,所以 l_1 与 l_2 平行,故选 B.

【点评】熟练几种直线方程的转换和熟悉判断直线位置关系要素,对解决此类问题非常重要.

【变式训练】判断直线 l_1:$x-2y+3=0$ 与直线 l_2:$x+2y-3=0$ 的位置关系.

【例 2】 设点 P 为 x 轴上一点,并且点 P 到直线 $3x+4y-2=0$ 的距离为 4,求点 P 的坐标.

解:由题意设点 $P(a,0)$,则 $d=\dfrac{|3a+4\times 0-2|}{\sqrt{3^2+4^2}}=4$,即 $|3a-2|=20$,

解得 $a=\dfrac{22}{3}$ 或 $a=-6$,故点 P 的坐标为 $(\dfrac{22}{3},0)$ 或 $(-6,0)$.

【点评】本题用到的知识点比较多.注意坐标轴上的点的设法,熟练记住点到直线的距离公式和绝对值方程的解法是解这类问题的关键.

【变式训练】设点 P 为 y 轴上一点,并且点 P 到直线 $3x-4y-6=0$ 的距离为 8,求点 P 的坐标.

综合训练 A

一、选择题

1. 直线 $x+y-6=0$ 和 $2x-y-3=0$ 的交点坐标为(　　).

A. $(3,-3)$　　B. $(-3,3)$　　C. $(3,3)$　　D. $(-3,-3)$

2. 下列直线与 $x+y=1$ 平行的是(　　).

A. $x-y=-1$　　B. $x-y=1$　　C. $x+2y=1$　　D. $2x+2y=1$

3. 下列直线与 $x-y=-1$ 垂直的是(　　).

A. $x-y=1$　　B. $x+y=1$　　C. $x+2y=1$　　D. $2x+y=1$

4. 点$(1,1)$到直线 $3x+4y-2=0$ 的距离等于(　　).

A. 1　　B. 2　　C. 3　　D. 4

5. 直线 $x=2$ 与直线 $y=0$ 的位置关系是(　　).

A. 平行　　B. 垂直

C. 重合　　D. 相交但不垂直

二、填空题

6. 过点$(1,2)$且平行于直线 $2x-y-1=0$ 的直线方程是________.

7. 与直线 $2x+2y-1=0$ 垂直的直线的斜率等于________.

8. 直线 $mx-2y-1=0$ 与直线 $x+y-1=0$ 垂直,则 $m=$________.

9. 若过点$(1,m)$和$(2,2)$的直线与直线 $x-y-1=0$ 平行,则 $m=$________.

三、解答题

10. 判断直线 $3x+y-2=0$ 与直线 $x-3y+2=0$ 的位置关系.

11. 求过点$(-1,0)$且平行于直线 $x+2y+3=0$ 的直线方程.

12. 求两条平行直线 $3x-4y=0$ 与 $3x-4y-3=0$ 之间的距离.

综合训练 B

一、选择题

1. 如果两条直线的斜率都不存在,那么这两条直线(　　).

A. 相交　　B. 平行　　C. 平行或重合　　D. 垂直

2. 若直线 $mx+y-1=0$ 与直线 $nx+y-3=0$ 垂直,则 $mn=$(　　).

A. 1　　B. -1　　C. ± 1　　D. 2

3. 直线 $x+2y-1=0$ 与直线 $2x-y-2=0$ 的交点到直线 $y=\frac{\sqrt{3}}{3}x$ 的距离等于(　　).

A. $\frac{1}{2}$　　B. $\frac{\sqrt{3}}{2}$　　C. 1　　D. $\sqrt{3}$

二、填空题

4. 直线 $3x+4y-7=0$ 与直线 $6x+8y-4=0$ 的距离等于________.

5. 已知点 $(a,2)$ 到直线 $x-y+3=0$ 的距离等于 $\sqrt{2}$,则 $a=$________.

三、解答题

6. 已知直线 l 经过点 $P(0,1)$,且垂直于过两点 $(1,-2)$,$(2,3)$ 的直线,求直线 l 的方程.

8.4 圆

重难点知识总结

一、圆的方程

1. 圆的标准方程

以坐标 $C(a,b)$ 为圆心,以 r 为半径的圆的方程为 $(x-a)^2+(y-b)^2=r^2$,当圆心为坐标原点 $O(0,0)$ 时,半径为 r 的圆的标准方程为 $x^2+y^2=r^2$.

2. 圆的一般方程

圆的一般方程为 $x^2+y^2+Dx+Ey+F=0$(其中 D,E,F 均为常数且 $D^2+E^2-4F>0$).

圆心为 $\left(-\frac{D}{2},-\frac{E}{2}\right)$,半径为 $\frac{\sqrt{D^2+E^2-4F}}{2}$.

二、直线与圆的位置关系

1. 直线与圆的位置关系有三种:相离、相切、相交.

2. 由圆心到直线的距离 d 与半径 r 的关系来判别直线与圆的位置关系:

(1)$d>r$:直线与圆相离;

(2)$d=r$:直线与圆相切;

(3)$d<r$:直线与圆相交.

范例分类与解题分析

【例 1】 圆 $x^2+y^2-4x+2y-4=0$ 的圆心坐标和半径分别为(　　).

A. $(2,1)$,3　　B. $(2,-1)$,3　　C. $(-2,1)$,9　　D. $(-2,-1)$,9

【解题指南】由 $x^2+y^2-4x+2y-4=0$ 得圆的标准方程为 $(x-2)^2+(y+1)^2=3^2$,所以圆心坐标和半径分别为 $(2,-1)$,3,故选 B.

【点评】熟练把圆的一般方程化为圆的标准方程. 直接用圆的一般方程中圆心坐标公式 $\left(-\frac{D}{2},-\frac{E}{2}\right)$,半径公式 $\frac{\sqrt{D^2+E^2-4F}}{2}$ 求圆心坐标和半径也可以,但是容易出错.

【变式训练】圆 $x^2+y^2=2x+2y+2$ 的圆心坐标和半径分别为(　　).

A. $(1,1)$,2　　B. $(-1,-1)$,2　　C. $(1,1)$,4　　D. $(-1,-1)$,4

【例 2】 判断直线 $3x+4y-5=0$ 与圆 $x^2+y^2+4x+2y-4=0$ 的位置关系.

解:由 $x^2+y^2+4x+2y-4=0$ 得 $(x+2)^2+(y+1)^2=3^2$,所以圆的圆心坐标为 $(-2,-1)$,半径 $r=3$.

则圆心 $(-2,-1)$ 到直线 $3x+4y-5=0$ 的距离为

$$d=\frac{|3\times(-2)+4\times(-1)-5|}{\sqrt{3^2+4^2}}=3$$

所以 $d=r$,所以直线 $3x+4y-3=0$ 与圆 $x^2+y^2+4x+2y-4=0$ 相切.

【点评】熟练把圆的一般方程化为圆的标准方程和熟练运用点到直线的距离公式 $d=\frac{|Ax_0+By_0+C|}{\sqrt{A^2+B^2}}$ 对解本题非常重要. 牢记直线与圆的位置关系:(1)$d>r$:直线与圆相离;(2)$d=r$:直线与圆相切;(3)$d<r$:直线与圆相交.

【变式训练】判断直线 $4x+3y+1=0$ 与圆 $x^2+y^2-6x-2y+1=0$ 有几个交点.

综合训练 A

一、选择题

1. 圆的标准方程为 $(x+2)^2+(y-4)^2=16$,则圆心坐标和半径分别是(　　).

A. (2,4),4　　B. (2,−4),16

C. (−2,4),4　　D. (−2,−4),16

2. 圆心在点 $C(2,0)$,半径 $r=\sqrt{5}$ 的圆的标准方程是(　　).

A. $(x-2)^2+y^2=\sqrt{5}$　　B. $(x-2)^2+y^2=5$

C. $x^2+(y-2)^2=\sqrt{5}$　　D. $x^2+(y-2)^2=5$

3. 圆 $x^2+y^2+4x-6y-3=0$ 的半径为(　　).

A. 3　　B. 4

C. 16　　D. 以上答案都不对

4. 圆的方程为 $x^2+y^2-8x+6y=0$,原点到圆心的距离是(　　).

A. 3　　B. 4

C. 5　　D. 以上答案都不对

5. 直线 $3x+4y=0$ 与圆 $(x-4)^2+y^2=4$ 的位置关系是(　　).

A. 相交且过圆心　　B. 相交不过圆心　　C. 相切　　D. 相离

二、填空题

6. 圆 $x^2+y^2=6$ 的圆心坐标是________,半径为________.

7. 圆心在 $C(2,-5)$,半径 $r=3$ 的圆的标准方程是________.

8. 圆 $x^2+y^2+8x-6y=0$ 的标准方程为________.

9. 圆$(x-1)^2+(y+1)^2=4$ 的圆心到直线 $x-y-4=0$ 的距离是________.

三、解答题

10. 求过点 $A(2,-5)$ 且圆心是 $C(0,-3)$ 的圆的方程.

11. 求圆 $x^2-2x+y^2+4y=-1$ 的圆心坐标和半径.

12. 判断直线 $3x-4y+4=0$ 与圆$(x-1)^2+(y+2)^2=25$ 的位置关系.

综合训练 B

一、选择题

1. 圆心在点$(0,2)$ 且与直线 $3x-4y-2=0$ 相切的圆的半径是(　　).

A. 4　　B. 2　　C. 5　　D. 1

2. 圆心为 $C(-2,-4)$,且相切于 y 轴的圆的方程是(　　).

A. $(x-2)^2+(y-4)^2=4$　　B. $(x-2)^2+(y-4)^2=2$

C. $(x+2)^2+(y+4)^2=2$　　D. $(x+2)^2+(y+4)^2=4$

3. 直线 $3x+4y+16=0$ 与圆 $x^2+y^2-2x+2y-7=0$ 的位置关系是(　　).

A. 相交　　B. 相离　　C. 相切　　D. 无法确定

二、填空题

4. 圆 $x^2+y^2-4x+6y+8=0$ 的圆心坐标为________,半径为________.

5. 若方程 $x^2+y^2-k+8=0$ 表示一个圆,则 k 的取值范围是________.

三、解答题

6. 求经过三点(0,0),(2,0),(0,4) 的圆的方程.

第九章　立体几何

9.1　平面的基本性质

重难点知识总结

1. 平面的概念：数学中的平面是指________的图形，通常用小写希腊字母________来表示. 通常用________（图形）表示平面，表示水平放置的平面时，通常把它的锐角画成________，横边画成邻边的________倍.

2. 平面的基本性质：

(1) 如果直线上的两个点都在平面 α 内，那么，直线上所有点都在平面 α 内. 此时称直线 l 在________内或者平面 α ________直线 l，记作________.

(2) 如果两个平面有一个公共点，那么它们一定________，并且所有公共点的集合是过________的一条直线. 此时称这两个平面________，把所有公共点组成的直线 l 叫做________. 即平面 α 与平面 β 相交，记作________.

(3) 不在________的三点，可以确定一个平面. 特别的，还有下面结论：

直线与________，可以确定一个平面.

两条相交直线，可以________.

两条________直线，可以确定一个平面.

范例分析与解题分析

【例 1】　如何用两根绳子检查一张桌子的四条腿的下端是否在同一个平面上？

【解题指南】将桌子的四条腿朝上放好，把两条细绳拉直分别按在对角的两条腿的末端，如果这两条拉直的细绳会交于一点，则桌子的四条腿的下端就在同一个平面内.

【点评】要能把生活中的实际问题抽象成数学问题，运用数学知识加以解决.

【变式训练】小明过生日时发现服务员用一根彩色丝带交叉就把蛋糕盒给固定了,请问为什么?

【例2】 已知A,B,C是直线m上的三点,P不是直线m上的点,判断直线PA,PB,PC是否在同一平面内.

【解题指南】如图9-1,设直线PA,PC确定一个平面α,则点P,A,C在平面α内.所以直线AC在平面α内,故点B在平面α内.因此直线PB在平面α内.即直线PA,PB,PC在同一平面内.

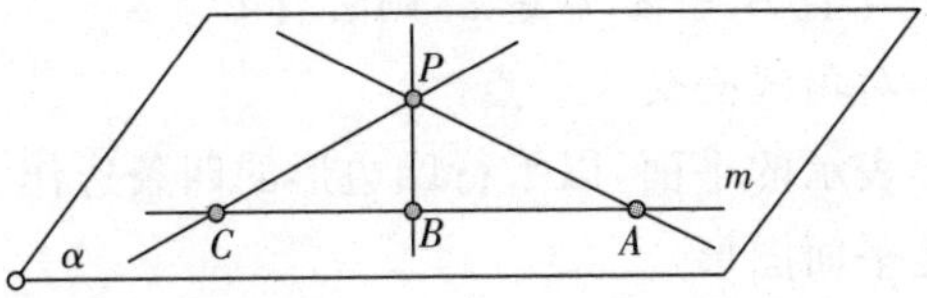

图9-1

【点评】要说明三条直线PA,PB,PC在同一平面内,一般先说明两条直线在同一平面α内,然后再说明第三条直线也在同一平面α内.

【变式训练】一条直线与两条平行直线都相交,请判断这三条直线是否在同一平面内.

综合训练 A

一、选择题

1.下列命题:

① 书桌是平面;② 有一个平面长30米,宽20米;

③ 平面是绝对的平、无厚度、可以无限延展的抽象数学概念.

其中正确的个数为( ).

A.1个　　B.2个　　C.3个　　D.0个

2.下列图形中,不一定是平面图形的是( ).

A.三角形　　B.菱形

C.梯形　　D.四边相等的四边形

3.下列命题中,正确的是( ).

A.经过两条相交直线,有且只有一个平面

B.经过一条直线和一点,有且只有一个平面

C.若平面α与平面β相交,则它们只有有限个交点

D. 若两个平面有三个公共点,则这两个平面重合

4. 在空间内,可以确定一个平面的条件是(　　).

A. 两两相交的三条直线

B. 三条直线,其中的一条与另两条分别相交

C. 三个点

D. 三条直线两两相交,但不交于同一点

5. 下列命题中,正确命题的个数为(　　).

① 若 $A \in l, B \in l$ 且 $A \in \alpha, B \in \alpha$,则必有 $l \subseteq \alpha$

② 四边形的两条对角线必交于一点

③ 用平行四边形表示的平面,以平行四边形的四条边作为平面的边界线

④ 平行四边形是平面图形

A. 1 个　　B. 2 个　　C. 4 个　　D. 5 个

二、填空题

6. 已知 $A \in \alpha, B \in \alpha$,则 AB ________ α.

7. 一个平面可以将空间分为________部分.

8. 过同一条直线的平面有________个.

9. 下列命题:

① 空间不共线的三点可以确定一个平面

② 有三个公共点的两个平面必定重合

③ 空间中两两相交的三条直线可以确定一个平面

④ 平行四边形、梯形等所有的四边形都是平面图形

⑤ 两组对边分别相等的四边形是平行四边形

其中正确的命题是________________.

三、解答题

10. 画出满足下列条件的平面,并用字母表示.

(1) 水平放置的平面　　(2) 竖直放置的平面

11. 判断两两相交并且不过同一点的三条直线是否在同一个平面内.

12. 过一个已知点任意作三条直线，它们是否在同一个平面内？请用三只铅笔试一试.

综合训练 B

一、选择题

1. 三条直线两两相交，则由这三条直线确定的平面个数为（　　）.

A. 1 个　　B. 2 个　　C. 3 个　　D. 1 个或 3 个

2. 已知空间中的四个点 A,B,C,D 确定唯一一个平面，那么这四个点中（　　）.

A. 必定只有三点共线　　B. 必有三点不共线

C. 至少有三点共线　　D. 不可能有三点共线

3. 以下四个命题中正确的是（　　）.

A. 不重合的两条直线确定一个平面

B. 两两相交的三条直线确定一个平面

C. 若线段 AB 在平面 α 内，则直线 AB 也在平面 α 内

D. 若线段 AB 不在平面 α 内，则直线 AB 与平面 α 没有公共点

二、填空题

4. M 为直线 l 上的一点，且点 M 不在平面 α 内，则 l 与 α 的公共点最多有________个.

5. 空间有四个点，其中无三点共线，可确定________个平面.

三、解答题

6. 画出满足下列条件的图形，并用恰当的符号表示.

(1) 点 A,B 在直线 l 上，点 A 在平面 α 内，点 B 不在平面 α 内；

(2) 直线 l 既在平面 α 内又在平面 β 内.

9.2 直线与直线、直线与平面、平面与平面平行的判定与性质

重难点知识总结

1. 直线与直线的位置关系

(1) 异面直线：不在________的两条直线叫做异面直线；

(2) 空间两条直线的位置关系有________种，分别是________、________、和________.

(3) 平行直线的性质：平行于________的两条直线平行.

2. 直线与平面的位置关系

(1) 直线与平面平行：如果一条直线 l 与一个平面 α ________，那么就称这条直线与这个平面平行，记作________.

(2) 直线与平面的位置关系有________种，分别是________、________、和________.

(3) 直线与平面平行的判定：如果平面________的一条直线平行于________的一条直线，那么这条直线与这个平面平行.

(4) 直线与平面平行的性质：如果一条直线与一个平面平行，并且________的一个平面和这个平面相交，那么这条直线与________平行.

3. 平面与平面的位置关系

(1) 平面与平面平行：如果两个平面 α 和 β ________，那么这两个平面平行. 记作________.

(2) 空间两个平面的位置关系有________种，分别是________和________.

(3) 平面与平面平行的判定：如果一个平面内的两条________直线都与另一个平面平行，那么这两个平面平行.

(4) 平面与平面平行的性质：如果一个平面与两个平行平面相交，那么它们的

________平行.

范例分析与解题分析

【例 1】 “如果一个平面内的两个平面都与另一个平面平行，那么这两条直线平行.”这句话对吗？为什么？

【解题指南】不对. 如果这两条直线是平行直线，那么这两个平面就不一定平行.

【点评】一定要牢牢把握定理，紧扣“两条相交直线”.

【变式训练】如果 $l_1 \subseteq \alpha$，$l_2 \subseteq \alpha$ 且直线 l_1 与直线 l_2 交于点 A. 如果直线 l_1 平行于平面 β，直线 l_2 也平行于平面 β. 问平面 α 与平面 β 是否平行.

【例 2】 如图 9-2 所示，已知 E，E_1 分别是正方体 $ABCD-A_1B_1C_1D_1$ 的棱 AD，A_1D_1 的中点. 试判断 $\angle CEB$ 与 $\angle C_1E_1B_1$ 是否相等.

【解题指南】因为 E，E_1 分别是正方体 $ABCD-A_1B_1C_1D_1$ 的棱 AD，A_1D_1 的中点，所以四边形 E_1EBB_1 是平行四边形，于是 $E_1B_1 \parallel EB$.

同理可证：$E_1C_1 \parallel EC$.

又因为 $\angle CEB$ 与 $\angle C_1E_1B_1$ 两边的方向相同，

所以 $\angle C_1E_1B_1 = \angle CEB$.

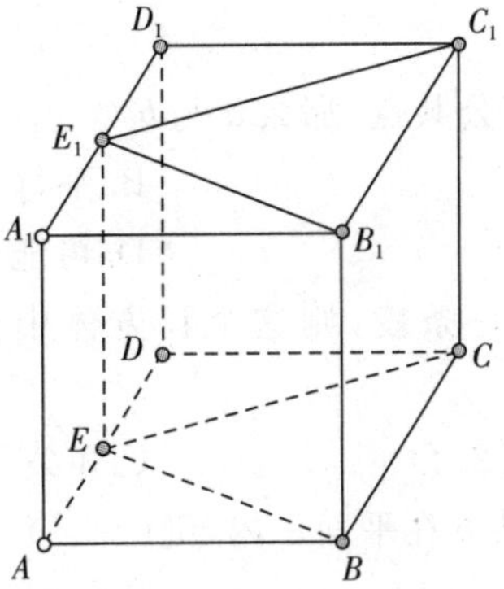

图 9-2

【变式训练】如图 9-3 所示，$\alpha \parallel \beta$，M 在 α 与 β 同侧，过 M 作直线 a 与 b，直线 a 分别与平面 α，β 相交于 A，B，直线 b 分别与平面 α，β 相交于 C，D. 判断直线 AC 与直线 BD 是否平行.

【点评】判断这两个角的对应边是否平行且方向相同即可.

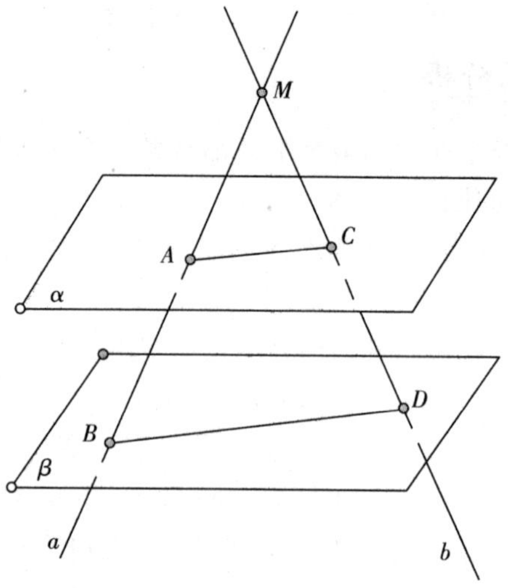

图 9 - 3

综合训练 A

一、选择题

1. 如果直线 a 与 b 没有公共点，那么 a 与 b(　　).

A. 共面　　B. 平行

C. 是异面直线　　D. 可能平行，也可能是异面直线

2. 设 AA_1 是长方体的一条棱，则这个长方体中与 AA_1 成异面直线的棱共有(　　).

A. 1 条　　B. 2 条　　C. 3 条　　D. 4 条

3. 直线 $a//$ 平面 α，直线 b 在平面 α 内，则(　　).

A. $l//\alpha$　　B. a 与 b 相交

C. a 与 b 异面　　D. a 与 b 平行或异面

4. 设直线 l 在平面 α 外，则(　　).

A. $l//\alpha$　　B. l 和 α 至少有一个公共点

C. l 和 α 相交　　D. l 和 α 至多有一个公共点

5. 已知平面 α,β,γ 和直线 l，则可以推出 $\alpha//\beta$ 的条件为(　　).

A. $l//\alpha,l//\beta$　　B. l 在 α 内，$l//\beta$

C. $\alpha//\gamma,\beta//\gamma$　　D. α 与 γ 相交于直线 l，$l//\beta$

二、填空题

6. 如图 9－4 所示长方体中：

(1) 与直线 AB 平行的平面有________；

(2) 与直线 AB_1 平行的平面有________；

(3) 与直线 AD 平行的平面有________.

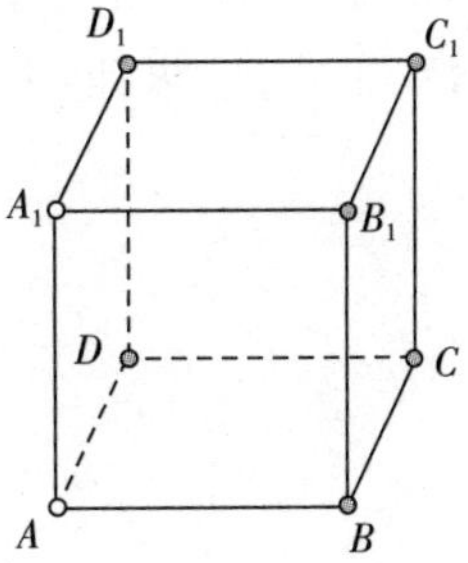

图 9－4

7. 在正方体 $ABCD-A_1B_1C_1D_1$ 中，与 AB 异面的棱有________________.

8. 过平面外一点，可以作________条直线和这个平面平行.

9. 如果平面 $\alpha /\!/$ 平面 β，$l \subseteq \alpha$，则直线 l ________平面 β.

三、解答题

10. 如图 9－5 所示，空间四边形 $ABCD$ 中，E,F 分别是 AB,AD 的中点，求证：$EF /\!/$ 平面 BCD.

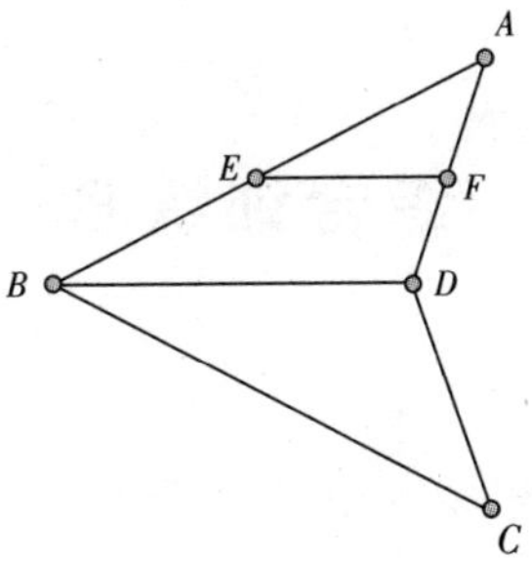

图 9－5

11. 在图 9－6 中画出与已知直线的异面直线.

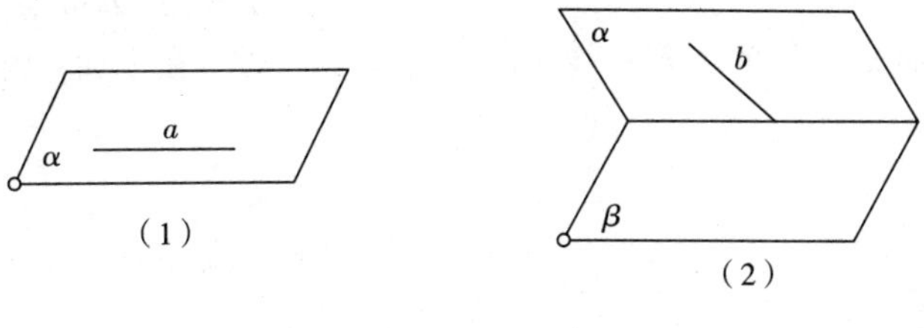

图 9－6

12. 如图 9－7 所示，已知空间四边形 $PABC$，连接 PC，且 D,E,F 分别是 PA，PB，PC 的中点. 求证：平面 DEF // 平面 ABC.

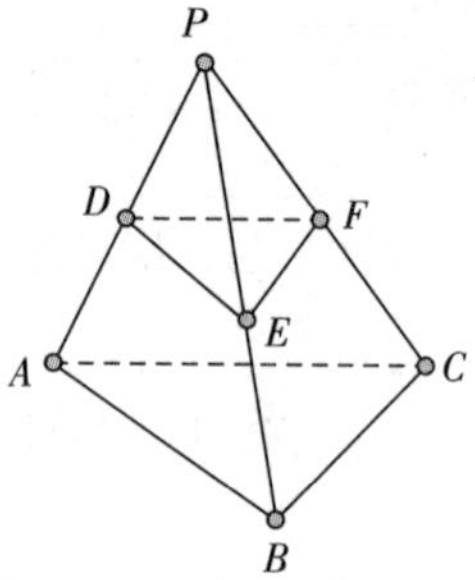

图 9－7

综合训练 B

一、选择题

1. 一条直线和两条异面直线中的一条平行，则它与另一条的位置关系是(　　).

A. 平行　　B. 相交

C. 异面　　D. 相交或异面

2. 两条直线都与一个平面平行，则这两条直线的位置关系是(　　).

A. 异面　　B. 相交

C. 平行　　D. 可能共面，也可能异面

3. 已知平面 $\alpha //$ 平面 β，若直线 a 在平面 α 内，直线 b 在平面 β 内，则 a 与 b 的关系是(　　).

A. 平行　　B. 相交

C. 异面　　D. 平行或异面

二、填空题

4. 已知 $ABCD-A_1B_1C_1D_1$ 是正方体，过 A,C,B_1 三点的平面与底面 $A_1B_1C_1D_1$ 的交线为 l，则 l 与 AC 的位置关系是________.

5. 已知 P 是正方体 $ABCD-A_1B_1C_1D_1$ 棱 DD_1 上任意一点，则在正方体的 12

条棱中,与平面 ABP 平行的是____________.

三、解答题

6. 已知长方体 $ABCD-A_1B_1C_1D_1$(图 9-8). 求证:平面 AB_1D_1 // 平面 BC_1D.

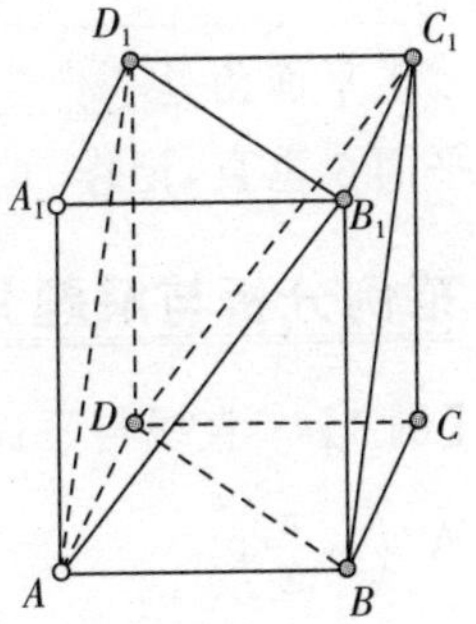

图 9-8

9.3　直线与直线、直线与平面、平面与平面所成的角

重难点知识总结

1. 空间两条直线所成的角

(1) 两条异面直线所成的角:经过空间任意一点分别作与两条异面直线都________的直线,这两条相交直线的________叫做两条异面直线所成的角. 这个角的取值范围是____________________.

(2) 两条异面直线垂直:当两条异面直线 m 和 n 所成的角为________时,称这两条异面直线垂直,记作____________________.

2. 直线与平面所成的角

(1) 斜线 l 与平面所成的角:斜线 l 与它在平面内的________的夹角,叫做斜线 l 与平面所成的角.

(2) 直线与平面所成的角的范围是____________________.

(3) 直线与平面垂直:如果直线 l 与平面 α 内的________,那么就称直线 l 与平面 α 垂直,记作____________________.

3. 平面与平面所成的角

(1) 二面角的概念:从________所组成的图形叫做二面角,这条直线叫做________,这两个半平面叫做________,记作____________________.

(2) 二面角的平面角:过________上一点,分别在二面角的两个面内作________的射线,以这两条射线为边的________叫做二面角的平面角,二面角取值范围是____________________.

(3) 平面角是________的二面角叫做直二面角. 此时称两个平面垂直. 若平面 α 与平面 β 垂直,记作____________________.

范例分析与解题分析

【例 1】 直线与平面所成角的取值范围是(　　).

A. $\left(0,\frac{\pi}{2}\right)$　　B. $\left(0,\frac{\pi}{2}\right]$　　C. $\left[0,\frac{\pi}{2}\right)$　　D. $\left[0,\frac{\pi}{2}\right]$

【解题指南】D　我们规定当直线与平面垂直时,所成角为 $\frac{\pi}{2}$;当直线与平面平行或直线在平面内时,所成角为零角. 因此,直线与平面所成角的取值范围是 $\left[0,\frac{\pi}{2}\right]$.

【点评】确定直线与平面所成角的范围,应考虑到直线与平面平行、重合、垂直三种情况.

【变式训练】二面角的取值范围是(　　).

A. $(0,\pi)$　　B. $(0,\pi]$　　C. $[0,\pi)$　　D. $[0,\pi]$

【例 2】如图 9-9 所示,在长方体 $ABCD-A_1B_1C_1D_1$ 中,底面边长 $AB=3\text{m}$,$BC=4\text{m}$,高 $BB_1=5\text{m}$,求对角线 DB_1 与平面 $ABCD$ 所成角的大小.

【解题指南】如图 9-9,连接 DB,因为 $BB_1\perp$ 平面 $ABCD$,所以 $\angle BDB_1$ 是对角线 DB_1 与平面 $ABCD$ 所成的角.

在直角三角形 BDB_1 中,$BB_1=5$,$BD=\sqrt{3^2+4^2}=5$,

所以 $\angle BDB_1=\frac{\pi}{4}$,即对角线 DB_1 与平面 $ABCD$ 所成的角是 $\frac{\pi}{4}$.

【点评】一般来说,这类题目首先要确定直线与平面所成的角,然后再求解.

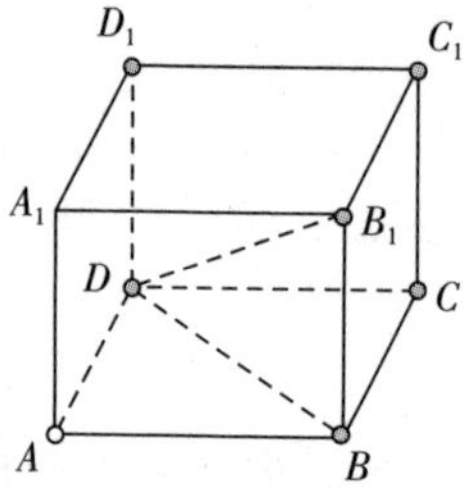

图 9-9

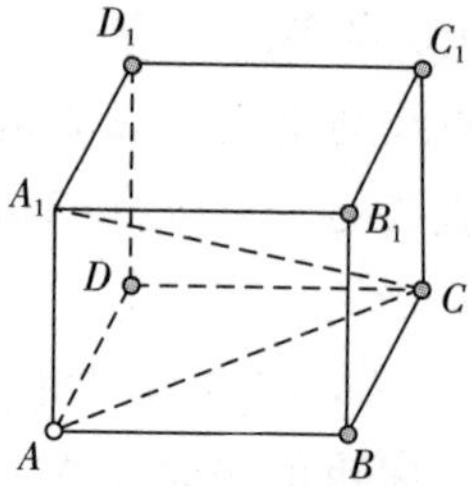

图 9-10

【变式训练】长方体 $ABCD-A_1B_1C_1D_1$ 中(图 9-10),$AB=1$,$BC=1$,$AA_1=$

$\sqrt{6}$.求对角线 A_1C 与平面 $ABCD$ 所成角的度数.

综合训练 A

一、选择题

1.若直线 a,b 与直线 l 相交成等角,则 a,b 的位置关系是(　　).

A.异面　　B.平行

C.相交　　D.可能异面,可能平行,也可能相交

2.如果空间两条直线互相垂直,那么它们(　　).

A.一定相交　　B.是异面直线

C.是共面直线　　D.一定不平行

3.平面内与平面的一条斜线垂直的直线有(　　).

A.1 条　　B.2 条　　C.6 条　　D.无数条

4.二面角是指(　　).

A.两个平面相交所组成的图形

B.一个平面绕这个平面内的一条直线旋转所组成的图形

C.从一个平面内的一条直线出发的一个半平面与这个平面所组成的图形

D.从一条直线出发的两个半平面所组成的图形

5.在长方体 $ABCD-A_1B_1C_1D_1$ 中,平面 A_1B_1CD 与平面 $ABCD$ 所组成的二面角的度数为(　　).

A.30°　　B.45°　　C.60°　　D.90°

二、填空题

6.在长方体 $ABCD-A_1B_1C_1D_1$ 中,设 $|AD|=|AA_1|$,那么 DA_1 与 BC_1 所成角的度数为____________.

7.若直线 $m//l$, $m\perp n$,则 l 与 n 所成角的度数为____________.

8.已知斜线段长是它在平面上的射影长的 2 倍,则斜线与平面所成的角是____________.

9.二面角的棱与这个二面角的平面角所在的平面的关系是____________.

三、解答题

10.在正方体 $ABCD-A_1B_1C_1D_1$ 中,求直线 AD_1 与 BD 所成角的度数.

11. 从平面外一点 D 向平面引垂线段 DA 及斜线段 DB，DC，$DA=10$，$\angle BDA=\angle CDA=60^\circ$，$\angle BDC=90^\circ$，求 BC 的长.

12. 画出图 9 - 11 中二面角的平面角.

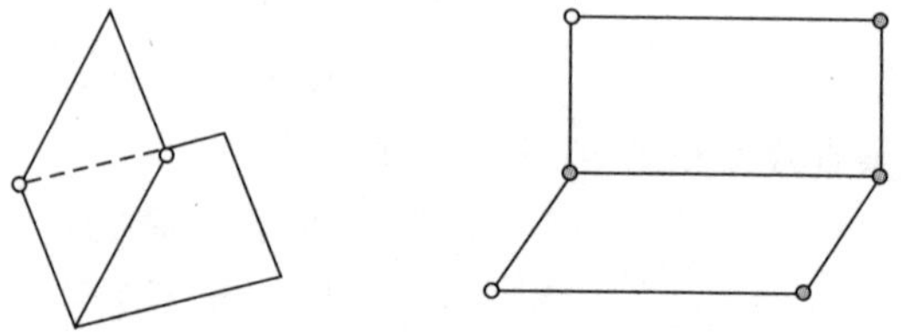

图 9 - 11

综合训练 B

一、选择题

1. 和两条异面直线都垂直的直线(　　).

A. 有无数条　　B. 有两条　　C. 只有一条　　D. 不存在

2. 如图 9 - 12 所示，在正方体 $ABCD-A_1B_1C_1D_1$ 中，与二面角 C_1-AB-C 大小相等的二面角是(　　).

A. 二面角 B_1-AB-C

B. 二面角 D_1-AB-D

D. 二面角 B_1-BC-A

D. 二面角 C_1-BC-D

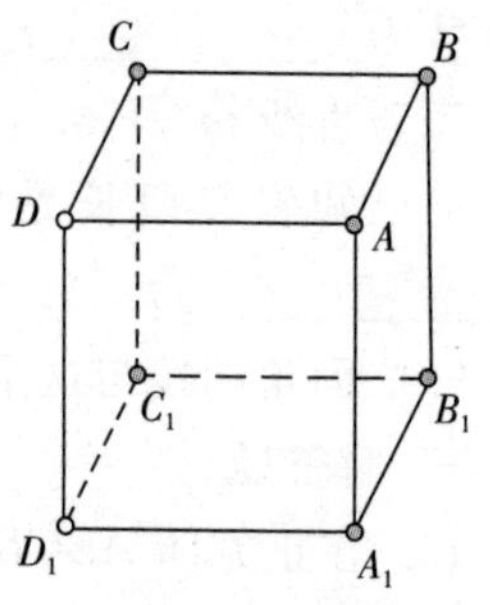

图 9 - 12

3. 已知二面角 $\alpha-a-\beta$ 为 60°，P 是平面 α 内一点，P 到 β 的距离为 m，则 P 在 β 内的射影到棱 a 的距离

为(　　).

A. $\frac{1}{2}m$　　　B. $\frac{1}{2}m$　　　C. $\frac{1}{2}m$　　　D. $\frac{\sqrt{3}}{2}m$

二、填空题

4. 已知平面 α 和平面 β 平行，直线 a 与 α 所成的角是 $30°$，a 被平面 α、β 所截的线段长是 12cm，则平面 α 与 β 间的距离是________.

5. 直二面角 $\alpha-l-\beta$ 内一点 P 到 α，β 的距离分别为 4cm 和 3cm，则 P 到棱的距离是________.

三、解答题

6. 如图 9－13 所示，在长方体 $ABCD-A_1B_1C_1D_1$ 中，$AB=\sqrt{3}$，$BB_1=BC=1$，求二面角 A_1-BC-A 的大小.

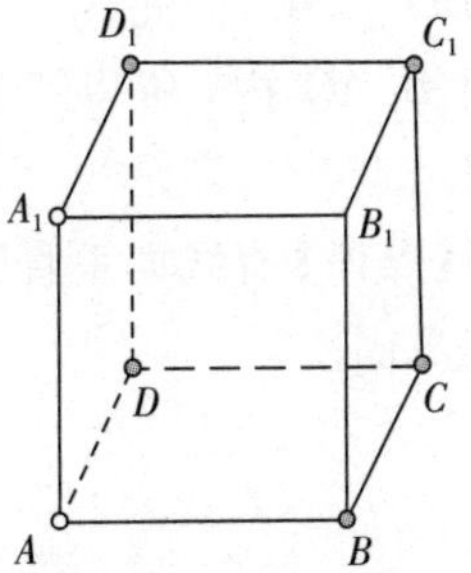

图 9－13

9.4　直线与直线、直线与平面、平面与平面垂直的判定与性质

重难点知识总结

直线与平面、平面与平面垂直的判定方法与性质，判定空间直线与直线、直线与平面、平面与平面垂直.

范例分类与解题分析

例 1　长方体 $ABCD-A_1B_1C_1D_1$ 中(图 9－14)，直线 AA_1 与平面 $ABCD$ 垂直吗？为什么？

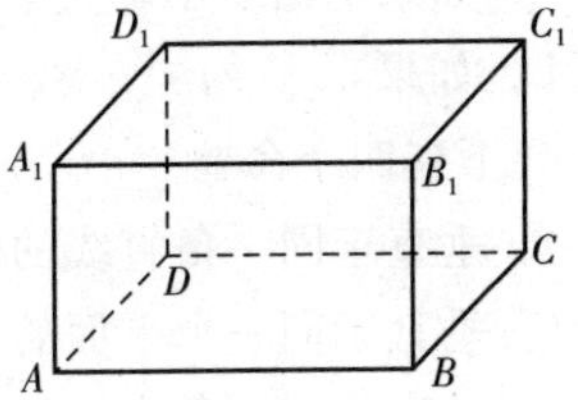

图 9－14

解：因为长方体 $ABCD-A_1B_1C_1D_1$ 中，侧面 ABB_1A_1、AA_1D_1D 都是长方形，所以 $AA_1\perp AB$，$AA_1\perp AD$. 且 AB 和 AD 是平面 $ABCD$ 内的

两条相交直线.由直线与平面垂直的判定定理知,直线 $AA_1 \perp$ 平面 $ABCD$.

点评:在长方形里直观展示直线与平面垂直,对掌握直线与平面垂直判定方法非常重要.

【变式训练】

在正方体 $ABCD-A_1B_1C_1D_1$ 中(图 9-15),判断平面 B_1AC 与平面 B_1BDD_1 是否垂直.

解:在正方体 $ABCD-A_1B_1C_1D_1$ 中,$B_1B \perp$ 平面 $ABCD$,所以 $B_1B \perp AC$,在底面正方形 $ABCD$ 中,$BD \perp AC$,因此 $AC \perp$ 平面 B_1BDD_1,因为 AC 在平面 B_1AC 内,所以平面 B_1AC 与平面 B_1BDD_1 垂直.

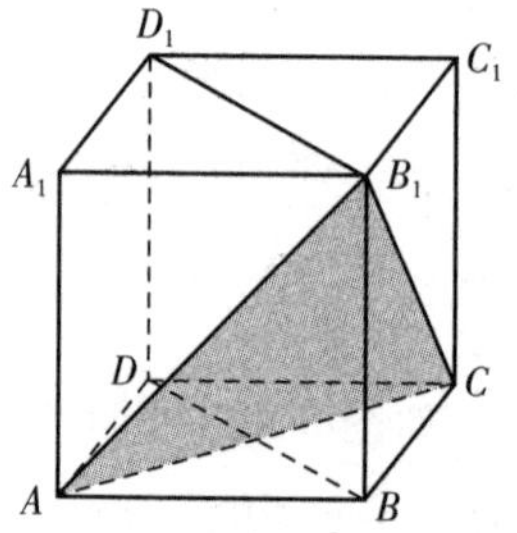

图 9-15

【点评】有线面垂直到面面垂直直观过渡,易于掌握巩固.

综合训练 A

一、选择题

1.垂直于同一平面的两条直线一定(　　).

A.平行　　B. 相交

C. 异面　　D. 以上都有可能

2.已知 $ABCD$ 为矩形,$PA \perp$ 平面 $ABCD$,下列判断中正确的是(　　).

A. $AB \perp PC$　　B. $AC \perp$ 平面 PBD

C. $BC \perp$ 平面 PAB　　D. 平面 $PBC \perp$ 平面 PDC

3.下列命题中错误的是(　　).

A.如果 $\alpha \perp \beta$,那么 α 内一定存在直线平行于平面 β

B. 如果 $\alpha \perp \beta$,那么 α 内所有直线都垂直于平面 β

C. 如果平面 α 不垂直平面 β,那么 α 内一定不存在直线垂直于平面 β

D. 如果 $\alpha \perp \gamma$,$\beta \perp \gamma$,$\alpha \cap \beta = l$,那么 $l \perp \gamma$

4.下列四个命题

① 垂直于同一条直线的两条直线相互平行;

② 垂直于同一个平面的两条直线相互平行;

③ 垂直于同一条直线的两个平面相互平行;

④ 垂直于同一个平面的两个平面相互平行;

其中错误的命题有(　　).

A. 1个　　B. 2个　　C. 3个　　D. 4个

5. 在空间中,下列命题正确的是(　　).

A. 平行直线的平行投影重合

B. 平行于同一直线的两个平面平行

C. 垂直于同一平面的两个平面平行

D. 垂直于同一平面的两条直线平行

二、解答题

6. 在二面角 $\alpha-l-\beta$ 内有一点 A,过 A 作 $AB\perp\alpha$ 于 B,作 $AC\perp\beta$ 于 C,如果 $\angle BAC=30°$,那么二面角 $\alpha-l-\beta$ 是多少度?

7. 矩形 $ABCD$ 在平面 α 内,F 是平面 α 外一点,$FD\perp DA$,$FD\perp DC$,$FD=10\text{cm}$,$AB=10\text{cm}$,$BC=6\text{cm}$,求线段 FA,FC 和 FB 的长.

综合训练 B

一、选择题

1. 正方体 $ABCD-A_1B_1C_1D_1$ 中,下列结论错误的是(　　).

A. AC // 平面 A_1BC_1

B. $BC_1\perp$ 平面 A_1B_1CD

C. $AD_1\perp B_1C$

D. 异面直线 CD_1 与 BC_1 所成的角是 $45°$

2. 两个平面平行的条件是(　　).

A. 一个平面内一条直线平行于另一个平面

B. 一个平面内两条直线平行于另一个平面

C. 一个平面内的无数条直线平行于另一个平面

D. 一个平面内的任意一条直线平行于另一个平面

3. 如图 9－16，已知四棱锥 $P-ABCD$ 中，已知 $PA\perp$ 底面 $ABCD$，且底面 $ABCD$ 为矩形，则下列结论中错误的是(　　).

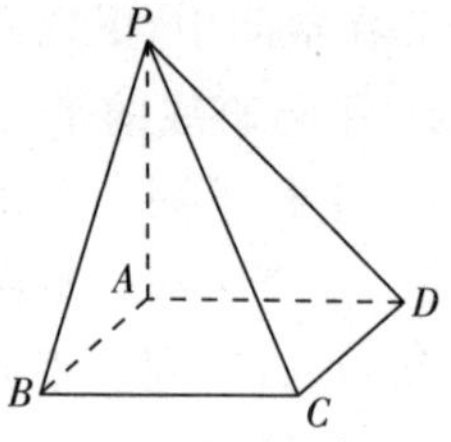

图 9－16

A. 平面 $PAB\perp$ 平面 PAD

B. 平面 $PAB\perp$ 平面 PBC

C. 平面 $PBC\perp$ 平面 PCD

D. 平面 $PCD\perp$ 平面 PAD

4. $ABCD-A_1B_1C_1D_1$ 为正方体，下列结论错误的是(　　).

A. BD // 平面 CB_1D_1　　B. $AC_1\perp BD$

C. $AC_1\perp$ 平面 CB_1D_1　　D. $AC_1\perp BD_1$

5. 如图 9－17，在正方体 $ABCD-A_1B_1C_1D_1$ 中，下列结论不正确的是(　　).

A. $C_1D_1\perp B_1C$　　B. $BD_1\perp AC$

C. BD_1 // B_1C　　D. $\angle ACB_1=60°$

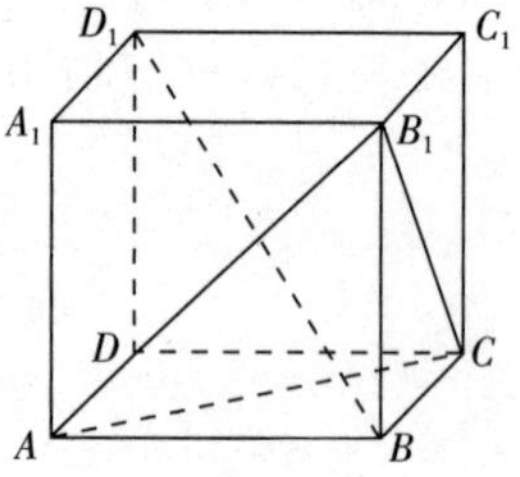

图 9－17

二、解答题

6. 在正方形 $ABCD-A_1B_1C_1D_1$ 中，已知 E_1 为 A_1D_1 的中点，求二面角 E_1-AB-C 的大小(精确到 1°).

7. 平面 $\alpha\perp\beta$，α 与 β 交于 l，AB 在 α 内，且 $AB\perp l$，BC，DE 在 β 内，$BC\perp DE$，试判断 AC 与 DE 是否垂直.

9.5　柱、锥、球及其简单组合体

重难点知识总结

正棱柱、正棱锥的结构特征及相关的计算，正棱柱、正棱锥的相关计算.

圆柱、圆锥、球的结构特征及相关的计算.

简单组合体的结构特征及其面积、体积的计算.

【典型例题】

例 1　已知一个正三棱柱的底面边长为 4cm，高为 5cm，求这个正三棱柱的侧面积和体积.

解：正三棱锥的侧面积为

$$S_{侧}=ch=3\times4\times5=60(\text{cm}^2)$$

由于边长为 4cm 的正三角形面积为

$$\frac{\sqrt{3}}{4}\times4^2=4\sqrt{3}(\text{cm}^2)$$

所以正三棱柱的体积为

$$V=S_{底}\ h=4\sqrt{3}\times5=20\sqrt{3}(\text{cm}^3)$$

【小提示】

边长为 a 的正三角形的面积为 $S=\frac{\sqrt{3}}{4}a^2$.

【变式训练】已知一个正六棱柱的底面边长为 4cm，高为 5cm，求这个正三棱柱的侧面积和体积.

例 2　如图 9-18，正三棱锥 P-ABC 中，点 O 是底面中心，$PO=12\text{cm}$，斜高 $PD=13\text{cm}$. 求它的侧面积、体积.（面积精确到 0.1 cm^2，体积精确到 1 cm^3）

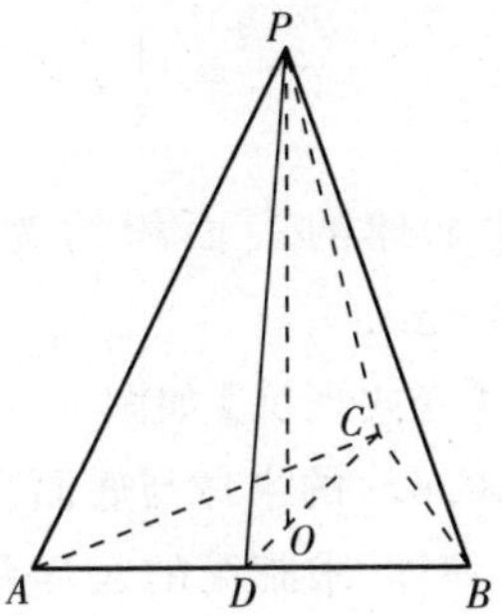

图 9-18

解：在正三棱锥 P-ABC 中，高 $PO=12\text{cm}$，斜高 $PD=13\text{cm}$.

在直角三角形 POD 中，

$$OD=\sqrt{PD^2-PO^2}=\sqrt{13^2-12^2}=5(\text{cm})$$

在底面正三角形 ABC 中，

$$CD=3OD=15(\text{cm})$$

所以底面边长为

$$AC=10\sqrt{3}(\text{cm})$$

所以侧面积与体积分别约为

$$S_{侧}=\frac{1}{2}ch'=\frac{1}{2}\times 3\times 10\sqrt{3}\times 13\approx 337.7(\text{cm}^2)$$

$$V=\frac{1}{3}S_{底}\ h=\frac{1}{3}\cdot\frac{\sqrt{3}}{4}\cdot(10\sqrt{3})^2\cdot 12\approx 519.6(\text{cm}^3)$$

【变式训练】正四棱锥的高是 a,底面的边长是 $2a$,求它的全面积与体积.

例 3 已知圆锥的母线的长为 2cm,圆锥的高为 1cm,求该圆锥的体积.

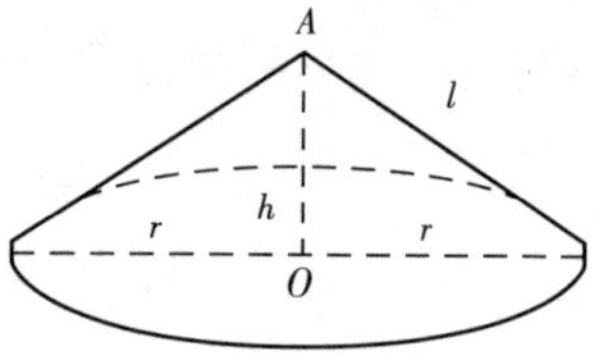

图 9-19

解:由图 9-19 知 $r=\sqrt{l^2-h^2}=\sqrt{3}(\text{cm})$,

故圆锥的体积为 $V_{圆锥}=\frac{1}{3}\times\pi\times(\sqrt{3})^2\times 1=\pi(\text{cm}^3)$.

例 4 球的大圆周长是 80cm,求这个球的表面积与体积各为多少?(保留 4 个有效数字)

解:设球的半径为 R,则大圆周长为 $2\pi R$.

因为 $2\pi R=80$,所以 $R=\frac{40}{\pi}$.

因此

$$S_{球}=4\pi R^2=4\pi\left(\frac{40}{\pi}\right)^2=\frac{6400}{\pi}\approx 2.037\times 10^3(\text{cm}^2)$$

$$V_{球}=\frac{4}{3}\pi R^3=\frac{4}{3}\pi\left(\frac{40}{\pi}\right)^3=\frac{256000}{3\pi^2}\approx 8.646\times 10^3(\text{cm}^3)$$

即这个球的表面积约为 $2.037\times 10^3\text{cm}^2$,体积约为 $8.646\times 10^3\text{cm}^3$.

【变式训练】如图 9-20 所示,学生小王设计的邮筒是由直径为0.6m 的半球与底面直径为 0.6m,高为 1m 的圆柱组合成的几何体.求邮筒的表面积(不含其底部,且投信口略计,精确到 0.01m^2).

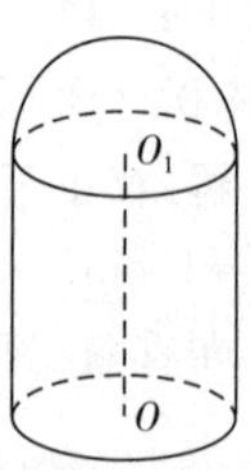

图 9-20

解:邮筒顶部半球面的面积为

$$S_{半球面}=\frac{1}{2}\times 4\pi\times(0.3)^2\approx 0.565(\text{m}^2)$$

邮筒下部圆柱的侧面积为

$$S_{侧面}=2\pi\times 0.3\approx 1.855(\text{m}^2)$$

所以邮筒的表面积约为 $0.565+1.885=2.45(\text{m}^2)$

综合训练 A

一、选择题

1.已知两个球的表面积之比为 $1:9$,则这两个球的体积之比为(　　).

A. $1:3$　　B. $1:\sqrt{3}$　　C. $1:9$　　D. $1:27$

2.已知一个球的表面积为 π,则其体积为(　　).

A. $\frac{4\pi}{3}$　　B. $\frac{2\pi}{3}$　　C. $\frac{\pi}{3}$　　D. $\frac{\pi}{6}$

3.已知四棱柱 $ABCD-A_1B_1C_1D_1$ 的外接球体积为$\frac{4\pi}{3}$,底面 $ABCD$ 是边长为 1 的正方形,则四棱柱 $ABCD-A_1B_1C_1D_1$ 的侧面积为(　　).

A. 4　　B. $4\sqrt{2}$　　C. $4\sqrt{3}$　　D. 无法确定

二、解答题

4.古希腊数学家阿基米德的墓碑上刻着一个圆柱,圆柱内有一个内切球,这个球的直径恰好与圆柱的高相等(图 9-21).相传这个图形表达了阿基米德最引以自豪的发现.我们来重温这个伟大发现:

(1) 求圆柱的体积与球的体积之比;

(2) 求圆柱的表面积与球的表面积之比.

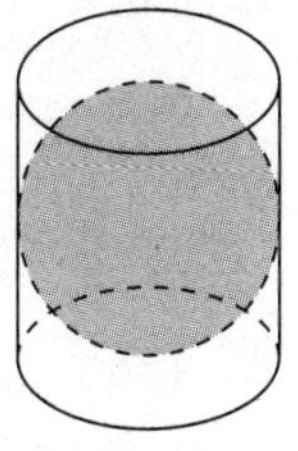

图 9-21

5. 已知正方体的全面积为 24cm^2：

(1) 求该正方体棱长；

(2) 求该正方体体积.

6. 正三棱锥的高为 1，底面边长为 $2\sqrt{6}$，内有一个球与它的四个面都相切，求：

(1) 棱锥的表面积；

(2) 内切球的表面积与体积.

7. 在 $\triangle ABC$ 中，若 $AC=3$，$BC=4$，$AB=5$，以 AB 为轴将三角形旋转一周得到一几何体，求该几何体的表面积与体积.

综合训练 B

一、选择题

1. 将棱长为 2 的正方体木块削成一个体积最大的球，则这个球的表面积为(　　).

A. 2π　　B. 4π　　C. 8π　　D. 16π

2. 火星的半径约是地球半径的一半，则地球的体积是火星的(　　).

A. 4 倍　　B. 8 倍　　C. $\frac{1}{4}$ 倍　　D. $\frac{1}{8}$ 倍

3. 在一个直径为 16cm 的圆柱形水桶中放入一个铁球，球全部没入水中后，水面升高了 4cm，则球的半径是(　　).

A. 8cm　　B. $4\sqrt[3]{3}$ cm　　C. $4\sqrt[3]{12}$ cm　　D. $4\sqrt{3}$ cm

二、解答题

4. 如图 9 - 22，几何体上半部分是母线长为 5，底面圆半径为 3 的圆锥，下半部分是下底面圆半径为 3，母线长为 2 的圆柱，计算该几何体的表面积和体积.

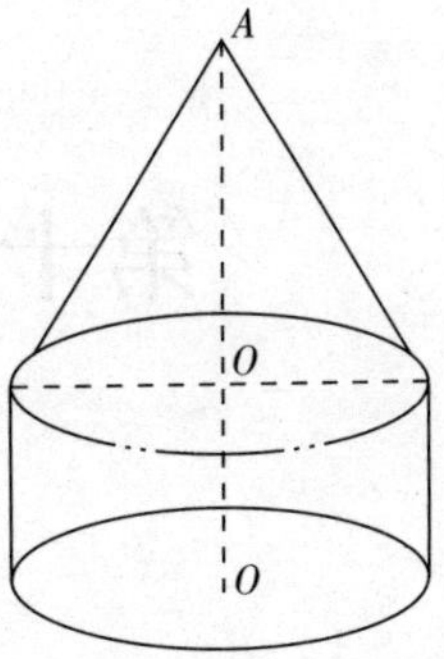

图 9 - 22

5. 某甜品店制作一种蛋筒冰激凌，其上部分是半球形，下半部分呈圆锥形(图 9 - 23)，现把半径为 10cm 的圆形蛋皮等分成 5 个扇形蛋皮，用一个扇形蛋皮围成圆锥的侧面(蛋皮的厚度忽略不计).

(1) 求该蛋筒冰激凌的高度；

(2) 求该蛋筒冰激凌的体积(精确到 0.01cm^3).

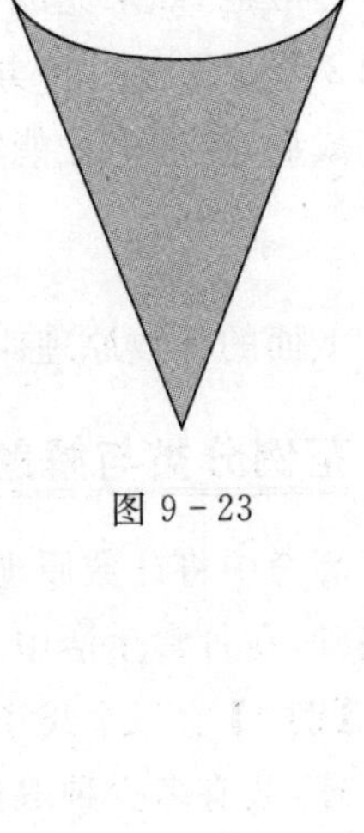
图 9 - 23

第十章　概率与统计初步

10.1　计数原理

重难点知识总结

1. 分类计数原理

一般地，完成一件事，有 n 类方式. 第 1 类方式有 k_1 种方法，第 2 类方式有 k_2 种方法，……，第 n 类方式有 k_n 种方法，那么完成这件事的方法共有

$$N = k_1 + k_2 + \cdots + k_n (\text{种})$$

上面的计数原理叫做分类计数原理.

2. 分步计数原理

一般地，如果完成一件事，需要分成 n 个步骤，完成第 1 个步骤有 k_1 种方法，完成第 2 个步骤有 k_2 种方法，……，完成第 n 个步骤有 k_n 种方法，并且只有这 n 个步骤都完成后，这件事才能完成，那么完成这件事的方法共有

$$N = k_1 \cdot k_2 \cdot \cdots \cdot k_n (\text{种})$$

上面的计数原理叫做分步计数原理.

范例分类与解题分析

高考中将计数原理列为考查章节，通常不会直接出题，但它是学习概率的前提和基础，在日常生活中有着广泛的应用.

【例 1】　三个袋子里分别装有 9 个红色球，8 个蓝色球和 10 个白色球. 任取出一个球，共有多少种取法？

【解题指南】　取出一个球，可能是红色球、蓝色球或白色球.

第一类：取红色球，从 9 个红色球中任意取出一个，有 $k_1 = 9$ 种方法；

第二类：取蓝色球，从 8 个蓝色球中任意取出一个，有 $k_2=8$ 种方法；

第三类：取白色球，从 10 个白色球中任意取出一个，有 $k_2=10$ 种方法.

由分类计数原理知，不同的取法共有 $N=9+8+10=27$(种).

【点评】　牢记分类计数、分步原理的概念及其区别，对解决此类问题非常重要.

【变式训练】　书架上有 7 本数学书，6 本语文书，4 本英语书. 如果从书架上任取一本，共有多少种不同取法？

【例 2】　某校电子八班有男生 26 人，女生 20 人，若要选男、女生各 1 人作为学生代表参加学校伙食管理委员会，共有多少种选法？

【解题指南】　这件事可以分成两个步骤完成：

第一步：从 26 名男生中选出 1 人，有 $k_1=26$ 种选法；

第二步：从 20 名女生中选出 1 人，有 $k_2=20$ 种选法.

由分步计数原理有

$$N=26\times20=520(\text{种})$$

即共有 520 种选法.

【点评】　此类题目为高考的热点题目，对今后的学习有重要影响.

【变式训练】　邮政大厅有 4 个邮筒，现将三封信逐一投入邮筒，共有多少种投法？

综合训练 A

一、选择题

1. 5 位同学报名参加两个课外活动小组，每位同学限报其中的一个小组，则不同的报名方法共有(　　).

A. 10 种　　B. 20 种　　C. 25 种　　D. 32 种

2. 甲、乙、丙 3 位同学选修课程，从 4 门课程中，甲选修 2 门，乙、丙各选修 3 门，则不同的选修方案共有(　　).

A. 36 种　　B. 48 种　　C. 96 种　　D. 192 种

3. 记者要为 5 名志愿者和他们帮助的 2 位老人拍照，要求排成一排，2 位老人相邻但不排在两端，不同的排法共有(　　).

A. 1440 种　　B. 960 种　　C. 720 种　　D. 480 种

4. 从 5 位同学中选派 4 位同学在星期五、星期六、星期日参加公益活动，每人一天,要求星期五有 2 人参加,星期六、星期日各有 1 人参加,则不同的选派方法共有(　　).

A. 40 种　　B. 60 种　　C. 100 种　　D. 120 种

二、填空题

5. 两个袋子中分别装有 10 个红色球和 6 个白色球.从中取出一个红色球和一个白色球,共有________种方法.

6. 北京市电话号码为八位数字,问 8461 支局共有________个电话号码.

7. 某职业学校电子一班的同学分为三个小组,甲组有 10 人,乙组有 11 人,丙组有 9 人.现要选派 1 人参加学校的技能活动,有________种不同的方法.

三、解答题

8. 某校一年级有两个班,一班有 10 人会打乒乓球,二班有 12 人会打乒乓球,从两个班中选出 1 人参加乒乓球比赛,共有多少种方法?

9. 从甲组 40 件产品与乙组的 20 件产品中,各抽一件进行检测,共有多少种方法?

综合训练 B

一、选择题

1. 由数字 0,1,2,3,4,5 可以组成无重复数字且奇偶数字相间的六位数的个数有(　　).

A. 72　　B. 60　　C. 48　　D. 52

2. 用 0,1,2,3,4 组成没有重复数字的全部五位数中,若按从小到大的顺序排列,则数字 12340 应是第(　　)个数.

A. 6　　B. 9　　C. 10　　D. 8

3. 2006 年世界杯参赛球队共 32 支，现分成 8 个小组进行单循环赛，决出 16 强（各组的前 2 名小组出线），这 16 个队按照确定的程序进行淘汰赛，决出 8 强，再决出 4 强，直到决出冠、亚军和第三名、第四名，则比赛进行的总场数为（　　）.

A. 64　　B. 72　　C. 60　　D. 56

4. 从不同号码的五双靴中任取 4 只，其中恰好有一双的取法种数为（　　）.

A. 120　　B. 240　　C. 360　　D. 72

二、填空题

5. 今有 2 个红球、3 个黄球、4 个白球，同色球不加以区分，将这 9 个球排成一列，有________种不同的方法（用数字作答）.

6. 用数字 0，1，2，3，4 组成没有重复数字的五位数，则其中数字 1，2 相邻的偶数有________个.（用数字作答）

7. 从班委会 5 名成员中选出 3 名，分别担任班级学习委员、文娱委员与体育委员，其中甲、乙二人不能担任文娱委员，则不同的选法共有________种.（用数字作答）

三、解答题

8. 如图 10－1，电路中共有 7 个电阻与一个电灯 A，若灯 A 不亮，分析因电阻断路的可能性共有多少种情况.

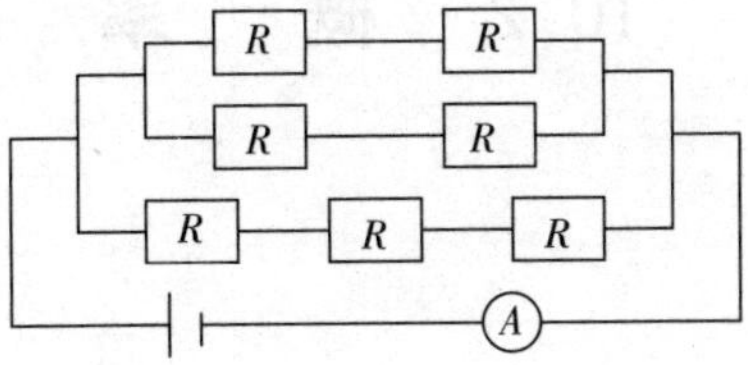

图 10－1

9. 从 1 到 9 的九个数字中取三个偶数、四个奇数，试问：

(1) 能组成多少个没有重复数字的七位数？

(2) 上述七位数中三个偶数排在一起的有几个？

(3) 在(1) 中的七位数中，偶数排在一起、奇数也排在一起的有几个？

(4) 在(1) 中任意两偶数都不相邻的七位数有几个？

10. 把 1,2,3,4,5 这五个数字组成无重复数字的五位数,并把它们按由小到大的顺序排列成一个数列.

(1)43251 是这个数列的第几项?

(2) 这个数列的第 96 项是多少?

(3) 求这个数列的各项和.

10.2 概　率

重难点知识总结

一、随机事件

在相同的条件下,具有多种可能的结果,而事先又无法确定会出现哪种结果的现象叫做随机现象(偶然现象).

通常使用试验和观察的方法来研究随机现象,这类试验和观察,事先可以预测到可能会发生的各种结果,但是无法预测发生的确切结果. 在相同的条件下,试验和观察可以重复进行. 我们把这类试验和观察叫做随机试验. 试验的结果叫做随机事件,简称事件,常用英文大写字母 A,B,C 等表示.

二、必然事件

把在一定条件下,必然发生的事件叫做必然事件,用 Ω 表示. 在一定条件下,不可能发生的事件叫做不可能事件,用 $\varnothing$ 表示.

三、基本事件、复合事件

任意抛掷一颗骰子,观察掷出的点数. 事件 $A=\{$点数是 1$\}$,$B=\{$点数是 2$\}$,$C=$

{点数不超过 2}。像事件 A 与事件 B 那样，作为试验和观察的基本结果，在试验和观察中不能再分的最简单的随机事件，叫做基本事件. 像事件 C 那样，可以用基本事件来描绘的随机事件叫做复合事件.

四、频数、频率和概率

设在 n 次重复试验中，事件 A 发生了 m 次（$0\leqslant m\leqslant n$），m 叫做事件 A 发生的频数. 事件 A 的频数在试验的总次数中所占的比例 $\frac{m}{n}$，叫做事件 A 发生的频率.

一般地，当试验次数充分大时，如果事件 A 发生的频率 $\frac{m}{n}$ 总稳定在某个常数附近，那么就把这个常数叫做事件 A 发生的概率，记作 $P(A)$.

因为在 n 次重复试验中，事件 A 发生的次数 m 总是满足 $0\leqslant m\leqslant n$，所以 $0\leqslant \frac{m}{n}\leqslant 1$. 由此得到事件的概率具有下列性质：

(1) 对于必然事件 Ω，$P(\Omega)=1$；

(2) 对于不可能事件 $\varnothing$，$P(\varnothing)=0$；

(3) $0\leqslant P(A)\leqslant 1$.

五、古典概型

如果一个随机试验的基本事件只有有限个，并且各个基本事件发生的可能性相同，那么称这个随机试验属于古典概型.

设试验共有 n 个基本事件，并且每一个基本事件发生的可能性都相同，事件 A 包含 m 个基本事件，那么事件 A 发生的概率为

$$P(A)=\frac{m}{n}$$

不可能同时发生的两个事件叫做互斥（或互不相容）事件.

事件 C 发生，就意味着事件 A 与事件 B 中至少有一个发生，这时把事件 C 叫做事件 A 与事件 B 的和事件，记作 $C=A\cup B$.

一般地，对于互斥事件 A 和 B，有

$$P(A\cup B)=P(A)+P(B)$$

上式叫做互斥事件的概率加法公式.

范例分类与解题分析

概率在高考中被列为必考查章节，通常会直接出题，但它是考查的内容通常都是较为简单，主要以基础为主，同时概率在日常生活中有着广泛的应用.

【例 1】 设在 100 件商品中有 3 件次品.

$A=\{$ 随机抽取 1 件是次品 $\}$;$B=\{$ 随机抽取 4 件都是次品 $\}$;$C=\{$ 随机抽取 10 件有正品$\}$. 指出其中的必然事件及不可能事件.

【解题指南】 由于 100 件商品中含有 3 件次品,随机地抽取 1 件,可能是次品,也可能是正品;随机地抽取 4 件,全是次品是不可能的;随机地抽取 10 件,其中含有正品是必然的.

因此,事件 B 是不可能事件,事件 C 是必然事件.

【点评】 牢记随机事件、必然事件和不可能事件的概念及其区别,对解决此类问题非常重要.

【变式训练】 任意抛掷一颗骰子,观察掷出的点数. 事件 $A=\{$点数是 1 $\}$,$B=\{$点数是 7 $\}$,$C=\{$两次点数之和不超过 12 $\}$,指出其中的必然事件及不可能事件.

【例 2】 连续抽检了某车间一周内的产品,结果如表 10-1 所示(精确到 0.001):

表 10-1

星期	星期一	星期二	星期三	星期四	星期五	星期六	星期日
产品总数(n)	60	150	600	900	1200	1800	2400
次品数(m)	7	19	52	100	109	169	248
频率$\left(\frac{m}{n}\right)$	0.117	0.127	0.087	0.111		0.094	0.103

求:(1) 星期五该厂生产的产品是次品的频率为多少?

(2) 本周内,该厂生产的产品是次品的概率为多少?

【解题指南】 (1) 记 $A=\{$ 生产的产品是次品 $\}$,则事件 A 发生的频率为

$$\frac{m}{n}=\frac{109}{1200}\approx 0.091$$

即星期五该厂生产的产品是次品的频率约为 0.091.

(2) 本周内生产的产品是次品的概率约为 0.100.

【变式训练】 某市工商局要了解经营人员对工商执法人员的满意程度,故进行了 5 次"问卷调查",结果如表 10-2 所示:

表 10-2

被调查人数 n	500	502	504	496	505
满意人数 m	375	376	378	372	404
满意频率 $\frac{m}{n}$					

(1) 计算表中的各个频率；

(2) 经营人员对工商局执法人员满意的概率 $P(A)$ 约是多少？

【例 3】 把一枚硬币任意地抛掷一次，求出现正面向上的概率.

【解题指南】 这是古典概型问题. 抛掷硬币一次可能出现正面向上或反面向上两种情况，而且这两种情况的出现是等可能的.

设 $A=\{$出现正面向上$\}$，则基本事件总数 $n=2$. 因为出现正面向上只是其中的一种情况，所以事件 A 包含的基本事件数 $m=1$，故出现正面向上的概率为

$$P(A)=\frac{m}{n}=\frac{1}{2}.$$

【变式训练】 抛掷一颗骰子，求出现的点数是 5 的概率.

【例 4】 抛掷一颗骰子，观察掷出的点数. 求 $C=\{$点数为奇数或 2$\}$ 的概率.

【解题指南】 设 $A=\{$点数为奇数$\}$，$B=\{$点数为 2$\}$，则事件 A 与事件 B 为互斥事件，并且 $P(A)=\frac{3}{6}=\frac{1}{2}$，$P(B)=\frac{1}{6}$，所以 $P(C)=P(A\cup B)=P(A)+P(B)=\frac{1}{2}+\frac{1}{6}=\frac{2}{3}$.

【变式训练】 袋中有 6 个红色球、3 个黄色球、4 个黑色球、5 个绿色球，现从袋中任取一个球. 求取到的球不是绿球的概率.

综合训练 A

一、选择题

1. 下列事件属于必然事件的是(　　).

A. 打开电视，正在播放新闻

B. 我们班的同学将会有人成为航天员

C. 实数 $a<0$，则 $2a<0$

D. 新疆的冬天不下雪

2. 在计算机键盘上，最常使用的是(　　).

A. 字母键　　B. 空格键　　C. 功能键　　D. 退格键

3. 在一个不透明的口袋中，装有若干个除颜色不同其余都相同的球，如果口袋中装有 4 个红球且摸到红球的概率为 $\frac{1}{6}$，那么口袋中球的总数为(　　).

A. 12 个　　B. 9 个　　C. 6 个　　D. 3 个

4. 掷一枚质地均匀的正方体骰子,骰子的六个面上分别刻有 1 ～ 6 的点数,掷得面朝上的点数为奇数的概率为(　　).

A. $\frac{1}{6}$　　B. $\frac{1}{3}$　　C. $\frac{1}{4}$　　D. $\frac{1}{2}$

5. 小明准备用 6 个球设计一个摸球游戏,下面四个方案中,你认为哪个不成功(　　).

A. P(摸到白球)$=\frac{1}{2}$,P(摸到黑球)$=\frac{1}{2}$

B. P(摸到白球)$=\frac{1}{2}$,P(摸到黑球)$=\frac{1}{3}$,P(摸到红球)$=\frac{1}{6}$

C. P(摸到白球)$=\frac{2}{3}$,P(摸到黑球)$=P$(摸到红球)$=\frac{1}{3}$

D. 摸到白球、黑球、红球的概率都是$\frac{1}{3}$

二、填空题

6. 抛掷两枚分别标有 1,2,3,4,5,6 的正六面体骰子,写出这个试验中的一个随机事件:____________,写出这个试验中的一个必然发生的事件:____________.

7. 在 100 张奖券中,有 4 张中奖,小勇从中任抽 1 张,他中奖的概率是________.

8. 小强与小红两人下军棋,小强获胜的概率为 46%,小红获胜的概率是 30%,那么两人下一盘棋小红不输的概率是________.

9. 在 4 张小卡片上分别写有实数 $0,\sqrt{2},\pi,\frac{1}{3}$,从中随机抽取一张卡片,抽到无理数的概率是____________.

10. 在元旦游园晚会上有一个闯关活动,将 5 张分别画有等腰梯形、圆、平行四边形、等腰三角形、菱形的卡片任意摆放,将有图形的一面朝下,从中任意翻开一张,如果翻开的图形是中心对称图形就可以过关,那么一次过关的概率是________.

三、解答题

11. “元旦这一天,小明与妈妈去逛超市,他们会买东西回家.”这是一个随机事件吗? 为什么?

12. 对某电视机厂生产的电视机进行抽样检测的数据如表 10 - 3 所示，请你通过计算填出相应合格品的概率，并求该厂生产的电视机次品的概率.

表 10 - 3

抽取台数	50	100	200	300	500	1000
合格品数(台)	40	92	192	285	478	954
频　率						

13. 某鱼塘捕到 100 条鱼，称得总重为 150 千克，这些鱼大小差不多，做好标记后放回鱼塘，在它们混入鱼群后又捕到 102 条大小差不多的同种鱼，称得总重仍为 150 千克，其中有 2 条带有标记的鱼. 鱼塘中这种鱼大约有多少千克?

14. 一个密码柜的密码由四个数字组成，每个数字都是 0 ～ 9 这十个数字中的一个，只有当四个数字与所设定的密码相同时，才能将柜打开，粗心的刘芳忘了其中中间的两个数字，她一次就能打开该锁的概率是多少?

综合训练 B

一、选择题

1. 概率为 0.007 的随机事件在一次试验中(　　).

A. 一定不发生　　B. 可能发生，也可能不发生

C. 一定发生　　D. 以上都不对

2. 一个密闭不透明的盒子里有若干个白球，在不允许将球倒出来的情况下，为估计白球的个数，小刚向其中放入 8 个黑球，摇匀后从中随机摸出一个球记下颜色，再把球放回盒中，不断重复，共摸球 400 次，其中 88 次摸到黑球，估计盒中大约有白球(　　).

A. 28 个　　B. 30 个　　C. 36 个　　D. 42 个

3. 在一个不透明的布袋中，红色、黑色、白色的玻璃球共有 40 个，除颜色外其他都完全相同，小明通过多次试验后发现其中摸到红色、黑色的频率分别为 15% 和 45%，则口袋中白色球的个数很可能是(　　)个.

A. 6　　B. 16　　C. 18　　D. 24

4. 如图 10－2，有 6 张写有汉字的卡片，它们的背面都相同，现将它们背面朝上洗匀后如图 10－3 摆放，从中任意翻开一张是汉字“自”的概率是(　　).

A. $\frac{1}{2}$　　B. $\frac{1}{3}$　　C. $\frac{2}{3}$　　D. $\frac{1}{6}$

图 10－2

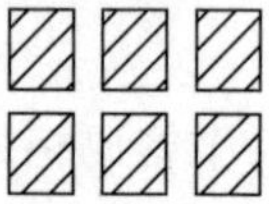
图 10－3

5. 如图 10－4，一个小球从 A 点沿轨道下落，在每个交叉口都有向左或向右两种机会相等的结果，小球最终到达 H 点的概率是(　　).

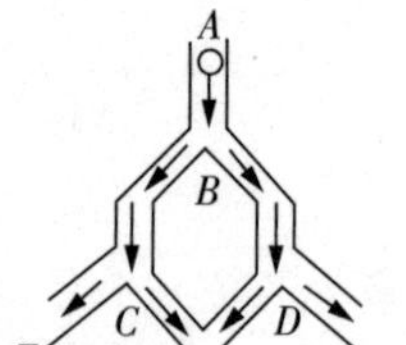

图 10－4

$\frac{1}{2}$　　B. $\frac{1}{4}$

C. $\frac{1}{6}$　　D. $\frac{1}{8}$

二、填空题

6. 小红和小明在操场上做游戏，他们先在地上画了半径为 2m 和 3m 的同心圆，如图 10－5，然后蒙上眼睛在一定距离外向圈内掷小石子，掷中阴影部分小红胜，否则小明胜，未掷入圈内不算，获胜可能性大的是________.

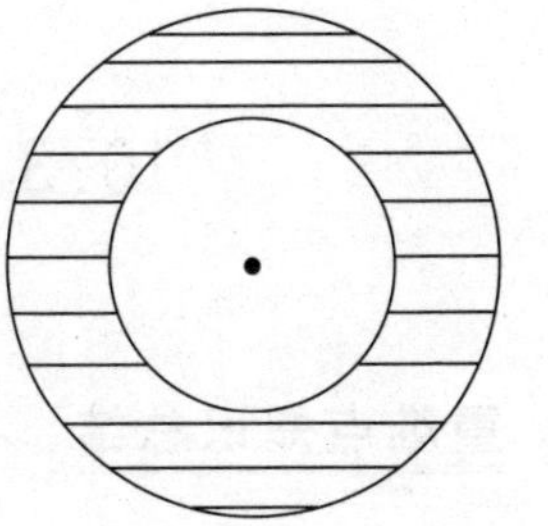

图 10－5

7. 不透明的口袋里装有白、黄、蓝三种颜色的乒乓球(除颜色外其余都相同)，其中白球有 2 个，黄球有 1 个，现从中任意摸出一个白球的概率是$\frac{1}{6}$，则口袋里有蓝球________个.

8. 飞机进行投弹演习，已知地面上有大小相同的 9 个方块，如图 10－6，其上分别标有 1,2,3,4,5,6,7,8,9 九个数字，则飞机投弹两次都投中 9 号方块的概率是________；两次投中的号数之和是 14 的概率是________.

1	2	3
4	5	6
7	8	9

图 10－6

三、解答题

9. 将正面分别标有数字 6,7,8，背面花色相同的三张卡片洗匀后，背面朝上放在桌面上.

(1) 随机地抽取一张，求 P(偶数).

(2) 随机地抽取一张作为个位上的数字(不放回)，再抽取一张作为十位上的数字，能组成哪些两位数？恰好为“68”的概率是多少？

10. 一枚均匀的正方体骰子，六个面上分别标有数字 1,2,3,4,5,6，连续抛掷两次，朝上的数字分别是 m,n，若把 m,n 作为点 A 的横、纵坐标，那么点 $A(m,n)$ 在函数 $y=2x$ 的图像上的概率是多少？

10.3　总体、样本与抽样方法

重难点知识总结

1. 总体

在统计中,所研究对象的全体叫做总体,组成总体的每个对象叫做个体.

2. 样本

被抽取出来的个体的集合叫做总体的样本,样本所含个体的数目叫做样本容量.

3. 抽样方法

(1) 简单随机抽样

简单随机抽样必须保证总体的每个个体被抽到的机会是相同的,也就是说,简单随机抽样是等概率抽样.

注:适用于总体较少的情况.

(2) 系统抽样

当总体所含的个体较多时,可将总体分成均衡的几个部分,然后按照预先定出的规则,从每一部分中抽取一定数目的个体. 这种抽样叫做系统抽样(或机械抽样).

从容量为 N 的总体中,用系统抽样抽取容量为 n 的样本,按照下面的步骤进行:① 编号:将总体的 N 个个体编号;

② 确定间隔:可以考虑用$\frac{N}{n}$(取整数) 作间隔分段,将总体分成 n 段;

③ 抽样:按照一定的规则抽取样本. 如抽每段的第 k 个顺序号的个体(k 为小于 $\frac{N}{n}$ 的整数),得到容量为 n 的样本.

(3) 分层抽样

当总体是由有明显差异的几个部分组成时,可将总体按差异情况分成互不重叠的几个部分 —— 层,然后按各层个体总数所占的比例来进行抽样,这种抽样叫做分层抽样.

范例分类与解题分析

样本、总体和抽样方法高考中列为考查章节,通常会直接出题,考查的内容较为简单，但在日常生活中有着广泛的应用.

【例1】 研究某班学生上学期数学期末考试成绩，指出其中的总体与个体.

【解题指南】 该班所有学生的数学期末考试成绩是总体，每一个学生的数学期末考试成绩是个体.

【例2】 某地区为了掌握7岁儿童身高状况，随机抽取200名儿童测试身高，请指出其中的总体、个体、样本与样本容量.

【解题指南】 该地区所有7岁儿童的身高是总体，每一个7岁儿童的身高是个体，被抽取的200名7岁儿童的身高是样本，样本容量是200.

【例3】 某班有50名同学，学号为1～50，试利用随机数从中抽取10名同学去参加义务劳动.

【解题指南】 将计算器的精确度设为0.01.取小数点后面的两位数作为抽取的学号，如果超过50就舍去，重复的也舍去.这样，用计算器得到随机数

0.08，　0.03，　0.75，　0.53，　0.13，

0.10，　0.44，　0.78，　0.12，　0.79，

0.38，　0.78，　0.74，　0.97，　0.19，

0.90，　0.87，　0.21，　0.53，　0.50.

所以抽到的同学的学号是

8，3，13，10，44，12，38，19，21，50.

【例4】 某中职学校为了解2009级新生的身体发育情况，从1000名新生中，利用系统抽样，抽取一个容量为50的样本.请你来完成这个抽样.

【解题指南】 将这1000名学生编号(也可以利用新生录取号)，由于

$$\frac{1000}{50}=20$$

所以取每段间隔为20，将编号分成50段，规定各段抽取第16个顺序号的学生，得到容量为50的样本.其学生号码依次为

$$16,36,56,76,\cdots,996$$

【例5】 考察某地区7岁儿童的身高状况，应该如何抽取样本较好？(该地区城乡儿童比例为3∶7)

【解题指南】 按照3∶7的比例从该地区的城市和农村中的7岁儿童中抽取样本.

综合训练 A

一、选择题

1. 下列调查方式中适合的是(　　).

A. 要了解一批节能灯的使用寿命,采用普查方式

B. 调查你所在班级同学的身高,采用抽样方式

C. 环保部门调查沱江某段水域的水质情况,采用抽样调查方式

D. 调查全市中学生每天的就寝时间,采用普查方式

2. 某市对 4000 名初中毕业生进行体检,测量他们的体重时,从中抽出 60 名学生的体重进行分析,在这个问题中,正确的是(　　).

A. 4000 名学生的体重是总体　　B. 其中一名学生是个体

C. 从中抽出的 60 名学生是样本　　D. 以上的说法都是不正确的

3. 为了制定本市明年初中学生的校服的生产计划,有关部门准备对 300 名男生的身高进行调查,下列四种方案中,比较合理的是(　　).

A. 测量某体校中 300 名男子篮球、排球队员的身高

B. 查阅本市去年的 300 名学生的身高记录

C. 了解有关外地的 300 名学生的身高记录

D. 在本市的市区、郊区中任选两所中学、三所初级中学,在这五所学校的有关年级(1) 班中,用抽签的方法分别选出 10 名男生,然后测量他们的身高

4. 在 2008 年的世界无烟日(5 月 31 日),小华学习小组为了解本地区大约有多少成年人吸烟,随机调查了 100 个成年人,结果其中有 15 个成年人吸烟. 对于这个数据收集与处理的问题,下列说法正确的是(　　).

A. 调查的方式是普查　　B. 本地区只有 85 个成年人不吸烟

C. 样本是 15 个吸烟的成年人　　D. 本地区约有 15% 的成年人吸烟

5. 下面几个抽样调查选取样本的方法是随机抽样的是(　　).

A. 一食品厂为了解其产品质量情况,在其生产流水线上每隔 150 包取一包检查其质量

B. 一学校为了解学生家庭的经济状况,某同学建议在实验班中进行调查

C. 为了解某公司员工的工资情况,抽查了中层干部以上的工资进行分析

D. 为了解某地的年降水量,对夏季的某一个月进行观测

二、填空题

6. 为了调查我市九年级学生的视力情况,从中抽测了 200 名学生的视力. 这

200 名学生的视力情况是一个________.

7. 在某项调查中，从全市 1600 多万民众中抽取 1000 人，这个样本的容量是________.

8. 为了了解某饮料厂生产的杏仁露的质量，从该厂产品中随机抽取 500 瓶杏仁露进行检查，发现有 1 瓶不符合质量要求，据此可估计该厂生产的这批 1 万瓶杏仁露中有________瓶不符合质量要求.

9. 某商场 4 月份随机抽查了 6 天的营业额，结果分别如下(单位：万元)：2.8，3.2，3.4，3.7，3.0，3.1，则可估计该商场 4 月份的总营业额是________万元.

三、解答题

10. 在北京市"危旧房改造"中，小强一家搬进了回龙观小区. 这个小区冬季用家庭燃气炉取暖. 为了估算冬季取暖第一个月使用天然气的开支情况，从 11 月 15 日起，小强连续八天每天晚上记录了天然气表显示的读数，如表 10－4 所示。(注：天然气表上先后两次显示的读数之差就是这段时间内使用天然气的数量)

表 10－4

日期	15 日	16 日	17 日	18 日	19 日	20 日	21 日	22 日
天然气表显示读数(单位：m^3)	220	229	241	249	259	270	279	290

小强的妈妈 11 月 15 日买了一张面值 600 元的天然气使用卡，已知每立方米天然气 1.70 元，请你估算这张卡够小强家用一个月(按 30 天计算)吗？为什么？

11. 某校为了了解九年级学生体育测试成绩情况，以九年(1) 班学生的体育测试成绩为样本，按 A，B，C，D 四个等级进行统计，并将统计结果绘制如下两幅统计图(图 10－7、图 10－8)，请你结合图中所给信息解答下列问题：

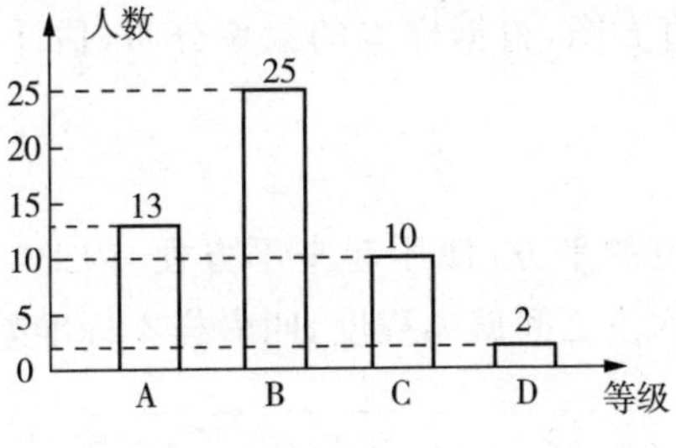

图 10－7

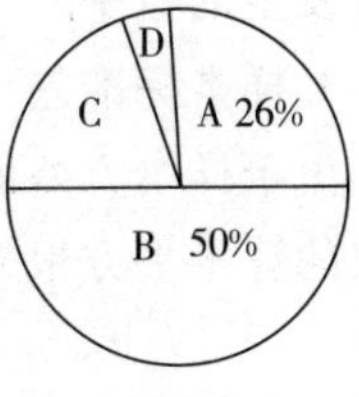

图 10－8

(说明:A级:90分～100分;B级:75分～89分;C级:60分～74分;D级:60分以下)

(1) 求出D级学生的人数占全班总人数的百分比;

(2) 求出扇形统计图中C级所在的扇形圆心角的度数;

(3) 该班学生体育测试成绩的中位数落在哪个等级内;

(4) 若该校九年级学生共有500人,请你估计这次考试中A级和B级的学生共有多少人?

10.4 用样本估计总体

重难点知识总结

1. 频率

一各组内数据的个数,叫做该组的频数. 每组的频数与全体数据的个数之比叫做该组的频率.

2. 样本的频率分布估计总体

如上所述,用样本的频率分布估计总体的步骤为:

(1) 选择恰当的抽样方法得到样本数据;

(2) 计算数据最大值和最小值,确定组距和组数,确定分点并列出频率分布表;

(3) 绘制频率分布直方图;

(4) 观察频率分布表与频率分布直方图,根据样本的频率分布,估计总体中某事件发生的概率.

3. 样本标准差

由于样本方差的单位是数据的单位的平方,使用起来不方便. 因此,人们常使用它的算术平方根来表示个体与样本均值之间偏离程度,叫做样本标准差. 即

$$s=\sqrt{\frac{1}{n-1}[(x_1-\bar{x})^2+(x_2-\bar{x})^2+\cdots+(x_n-\bar{x})^2]}$$

范例分类与解题分析

【例 1】　一个容量为 35 的样本数据，分组后，组距与频数如下：[5,10)，5 个；[10,15)，12 个；[15,20)，7 个；[20,25)，5 个；[25,30)，4 个；[30,35)，2 个. 则样本在区间[20,35) 上的频率为(　　).

A. 20%　　　B. 69%　　　C. 31%　　　D. 27%

【解题指南】由题意，样本中落在[20，+∞) 上的频数为 $5+4+2=11$，故在区间[20，+∞) 上的频率为 $\frac{11}{35}\approx 0.31$，答案选 C.

【例 2】　要从两位射击选手中选拔一位参加射击比赛，让他们做测试，两位选手的 10 次射击成绩如表 10－5 所示：

表 10－5　两位选手射击成绩统计

射击序号	1	2	3	4	5	6	7	8	9	10
甲选手	9.2	9.0	9.5	8.7	9.9	10.0	9.1	8.6	8.5	9.1
乙选手	9.1	8.9	9.3	9.7	9.9	9.9	8.9	9.2	9.6	8.8

你觉得选哪位选手参加比赛合适呢？

【解题指南】　由题意，将这 10 次射击成绩作为一个样本，对两名选手的射击水平进行估计. 分别计算数据的均值，得

$$\bar{x}_{甲}=\frac{1}{10}(9.2+9.0+9.5+8.7+9.9+10.0+9.1+8.6+8.5+9.1)$$

$$=9.16$$

$$\bar{x}_{乙}=\frac{1}{10}(9.1+8.9+9.3+9.7+9.9+9.9+8.9+9.2+9.6+8.8)$$

$$=9.33$$

显然 $\bar{x}_{甲}<\bar{x}_{乙}$.

由此估计，乙的射击平均水平高于甲，所以应选择选手乙去参加比赛.

综合训练 A

一、选择题

1. 用样本频率分布估计总体频率分布的过程中，下列说法正确的是(　　).

A. 总体容量越大,估计越精确
B. 总体容量越小,估计越精确
C. 样本容量越大,估计越精确
D. 样本容量越小,估计越精确

2. 频率分布直方图中,小长方形的面积等于(　　).

A. 组距　　B. 频率　　C. 组数　　D. 频数

3. 一个容量为 100 的样本,其数据的分组与各组的频数如表 10－6 所示:

表 10－6

组别	(0,10]	(10,20]	(20,30]	(30,40]	(40,50]	(50,60]	(60,70]
频数	12	13	24	15	16	13	7

则样本数据落在(10,40] 上的频率为(　　).

A. 0.13　　B. 0.39　　C. 0.52　　D. 0.64

4. 一个容量为 35 的样本数据,分组后,组距与频数如下:[5,10),5 个;[10,15),12 个;[15,20),7 个;[20,25),5 个;[25,30),4 个;[30,35),2 个. 则样本在区间 [20,35) 上的频率为(　　).

A. 20%　　B. 69%　　C. 31%　　D. 27%

5. 某工厂对一批产品进行了抽样检测. 图 10－9 是根据抽样检测后的产品净重(单位:克)数据绘制的频率分布直方图,其中产品净重的范围是[96,106],样本数据分组为[96,98),[98,100),[100,102),[102,104),[104,106],已知样本中产品净重小于 100 克的个数是 36,则样本中净重大于或等于 98 克并且小于 104 克的产品的个数是(　　).

A. 90　　B. 75　　C. 60　　D. 45

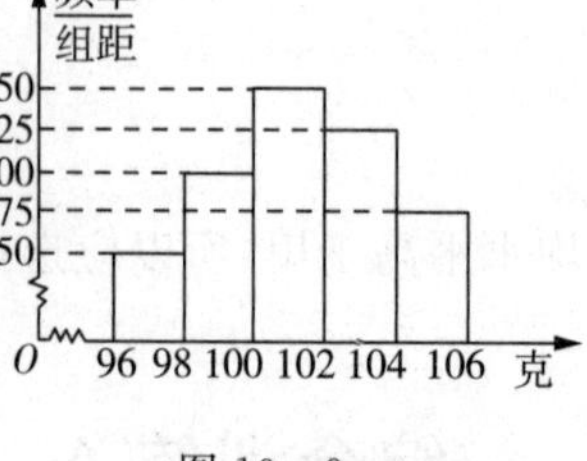

图 10－9

二、填空题

6. 将容量为 n 的样本中的数据分成 6 组,绘制频率分布直方图. 若第一组至第六组数据的频率之比为 2∶3∶4∶6∶4∶1,且前三组数据的频数之和等于 27,则 n

= ____________.

7. 为了帮助班上的两名贫困生解决经济困难，班上的 20 名同学捐出了自己的零花钱，他们捐款数(单位:元)如下:19,20,25,30,24,23,25,29,27,27,28,28,26,27,21,30,20,19,22,20. 班主任老师准备将这组数据制成频率分布直方图，以表彰他们的爱心. 制图时先计算最大值与最小值的差是____________. 若取组距为 2，则应分成____________组；若第一组的起点定为 18.5，则在[26.5,28.5) 内的频数为____________.

8. 一个容量为 n 的样本，分成若干组，已知甲组的频数和频率分别为 36 和 $\frac{1}{4}$，则容量 $n=$____________，且频率为 $\frac{1}{6}$ 的乙组的频数是____________.

三、解答题

9. 如图 10 - 10 是一个样本的频率分布直方图，且在[15,18) 内频数为 8.

(1) 求样本容量；

(2) 若[12,15) 一组的小长方形面积为 0.06，求[12,15) 一组的频数；

(3) 求样本在[18,33) 内的频率.

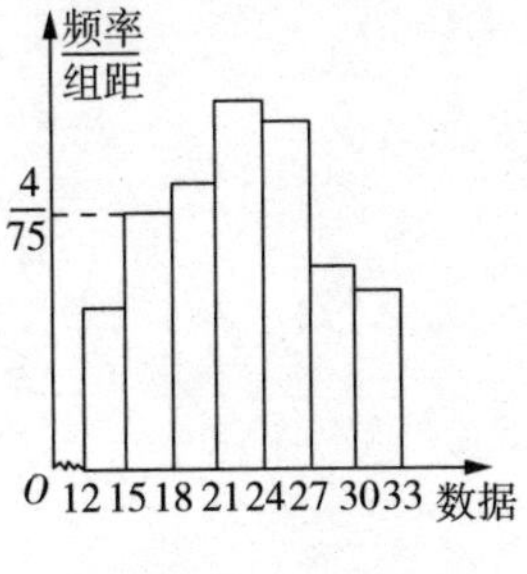

图 10 - 10

下册习题参考答案

第六章　数　列

6.1　数列的概念

【例 1】【变式训练】不是,第一个数列只有四项,第二个有无穷项.

【例 2】【变式训练】$a_7=(-1)^7\cdot 2^7=-2^7=-128$

【例 3】【变式训练】$2^2-2+a=22$,解得 $a=20$

综合训练 A

一、选择题

1. D　2. C　3. C

二、填空题

4. $a_n=n$　5. $a_5=15$　6. 5

三、解答题

7. 解:由题意可知

$$a_7=\frac{(-1)^7}{2\times 7}=-\frac{1}{14}$$

$$a_{12}=\frac{(-1)^{12}}{2\times 12}=\frac{1}{24}$$

所以数列第 7 项是 $-\frac{1}{14}$,第 12 项是$\frac{1}{24}$.

8. 解:由题意可知

$a_1=2\times 1^3-3=-1$

$a_2=2\times 2^3-3=13$

$a_3=2\times 3^3-3=51$

$a_4=2\times 4^3-3=125$

所以数列前 4 项分别为 −1,13,51,125.

9.解：令 $n\times(n+2)=63$

解得 $n=7$ 或 $n=-9$(舍去)，

所以 63 是该数列中的第 7 项.

综合训练 B

一、选择题

1.D　2.A　3.B　4.C

二、填空题

5. $a_n=2(n-1)$ 或 $a_n=2n-2$

6. $a_5=-\frac{1}{25}$

7.2

三、解答题

8.解：由题意可知

$a_1=-1$

$a_2=2^2=4$

$a_3=-1$

$a_4=2^4=16$

所以该数列前 4 项为 −1,4，−1,16，

9.解：由题意可知，

$a_2=4, a_4=16$.

9 是数列中第 3 项.

$a_n=n^2$.

10.解：令 $n^2-3n+24=22$，

解得 $n=1$ 或 $n=2$，

所以 22 是该数列第 1 项或第 2 项.

6.2　等差数列

【例 1】【变式训练】A

【例 2】【变式训练】$a_n=-3n+11$

$$S_n=-\frac{3}{2}n^2+\frac{19}{2}n$$

综合训练 A

一、选择题

1. C　2. B　3. B　4. A　5. B　6. C

二、填空题

7. $d=\frac{3}{2}$　8. $a_1=2$　9. $S_4=32$　10. $S_7=-28$

三、解答题

11. 解:$a_7=a_3+4d=3+4\times 2=11$

12. 解:项数为 99

13. 解:(1)$a_1=9,d=-2$

(2)$a_n=a_1+(n-1)d=9+(n-1)\times(-2)=11-2n$

$S_n=na_1+\frac{n(n-1)}{2}d=9n+\frac{n(n-1)}{2}\times(-2)=-n^2+10n$

14. 解:$S_n=\frac{(a_1+a_n)n}{2}=\frac{(-4-28)\times 8}{2}=-128$

15. 解:$S_{10}=na_1+\frac{n(n-1)}{2}d=10\times 2+\frac{10\times(10-1)}{2}\times 2=110$

综合训练 B

一、选择题

1. A　2. B　3. C　4. B　5. A

二、填空题

6. $S_6=16$　7. $a_n=1$　8. $a_{37}=14$　9. $\frac{8}{3}<d<3$

三、解答题

10. 解:(1)$a_n=11-2n$

(2)$n=10$

11. 解:(1)$a_n=11-2n$

(2) 当 $n=5$ 时,S_n 取得最大值.

12. 解:共有 1530 个座位.

6.3　等比数列

【例 1】【变式训练】$a_4=2\sqrt{2}$ 或 $a_4=-2\sqrt{2}$

【例 2】【变式训练】$n=6$

综合训练 A

一、选择题

1.D　2.C　3.D　4.B　5.C

二、填空题

6.$n=4$　7.$a_9=16$　8.$q=1$ 或 $q=-2$　9.$a=\pm2$

三、解答题

10.解：$a_n=\left(\frac{1}{2}\right)^{n-1}$　$S_n=2-\left(\frac{1}{2}\right)^{n-1}$

11.解：$\begin{cases}a=6\\b=12\\c=24\end{cases}$ 或 $\begin{cases}a=-6\\b=12\\c=-24\end{cases}$

12.解：41.4 万

综合训练 B

一、选择题

1.B　2.C　3.B　4.A　5.D

二、填空题

6.$a_2=\pm1$　7.$a_5=1$　8.$S_{10}=80$ 或 $S_{10}=341$

9.$q=2$　10.$a_n=2\cdot3^{n-1}$

三、解答题

11.解：(1) 略

(2) $a_n=3^{n-1}$

12.$q=-3, n=6$

13.$a_5=-162$

第七章　平面向量

7.1　平面向量的概念及线性运算

【例 1】【变式训练】$\overrightarrow{BA}$

【例 2】【变式训练】$(\overrightarrow{AB}-\overrightarrow{CD})-(\overrightarrow{AC}-\overrightarrow{BD})=\overrightarrow{AB}-\overrightarrow{CD}-\overrightarrow{AC}+\overrightarrow{BD}=(\overrightarrow{AB}-\overrightarrow{AC})+(\overrightarrow{BD}-\overrightarrow{CD})=\overrightarrow{CB}+\overrightarrow{BC}=\vec{0}$.

【例3】【变式训练】C

综合训练 A

一、选择题

1. A 2. D 3. C 4. C 5. B

二、填空题

6. 2,大小和方向 7. (1) $\overrightarrow{AC}$ (2) $\overrightarrow{AD}$ (3) $\overrightarrow{AE}$ 8. $4\vec{a}-\vec{b}$

9. $-\frac{1}{2}\vec{c}$

三、解答题

10. 略 11. 略 12. 略 13. $\overrightarrow{CO}=\frac{1}{2}\overrightarrow{CA}=\frac{1}{2}(\overrightarrow{BA}-\overrightarrow{BC})$

综合训练 B

一、选择题

1. C 2. A(备注:②④) 3. C 4. B

二、填空题

5. $\vec{a}+6\vec{b}$ 6. $\vec{0}$ 7. $-\vec{a}-\vec{b}$

三、解答题

8. 2 9. 略

7.2 平面向量的坐标表示

【例1】【变式训练】$3\vec{a}-\vec{b}+\vec{c}=3(1,-3)-(-2,4)+(0,5)=(5,-8)$

【例2】【变式训练】由 $\vec{a}//\vec{b}\Leftrightarrow x_1y_2-x_2y_1=0$ 得 $(1-n)\times 1-2(n+2)=0$,$n=-1$

【例3】【变式训练】由 $\vec{c}=m\vec{a}+n\vec{b}$ 得 $(2,0)=m(-1,2)+n(2,-3)$

$$\begin{cases}-m+2n=2,\\2m-3n=0,\end{cases}\quad\begin{cases}m=6\\n=4\end{cases}$$

综合训练 A

一、选择题

1. D 2. A 3. B 4. D 5. A

二、填空题

6. (−2,2),(4,6),(6,4)　7. (−3,9),(−9,−3)　8. $\frac{3}{2}$

9. $-\frac{3}{4}$

三、解答题

10. (1,7)　11. 设 $\vec{b}=(x,y)$,由 $\vec{c}=4\vec{a}-5\vec{b}$ 得 $(-19,13)=4(-1,2)-5(x,y)$

$$\begin{cases}-4-5x=-19,\\8-5y=13,\end{cases}\quad 即\quad \begin{cases}x=3\\y=-1\end{cases},故\ \vec{b}=(3,-1)$$

12. $m=-\frac{1}{2}$

综合训练 B

一、选择题

1. A　2. D　3. C　4. A

二、填空题

5. (5,7)　6. (3,1)(备注:$\overrightarrow{AB}=\overrightarrow{DC}$)　7. ①④

三、解答题

8. (12,−1)　9. −1.

7.3　平面向量的内积

【例 1】【变式训练】B

【例 2】【变式训练】$m=-\frac{3}{2}$

【例 3】【变式训练】是等腰直角三角形,理由如下:

$$\overrightarrow{AB}=(-1,4),\overrightarrow{AC}=(-5,3),\overrightarrow{BC}=(-4,-1)$$

因为 $\overrightarrow{AB}\cdot\overrightarrow{BC}=0$, $|\overrightarrow{AB}|=|\overrightarrow{BC}|=\sqrt{17}$.

所以 $\overrightarrow{AB}\perp\overrightarrow{BC}$ 即 $\triangle ABC$ 是等腰直角三角形.

综合训练 A

一、选择题

1. A　2. D　3. A　4. D　5. A

二、填空题

6. $\frac{4}{5}$　7. 垂直　8. (1,3)　9. 2

三、解答题

10. (1) -6　(2) $(3\vec{a}-2\vec{b})(\vec{a}+\vec{b})=3|\vec{a}|^2+3\vec{a}\vec{b}-2\vec{b}\vec{a}-2|\vec{b}|^2=-11$

11. $(\vec{a}+\vec{b})(\vec{a}-\vec{b})=(-1,3)\cdot(-3,-1)=0$

12. 由 $\vec{a}\perp(\vec{a}+\vec{b})$ 得 $\vec{a}\cdot(\vec{a}+\vec{b})=0$, $(-2,1)\cdot(-2+m,-1)=0$ 得 $m=\frac{3}{2}$.

综合训练 B

一、选择题

1. D　2. A　3. C　4. C

二、填空题

5. 2　6. 1　7. 7.5

三、解答题

8. (1) $\frac{3\pi}{4}$　(2) $(2\vec{a}-\vec{b})(\vec{a}+\vec{b})=2|\vec{a}|^2+2\vec{a}\cdot\vec{b}-\vec{b}\cdot\vec{a}-|\vec{b}|^2=2-6\sqrt{2}$

9. 由 $\langle\vec{a},\vec{b}\rangle\in(\frac{\pi}{2},\pi)$ 得 $\cos\langle\vec{a},\vec{b}\rangle<0$, 则 $\vec{a}\cdot\vec{b}=|\vec{a}|\ |\vec{b}|\cos\langle\vec{a},\vec{b}\rangle<0$

即 $(\lambda,4)\cdot(2,-1)<0$, $\lambda<2$, 所以 $\lambda\in(-\infty,2)$.

第八章　直线和圆的方程

8.1　两点之间的距离与线段中点坐标

综合训练 A

一、选择题

1. C　2. A　3. A　4. C　5. C

二、填空题

6. 5

7. $(-3,4)$

8. $(3,0)$

9. $(-9,-8)$

三、解答题

10.5，$(0,-\frac{3}{2})$

11.5 或 -1

12.$(6,-1)$

综合训练 B

一、选择题

1.A 2.C 3.D

二、填空题

4.$(8,0)$，$(0,12)$

5.$2\sqrt{2}$

三、解答题

6.$(0,4)$ 或$(0,-4)$

8.2 直线的方程

综合训练 A

一、选择题

1.C 2.A 3.A 4.A 5.C

二、填空题

6.$\sqrt{3}$

7.4

8.$y=-2$

9.$90°$

三、解答题

10.$\sqrt{3}x-3y+12-3\sqrt{3}=0$

11.$x-2y-2=0$

12.$x+y-2=0$

综合训练 B

一、选择题

1.A 2.C 3.A

二、填空题

4. $-\frac{23}{8}$

5. 6

三、解答题

6. $m=0$ 或 $m=-1$

8.3 两条直线的位置关系

综合训练 A

一、选择题

1. C　2. D　3. B　4. A　5. B

二、填空题

6. $2x-y=0$

7. 1

8. 2

9. 1

三、解答题

10. 垂直

11. $x+2y+1=0$

12. $\frac{3}{5}$

综合训练 B

一、选择题

1. C　2. B　3. A

二、填空题

4. 1

5. 1 或 -3

三、解答题

6. $x+5y-5=0$

8.4 圆

综合训练 A

一、选择题

1. C 2. B 3. B 4. C 5. B

二、填空题

6. $(0,0)$, $\sqrt{6}$

7. $(x-2)^2+(y+5)^2=3^2$

8. $(x+4)^2+(y-3)^2=5^2$

9. $\sqrt{2}$

三、解答题

10. $x^2+(y+3)^2=8$

11. $(1,-2)$, 2

12. 相交

综合训练 B

一、选择题

1. B 2. D 3. C

二、填空题

4. $(2,-3)$, $\sqrt{5}$

5. $k>8$

三、解答题

6. $x^2+y^2-2x-4y=0$

第九章 立体几何

9.1 平面的概念

综合训练 A

一、选择题

1. A 2. D 3. A 4. D 5. B

二、填空题

6. $\subseteq$　7. 2　8. 无数　9. ①

三、解答题

10. 略

11. 略

12. 略

综合训练 B

一、选择题

1. D　2. B　3. C

二、填空题

4. 1　5. 1 或 4

三、解答题

6. 略

9.2　直线与直线、直线与平面、平面与平面平行的判定及性质

综合训练 A

一、选择题

1. D　2. D　3. D　4. D　5. C

二、填空题

6. (1) 平面 A_1C_1，平面 CD_1　(2) 平面 CD_1　(3) 平面 A_1C_1，平面 CB_1

7. B_1C_1，A_1D_1，CC_1，DD_1　8. 无数　9. $/\!/$

三、解答题

10. 略

11. 略

12. 略

综合训练 B

一、选择题

1. D　2. D　3. D

二、填空题

4. 平行　5. A_1B_1，C_1D_1，CD

三、解答题

6. 略

9.3 直线与直线、直线与平面、平面与平面成的角

综合训练 A

一、选择题

1. D 2. D 3. D 4. D 5. B

二、填空题

6. $90°$ 7. $90°$ 8. $60°$ 9. 垂直

三、解答题

10. 略

11. 略

12. 略

综合训练 B

一、选择题

1. A 2. B 3. C

二、填空题

4. 6cm 5. 5cm

三、解答题

6. 略

9.4 直线与直线、直线与平面、平面与平面垂直的判定及性质

综合训练 A

一、选择题

1.【答案】A

【考点】直线与平面垂直的性质.

【解答】解:设直线 a,b 都与平面 α 垂直,可以用反证法证明 a,b 必定是平行直线. 假设 a,b 不平行,过直线 b 与平面 α 的交点作直线 d,使 $d \parallel a$,

$\therefore$ 直线 d 与直线 b 是相交直线,设它们确定平面 β,且 $\beta \cap \alpha = c$,

$\because b \perp \alpha, c \subset \alpha, \therefore b \perp c$,同理可得 $a \perp c$.

又 ∵$d // a$，∴$d \perp c$.

这样经过一点作出两条直线 b，d 都与直线 c 垂直，这是不可能的，∴ 假设不成立，故原命题是真命题.

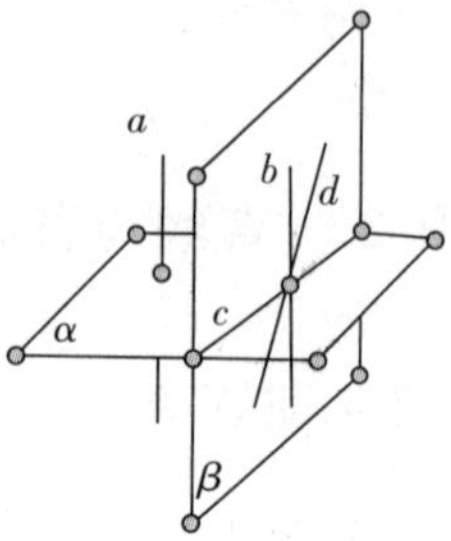

故选 A.

【分析】可用反证法证明：垂直于同一平面的两条直线平行. 设直线 a，b 都与平面 α 垂直，并假设 a，b 不平行，再作出辅助线和辅助平面，结合线面垂直的定义和平行线的性质，可以证出经过空间一点有两条直线与已知直线垂直，得到与公理矛盾，所以原假设不成立，从而得到原命题是真命题.

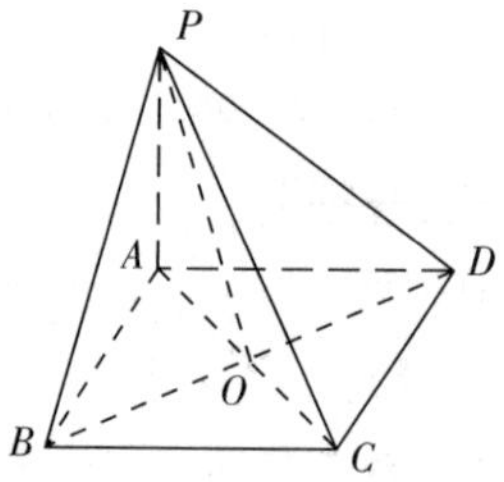

2.【答案】C

【考点】直线与平面垂直的性质.

【解答】解：由题意画出几何体的图形，如图，显然 $AB \perp PC$ 不正确；AC 不垂直 PO，所以 $AC \perp$ 平面 PBD 不正确；$BC \perp AB$，$PA \perp$ 平面 $ABCD$，$PA \perp BC$，∴$BC \perp$ 平面 PAB，正确.

故选 C.

【分析】画出图形，即可判断正确选项.

3.【答案】B

【考点】平面与平面垂直的性质.

【解答】解：如果 $\alpha \perp \beta$，则 α 内与两平面的交线平行的直线都平行于面 β，故可推断出 A 选项正确.

B 选项中 α 内与两平面的交线平行的直线都平行于面 β，故 B 选项错误.

根据平面与平面垂直的判定定理可知 C 选项正确.

根据两个平面垂直的性质推断出 D 选项正确.

故选 B.

【分析】如果 $\alpha \perp \beta$，则 α 内与两平面的交线平行的直线都平行于面 β，进而可推断出 A 命题正确；α 内与两平面的交线平行的直线都平行于面 β，故可判断出 B 选项错误；根据平面与平面垂直的判定定理可知 C 选项正确；根据两个平面垂直的性质推断出 D 选项正确.

4.【答案】B

【考点】直线与平面垂直的性质.

【解答】解：① 垂直于同一条直线的两条直线相互平行，不正确，如正方体的一个顶角的三个边就不成立.

② 垂直于同一个平面的两条直线相互平行，根据线面垂直的性质定理可知

正确.

③ 垂直于同一条直线的两个平面相互平行，根据面面平行的判定定理可知正确.

④ 垂直于同一个平面的两个平面相互平行，不正确，如正方体相邻的三个面就不成立.

故选 B.

【分析】对命题 ①④ 可利用正方体为载体进行分析，举出反例即可判定结果，对命题 ②③ 根据线面垂直的性质定理和面面平行的判定定理进行判定即可.

5.【答案】D

【考点】直线与平面平行的性质，直线与平面垂直的性质.

【分析】A 中投影可能平行，B 中两面可能相交，C 中两面可能相交，故选 D.

【点评】要求熟记各种判定方法.

二、解答题

6. $\alpha-l-\beta$ 为 150°　7. 10，$8\sqrt{2}$，$2\sqrt{41}$

综合训练 B

一、选择题

1.【答案】D

【考点】直线与平面垂直的判定.

【解答】解：由正方体的性质得，$AC \parallel A_1C_1$，所以，$AC \parallel$ 平面 A_1BC_1，故 A 正确.

由三垂线定理知，$CD \perp BC_1$，$BC_1 \perp B_1D$，所以 $BC_1 \perp$ 平面 A_1B_1CD，故 B 正确.

由正方体的性质得 $AD_1 \perp B_1C$，故 C 成立.

异面直线 CD_1 与 BC_1 所成的角就是异面直线 AD_1 与 CD_1 所成角，故 $\angle AD_1C$ 为所求，三角形 AD_1C 是正三角形，$\angle BCB_1=60°$，故 D 不正确.

故选 D.

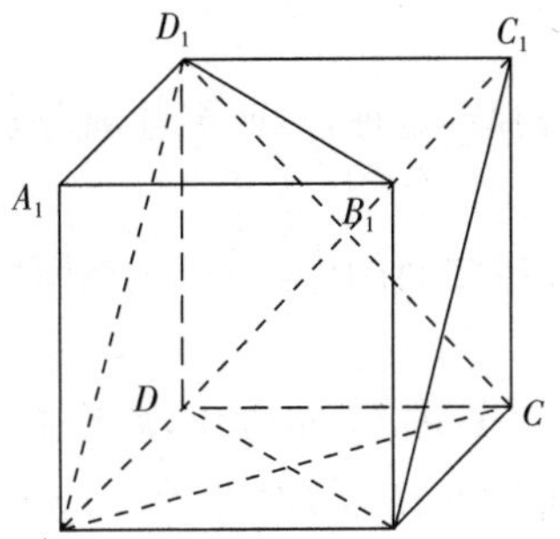

【分析】利用正方体的性质,利用线线平行的判定、线面平行、垂直的判定和性质,逐一分析研究各个选项的正确性.

2.【答案】D

【考点】平面与平面垂直的判定.

【解答】解:① 如图 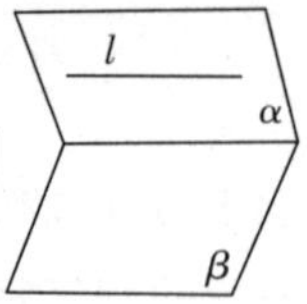

,$l \parallel \beta$,$l \subset \alpha$,但 α,β 却相交,则 A 错误.

② 如图 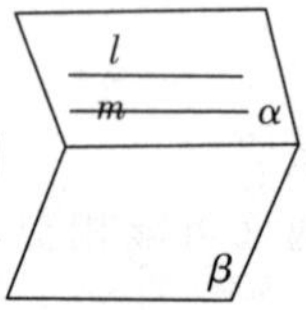

,$l \parallel \beta$,$l \subset \alpha$,$m \parallel \beta$,$m \subset \alpha$,但 α,β 却相交,则 B 错误.

③ 类似于 ② 在 α 内有无数条与 l 平行的直线,它们均与 β 平行,但 α,β 却相交,则 C 错误.

④ 可知,两个平面无公共点,它们平行,则 D 正确.

故选 D.

【分析】排除法,逐一检验答案,A、B、C 可通过特例说明是错误的,D 说明两个平面无公共点,是正确的.

3.【答案】C

【考点】平面与平面垂直的判定.

【解答】解:对于选项 A,因为已知 $PA \perp$ 底面 $ABCD$,且底面 $ABCD$ 为矩形,所以 $PA \perp AB$,又 $AB \perp AD$,$AB \perp$ 平面 PAD,所以平面 $PAB \perp$ 平面 PAD,故 A 正确.

对于选项 B,已知 $PA \perp$ 底面 $ABCD$,且底面 $ABCD$ 为矩形,所以 $PA \perp BC$,又 $BC \perp AB$,所以 $BC \perp$ 平面 PAB,所以平面 $PAB \perp$ 平面 PBC,故 B 正确.

对于选项 D,已知 $PA \perp$ 底面 $ABCD$,且底面 $ABCD$ 为矩形,所以 $PA \perp CD$,又 $CD \perp AD$,所以 $CD \perp$ 平面 PAD,故 D 正确.

故选 C.

【分析】利用面面垂直的判定定理,对四个选项分别分析选择.

4.【答案】D

【考点】空间中直线与直线之间的位置关系,空间中直线与平面之间的位置关系,直线与平面垂直的判定.

【解答】因为 $ABCD-A_1B_1C_1D_1$ 为正方体,所以 $DD_1 \parallel BB_1$ 且 $DD_1=BB_1$,所以四边形 DD_1B_1B 为平行四边形,所以 $BD \parallel B_1D_1$,所以 $BD \parallel$ 平面 CB_1D_1,故 A 正确.

因为$AA_1 \perp$平面$ABCD$,$BD \subset$平面$ABCD$，所以$AA_1 \perp BD$，因为$ABCD$为正方形,所以$AC \perp BD$,因为$AC \cap AA_1 = A$,所以$A_1A \subset$面A_1ACC_1,因为$BD \perp$面A_1,$ACC_1A_1C \subset$面A_1ACC_1，所以$BD \perp A_1C$,故B正确.

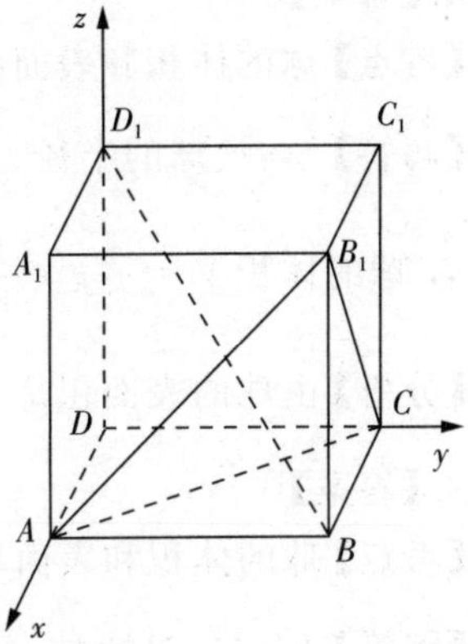

同理可证得$B_1D_1 \perp$面A_1ACC_1,因为$AC_1 \subset$面A_1ACC_1,所以$B_1D_1 \perp AC_1$,同理可证$CB_1 \perp AC_1$，所以$AC_1 \perp$面CB_1D_1，故C正确.

由排除法应选D.

5.【答案】C

【考点】平面与平面之间的位置关系,直线与平面垂直的判定,直线与平面垂直的性质.

【解答】解:如图所示,建立空间直角坐标系.

不妨设正方体的棱长为1，则$D(0,0,0)$，$B(1,1,0)$,$C(0,1,0)$,$B_1(1,1,1)$,$D_1(0,0,1)$.

$\therefore \overrightarrow{BD_1} = (-1,-1,1)$,

$\overrightarrow{B_1C} = (-1,0,-1)$.

$\therefore \overrightarrow{BD_1} \cdot \overrightarrow{B_1C} = 1+0-1=0$.

$\therefore \overrightarrow{BD_1} \perp \overrightarrow{B_1C}$.

因此不可能有$BD_1 \parallel B_1C$.

故选C.

【分析】如图所示,建立空间直角坐标系,利用向量垂直与数量积的关系即可得出.

二、解答题

6. 63°

7. $DE \perp AC$

9.5 柱、锥、球及其简单的组合体

综合训练 A

一、单选题

1.【答案】D

【考点】球的体积和表面积.

【解答】解:因为两个球的表面积之比是1∶9,所以两个球的半径之比是1∶3,所以两个球的体积之比1∶27.

故选 D.

【分析】首先由表面积的比得到半径的比,再由体积比是半径比的立方得到所求.

2.【答案】D

【考点】球的体积和表面积.

【解答】解:设球的半径为 R,∵ 球的表面积是 π,∴ $4\pi R^2=\pi$,解得 $R=\frac{1}{2}$,

∴ 球的体积 $V=\frac{4}{3}\pi\cdot\frac{1}{8}=\frac{\pi}{6}$,故选 D.

【分析】由球的表面积是 π,求出球半径为 $\frac{1}{2}$,由此能求出球的体积.

3.【答案】B

【考点】球的体积和表面积.

【解答】解:∵ 四棱柱 $ABCD-A_1B_1C_1D_1$ 的外接球体积为 $\frac{4}{3}\pi$,∴ 四棱柱 $ABCD-A_1B_1C_1D_1$ 的外接球的半径为 1.

设四棱柱 $ABCD-A_1B_1C_1D_1$ 的高为 h,

∵ 底面 $ABCD$ 是边长为 1 的正方形,

∴ $\sqrt{1+1+h^2}=2$,

∴ $h=\sqrt{2}$,

∴ 四棱柱 $ABCD-A_1B_1C_1D_1$ 的侧面积为 $h=4\sqrt{2}$.

故选 B.

【分析】利用四棱柱 $ABCD-A_1B_1C_1D_1$ 的外接球体积为 $\frac{4}{3}\pi$,求出四棱柱 $ABCD-A_1B_1C_1D_1$ 的外接球的半径为 1,进而求出四棱柱 $ABCD-A_1B_1C_1D_1$ 的高,即可求出四棱柱 $ABCD-A_1B_1C_1D_1$ 的侧面积.

二、解答题

4.【答案】解:(1) 设圆柱的高为 h,底面半径为 r,球的半径为 R,由已知得 $h=2R$,$r=R$.

∵ $V_{圆柱}=\pi R^2\cdot 2R$.

∴ $\frac{V_{圆柱}}{V_{球}}=\frac{2\pi R^3}{\frac{4}{3}\pi R^3}=\frac{3}{2}$.

(2) ∵ $S_{圆柱}=S_{侧}+2S_{底}=2\pi rh+2\pi r^2=6\pi r^2$,$S_{球}=4\pi r^2$.

∴ $\frac{S_{圆柱}}{S_{球}}=\frac{6\pi r^2}{4\pi r^2}=\frac{3}{2}$.

【考点】旋转体(圆柱、圆锥、圆台),球的体积和表面积.

【解析】(1) 设圆柱的高为 h,底面半径为 r,球的半径为 R,求出圆柱的体积,球的体积,即可得到结论.(2) 求出圆柱的表面积,球的表面积即可得到比值.

5.【答案】解:(1)∵ 正方体的全面积为 $24cm^2$,

∴ 正方体的棱长为 2cm,

(2) ∴$V_{正方体}=8cm^3$.

6.【答案】解:(1) 由已知可得地面边长 $a=2\sqrt{6}$,所以可得地面的高为 $3\sqrt{2}$,由地面的高和三棱锥的高可求得侧棱长为 3,所以正三棱锥的表面积为 $S_{表}=\frac{\sqrt{3}}{4}\cdot(2\sqrt{6})^2+9\sqrt{2}=9\sqrt{2}+6\sqrt{3}$

(2) 由题意可知 $\frac{1-r}{\sqrt{3}}=\frac{r}{\sqrt{2}}$,可得 $r=\sqrt{6}-2$,球的表面积为 $4\pi(10-4\sqrt{6})$,体积为 $\frac{4}{3}\pi(\sqrt{6}-2)^3$.

7.【答案】解:由题意得,这是上下两个圆锥,他们的地面半径均为 $\frac{12}{5}$,所以底面圆的周长为 $\frac{24\pi}{5}$,所以 得到的这个几何体的表面积为 $\frac{74\pi}{5}$.

综合训练 B

一、选择题

1.【答案】B

【考点】球的体积和表面积.

【解答】体积最大的球是其内切球,即球半径为 1,所以表面积为 $S=4\pi\cdot1^2=4\pi$,选 B.

2.【答案】B

【考点】球的体积和表面积.

【解答】设火星半径为 r_1,地球半径为 r_2,故 $r_2=2r_1$,体积分别为 $V_1=\frac{4}{3}\pi r_1^3$,$V_2=\frac{4}{3}\pi r_2^3$,故 $\frac{V_2}{V_1}=\frac{r_2^3}{r_1^3}=8$.

3.【答案】B

【考点】旋转体(圆柱、圆锥),球的体积和表面积.

【解析】水面上升部分的体积 $V_1=\pi\left(\frac{16}{2}\right)^2\times4$,球的体积 $V_2=\frac{4}{3}\pi R^3$,$V_1=V_2$

得 $R=4\sqrt[3]{3}$，选 B.

【点评】注意柱体、台体、球体的体积公式的掌握.

二、解答题

4.【解答】解：几何体的表面积 $S=S_{圆锥侧}+S_{圆柱侧}+S_{圆柱底}=36\pi$，

圆锥的高 $h=\sqrt{5^2-3^2}=4$，几何体的体积 $V=30\pi$.

【考点】组合几何体的面积、体积问题.

【解析】求出圆锥和圆柱的高，代入圆锥与圆柱的侧面积公式与体积公式，计算可得答案.

5.【解答】解：(1) 由题意可知圆锥的母线 $l=10$，设圆锥的底面半径为 r，则 $\pi rl=\frac{1}{5}\pi l^2$，$r=2$.

$\therefore$ 圆锥的高 $h=\sqrt{l^2-r^2}=4\sqrt{6}$，

$\therefore$ 该蛋筒冰激凌的高度为 $h+r=4\sqrt{6}+2$.

(2)$V=\frac{1}{3}\pi r^2h+\frac{1}{2}\times\frac{4}{3}\pi r^3=\frac{16\sqrt{6}\pi}{3}+\frac{16\pi}{3}\approx 57.80(\text{cm})^3$.

【考点】组合几何体的面积、体积问题.

【解析】(1) 圆锥的侧面积等于扇形蛋皮的面积，圆锥的母线等于扇形蛋皮的半径 10，则可求出圆锥的底面半径，同时也是球的半径. 利用勾股定理可求出圆锥的高.

(2) 该蛋筒冰激凌的体积等于圆锥的体积与半球的体积和.

第十章　概率与统计初步

10.1　计数原理

范例分类与解析

【例 1】【变式训练】由分类计数原理知，不同的取法共有 $N=7+6+4=17$(种).

【例 2】【变式训练】

由分步计数原理有

$$N=4\times 3=12(\text{种})$$

即共有 12 种选法.

综合训练 A

一、选择题

1.A 【分析】由分步计数原理可得.

2.C 【分析】根据题意,甲、乙、丙 3 位同学选修课程,从 4 门课程中,甲选修 2 门,有 C_4^2 种,乙、丙各选修 3 门,有 $C_4^3 \cdot C_4^3$ 种,

则不同的选修方案共有 $C_4^2 \cdot C_4^3 \cdot C_4^3=96$ 种,

故选 C.

3.B 【分析】可分 3 步.第一步,排两端,∵从 5 名志愿者中选 2 名有 $A_5^2=20$ 种排法.

第二步,∵2 位老人相邻,把 2 个老人看成整体,与剩下的 3 名志愿者全排列,有 $A_4^4=24$ 种排法.

第三步,2 名老人之间的排列,有 $A_2^2=2$ 种排法.

最后,三步方法数相乘,共有 $20\times 24\times 2=960$ 种排法,故填写 960.

故选 B.

4.B 【分析】根据题意,首先从 5 人中抽出两人在星期五参加活动,有 C_5^2 种情况,再从剩下的 3 人中,抽取两人安排在星期六、星期日参加活动,有 A_3^2 种情况,则由分步计数原理,可得不同的选派方法共有 $C_5^2A_3^2=60$ 种,故选 B.

二、填空题

5.60　6.10000　7.30

【分析】由分类计数原理可得.

三、解答题

8.由分类计数原理知,不同的取法共有 $N=10+12=22$(种).

即共有 22 种选法.

9.由分步计数原理有:$N=40\times 20=800$(种).

即共有 800 种方法.

综合训练 B

一、选择题

1.B 【分析】根据题意,分两种情况讨论:

① 当首位为奇数时,则第 1,3,5 位上都是奇数,有 A_3^3 种情况,

三个偶数在第 2,4,6 位上,有 A_3^3 种情况,此时有共有 $A_3^3A_3^3=36$ 种结果.

② 当首位是偶数时,三个奇数在第 2,4,6 位上,有 A_3^3 种情况,

偶数中 2,4 可以排在首位,有 2 种情况,剩余两个偶数排在第 3,5 位,有 2 种情

况,此时共有 $2\times 2A_3^3=24$ 种结果.

根据分类计数原理可以得到共有 $36+24=60$ 种结果,故答案为 60.

2.C 【分析】由题意知本题是一个分类计数问题,

首位是 1,第二位是 0,则后三位可以用剩下的数字全排列,共有 $A_3^3=6$ 个.

前两位是 12,第三位是 0,后两位可以用余下的两个数字进行全排列,共有 $A_2^2=2$ 种结果.

前三位是 123,第四位是 0,最后一位是 4,只有 1 种结果.

∴ 数字 12340 前面有 $6+2+1=9$ 个数字,数字本身就是第十个数字,故选 C.

3.A 【分析】先进行单循环赛,有 $8C_4^2=48$ 场,在进行第一轮淘汰赛,16 个队打 8 场,在决出 4 强,打 4 场,再分别举行 2 场决出胜负,两胜者打 1 场决出冠、亚军,两负者打 1 场决出三、四名,共举行:$48+8+4+2+1+1=64$ 场.

4.A 【分析】先从 5 双靴中取出 1 双,有 5 种选法,再从剩下的 4 双中任取两双,从这两双中各取 1 只,共有 $C_4^2\times 2\times 2=24$ 种情况,由分步计数原理可得,共有 $5\times 24=120$ 种,故选 A.

二、填空题

5.1260 【分析】由题意可知,因同色球不加以区分,实际上是一个组合问题.

先在 9 个位置中选 4 个位置排白球,有 C_9^4 种排法;

再从剩余的 5 个位置中选 2 个位置排红球,有 C_5^2 种排法;

剩余的三个位置排黄球有 C_3^3 种排法,所以共有 $C_9^4\cdot C_5^2\cdot C_3^3=1260$ 种排法.

6.24

7.36 【分析】从班委会 5 名成员中选出 3 名,分别担任班级学习委员、文娱委员与体育委员,其中甲、乙二人不能担任文娱委员.

∵ 先从其余 3 人中选出 1 人担任文娱委员,再从 4 人中选 2 人担任学习委员和体育委员,∴ 不同的选法共有 $C_3^1\cdot A_4^2=36$ 种.

三、解答题

8.略

9.(1) 分步完成:第一步,在 4 个偶数中取 3 个,有 C_4^3 种情况;

第二步,在 5 个奇数中取 4 个,有 C_5^4 种情况;

第三步,将 3 个偶数,4 个奇数进行排列,有 A_7^7 种情况,

所以符合题意的七位数有 $C_4^3C_5^4A_7^7=100800$ 个.

(2) 上述七位数中,三个偶数排在一起的有 $C_4^3C_5^4A_5^5A_3^3=14400$ 个.

(3) 上述七位数中,3 个偶数排在一起,4 个奇数也排在一起的有 $C_4^3C_5^4A_3^3A_4^4A_2^2=5760$ 个.

(4) 上述七位数中，偶数都不相邻，可先把4个奇数排好，再将3个偶数分别插入5个空档，共有 $A_5^4C_4^3A_5^3=28800$(个).

10. 略

10.2 概率

范例分类与解析

【例1】【变式训练】事件 B 是不可能事件，事件 C 是必然事件.

【例2】【变式训练】

(1)

被调查人数 n	500	502	504	496	505
满意人数 m	375	376	378	372	404
满意频率 $\frac{m}{n}$	$\frac{3}{4}$	$\frac{188}{251}$	$\frac{189}{252}$	$\frac{93}{124}$	$\frac{4}{5}$

(2) $P(A)=\left(\frac{3}{4}+\frac{188}{251}+\frac{189}{252}+\frac{93}{124}+\frac{4}{5}\right)\div 5\approx 0.76$

【例3】【变式训练】

设事件 $A=\{$出现的点数是5$\}$，则 $P(A)=\frac{1}{6}$.

【例4】【变式训练】

设事件 $A=\{$取到的球是绿色$\}$，事件 $B=\{$取到的球不是绿色$\}$，

则 $P(A)=\frac{5}{18}$，$P(B)=1-P(A)=1-\frac{5}{18}=\frac{13}{18}$.

综合训练 A

一、选择题

1. C 【分析】不等式的基本性质 —— 不等式的两边同乘以同一个正数，不等号的方向不变.

2. B 【分析】常识题.

3. A

4. D 【分析】$\frac{3}{6}=\frac{1}{2}$.

5. C 【分析】概率之和不等于1.

二、填空题

6. 随机事件：两次的点数都是5；必然事件：两次点数之和不超过12.

7. $\frac{1}{25}$　8. 16.2%　9. $\frac{1}{2}$　10. $\frac{3}{5}$

三、解答题

11. 这是一个随机事件. 因为小明和妈妈可能买东西,也可能不买,符合随机事件的概念.

12.

抽取台数	50	100	200	300	500	1000
合格品数	40	92	192	285	478	954
频率	0.8	0.92	0.96	0.95	0.956	0.954

设事件 $A=\{$生产的合格品$\}$,事件 $B=\{$生产的次品$\}$,

则 $P(A)=(0.8+0.92+0.96+0.95+0.956+0.954)\div 6\approx 0.923$,

$P(B)=1-P(A)=1-0.923=0.077$.

13. 略　14. 略

综合训练 B

一、选择题

1. B　【分析】概率只是决定随机事件发生的可能性大小,不能决定一定发生,或者一定不发生.

2. B

3. B　【分析】$(1-15\%-45\%)\times 40=16$.

4. A　【分析】$\frac{1}{6}+\frac{1}{6}+\frac{1}{6}=\frac{1}{2}$.

5. B

二、填空题

6. 小红　【分析】$\pi R^2-\pi r^2=\pi\cdot 3^2-\pi\cdot 2^2=5\pi>4\pi$.

7. 9　【分析】$2\div\left(\frac{1}{6}\right)-2-1=9$.

8. 两次都投中 9 号方块的概率是$\frac{1}{81}$;两次投中的号数之和是 14 的概率是 $\frac{1}{27}$.

三、解答题

9. (1)$P(\text{偶数})=\frac{2}{3}$　(2) 略

10.略

10.3 总体、样本与抽样方法

综合训练 A

一、选择题

1.C 2.A 3.D 4.D 5.A

二、填空题

6. 样本 7. 1000 8.20 9. 96

三、解答题

10.略 11.略

10.4 用样本估计总体

综合训练 A

一、选择题

1.C 【分析】由用样本估计总体的性质可得，所以选 C.

2.B 【分析】"根据小长方形的宽及高的意义，可知小长方形的面积为一组样本数据的频率.

3.C 【分析】由题意可知频数在$(10,40]$的有：$13+24+15=52$，由"频率=频数÷总数"可得 0.52，选 C.

4.C 【分析】由题意，样本中落在$[20,35)$上的频数为$5+4+2=11$，∴在区间$[20,35)$上的频率为$\frac{11}{35}\approx 0.31$.

5.A 【分析】∵样本中产品净重小于 100 克的频率为$(0.050+0.100)\times 2=0.3$，频数为 36，∴样本总数为$\frac{36}{0.3}=120$.

∵样本中净重大于或等于 98 克并且小于 104 克的产品的频率为$(0.100+0.150+0.125)\times 2=0.75$，

∴样本中净重大于或等于 98 克并且小于 104 克的产品的个数为$120\times 0.75=90$，故选 A.

二、填空题

6. 60 【分析】∵$n\times\frac{2+3+4}{2+3+4+6+4+1}=27$，∴$n=60$.

7. 11　6　5 【分析】由题意知,极差为 $30-19=11$;由于组距为 2,则 $\frac{11}{2}=5.5$ 不是整数,所以取 6 组;捐款数落在 $[26.5,28.5)$ 内的有 27,27,28,28,27,共 5 个,因此频数为 5.

8. 144　24 【分析】抽样时要保证每个个体被抽到的机会均等,$\frac{1}{4}=\frac{36}{n}$,所以 $n=36\times4=144$,同理 $\frac{1}{6}=\frac{x}{144}$,$x=24$.

三、解答题

9.【解】 (1) 由图可知 $[15,18)$ 一组对应的纵轴数值为 $\frac{4}{75}$,且组距为 3,所以 $[15,18)$ 一组对应的频率为 $\frac{4}{75}\times3=\frac{4}{25}$.

又已知 $[15,18)$ 一组的频数为 8,所以样本容量 $n=\frac{8}{\frac{4}{25}}=50$.

(2) $[12,15)$ 一组的小长方形面积为 0.06,即 $[12,15)$ 一组的频率为 0.06,且样本容量为 50,所以 $[12,15)$ 一组的频数为 $50\times0.06=3$.

(3) 由(1)(2) 知 $[12,15)$ 一组的频数为 3,$[15,18)$ 一组的频数为 8,样本容量为 50,所以 $[18,33)$ 内频数为 $50-3-8=39$,所以 $[18,33)$ 内的频率为 $\frac{39}{50}=0.78$.